# 市场调查与预测
## （第 2 版）

主　编：叶　伟
副主编：吴龙平　陈　红　任　滨
　　　　杨　欣　包月姣　冯　蓉
参　编：佘爱云　陈艳庆　蒋业祺

北京理工大学出版社
BEIJING INSTITUTE OF TECHNOLOGY PRESS

版权专有　侵权必究

### 图书在版编目（CIP）数据

市场调查与预测：第 2 版/叶伟主编. —2 版. —北京：北京理工大学出版社，2018.1（2022.1 重印）

ISBN 978-7-5682-5196-9

Ⅰ.①市… Ⅱ.①叶… Ⅲ.①市场调查-高等学校-教材②市场预测-高等学校-教材　Ⅳ.①F713.5

中国版本图书馆 CIP 数据核字（2018）第 009384 号

出版发行 / 北京理工大学出版社有限责任公司
社　　址 / 北京市海淀区中关村南大街 5 号
邮　　编 / 100081
电　　话 / （010）68914775（总编室）
　　　　　（010）82562903（教材售后服务热线）
　　　　　（010）68944723（其他图书服务热线）
网　　址 / http：//www.bitpress.com.cn
经　　销 / 全国各地新华书店
印　　刷 / 北京国马印刷厂
开　　本 / 787 毫米×1092 毫米　1/16
印　　张 / 14.25　　　　　　　　　　　　　　　责任编辑 / 王晓莉
字　　数 / 338 千字　　　　　　　　　　　　　　文案编辑 / 黄丽萍
版　　次 / 2018 年 1 月第 2 版　2022 年 1 月第 3 次印刷　责任校对 / 周瑞红
定　　价 / 39.00 元　　　　　　　　　　　　　　责任印制 / 李志强

图书出现印装质量问题，请拨打售后服务热线，本社负责调换

# 前　言

　　市场调查与预测是企业制定营销战略与策略的基础。尤其在市场经济条件下，环境时刻在发生快速的变化，企业所要进行的战略决策、产品定位、技术开发、产品生产和市场营销等一切活动，都取决于对市场需求与变化的正确认识与判断。因此，只有及时展开市场调研，把握市场机会，才能在激烈的市场竞争中立于不败之地。

　　对高职院校来说，市场调查与预测这门课程是大多数经管类专业的一个专业工具和方法课。这门课程不仅传授事实性的市场调查与预测知识，还能让学生在尽量真实的职业情境中学习"如何工作"。

　　下图是我们对构建以工作过程为线索、以职业岗位和职业能力为本位的市场营销专业课程体系的思考框架，并以市场调查与预测作为一个专业学习领域进行举例。

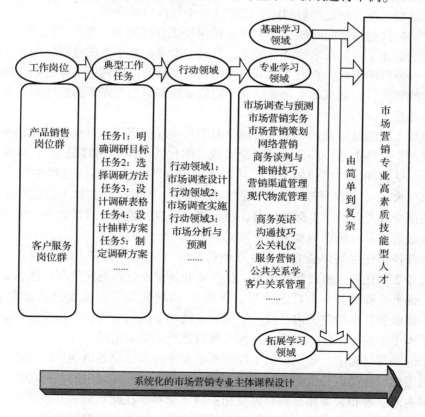

　　当前，任务引领式学习已经深入人心。学习情境是在典型工作任务的基础上，由教师设计的、用于学习的"情形"与"环境"，是对典型工作任务进行"教学化"处理的结果。学习情境是根据完成典型工作任务的工作过程要素特性设计的，应该客观、全面地反映典型工作任务所包含的职业信息。因为学习情境首先应当是从职业工作实践中找出来的，而不是主观"设计"出来的。基于这样的转变,我们在教学过程中将一个个具体的"工作行动领域"转化成用于学习的"专业学习领域",即来源于工作实际的、理论与实践一体化的综合性学习任务。

本书定位于市场调查与预测的实践应用,基于工作过程设置课程体系,以市场调查的实际运作过程为主线,从分析市场营销人员岗位群的典型工作任务出发,立足于市场调研人员工作的过程,采用工作过程描述的方式,确定了构成职业能力的典型工作任务,形成了综合能力的三大行动领域,进而构成整个市场调查与预测的学习领域。

在设计学习情境的过程中,我们按照市场调研的典型工作任务以及对应的职业岗位进行综合分析,从市场调研的工作过程出发,立足于高职院校现有的实践环境和条件,对应三大行动领域,分成三个学习情境:学习情境一是教室教学,对于教学环境的要求不高,一般的多媒体教室即可完成;教学情境二主要是实地调研,特别是在户外调研环境下对人和物进行的合理配置利用,帮助学生按时、保质、保量完成调研任务;学习情境三集中在机房上课,利用计算机辅助教学,进行数据的统计和分析。三个学习情境充分利用各种教学资源,增强教学效果。三个情境呈递进关系,每一个情境包含几个具体的工作任务,每个任务首先明确学习目标,然后进入一个完整的"任务导入—任务分析—任务知识—任务实施—实践演练"过程,任务最后还配有相关拓展阅读,以增进学生对内容的理解。

我们在组织教材内容的时候,力求将市场调研工作的对象、使用的工具、工作的方法、工作过程的组织和工作的要求等结合起来,形成一本真正基于工作过程的创新性教材。在对工作过程进行分析的时候,重点考虑市场营销人员实际的市场调研工作过程,详细讲述了市场调研工作的要素,在此基础上合理设计了完成每项调研工作需掌握的知识,要求学生做到知识与能力并重。

我们编写本书的目标是让学生不再像学习学科类课程那样,只按照知识的系统性来认识社会、技术与个人的关系,而是通过理论实践一体化的"学习内容载体",从市场调研工作的整体出发,认识知识与工作的关系,从而掌握综合职业能力形成过程中极为重要的"工作过程知识"和"专业背景知识",实现学习的迁移。因此,本教材不仅适用于高职院校市场营销、工商管理专业的学生阅读学习,也可作为开放性教育、继续教育、社区教育的成人学生以及在职员工业务培训的参考书。

本书由叶伟担任主编,全书共分为三个学习情境,10个任务。其中前言、任务1由叶伟编写,任务2和任务3由吴龙平编写,任务4和任务5由陈艳庆编写,任务6和任务7由陈红编写,任务8和任务9由任滨编写,任务10由杨欣编写,蒋业祺负责全书课件制作。湖南环境生物职业技术学院的包月姣、宝鸡职业技术学院的余爱云、山东外国语职业学院的冯蓉参与了本书的编写工作。最后,叶伟对教材进行了统编定稿。

在本书的编写过程中,我们得到了湖南邮电职业技术学院各级领导以及中国电信湖南分公司、中国通信服务湖南分公司专家们的支持,也得到了在校师生的共同协助。同时,我们也参考了国内外学者相关著作、教材以及相关网站资料。在此我们一并表示衷心的感谢。

由于水平有限,书中难免存在疏漏甚至错误之处,敬请读者批评指正。

# 目 录

**学习情境一　市场调查设计** ……………………………………………………（1）
　学习情境描述 ………………………………………………………………（1）
　任务1　明确调研决策 ……………………………………………………（2）
　　学习目标 …………………………………………………………………（2）
　　任务导入 …………………………………………………………………（2）
　　任务分析 …………………………………………………………………（3）
　　任务知识 …………………………………………………………………（3）
　　任务实施 …………………………………………………………………（12）
　　实践演练 …………………………………………………………………（13）
　　拓展阅读 …………………………………………………………………（14）
　任务2　选择调查方法 ……………………………………………………（16）
　　学习目标 …………………………………………………………………（16）
　　任务导入 …………………………………………………………………（16）
　　任务分析 …………………………………………………………………（16）
　　任务知识 …………………………………………………………………（17）
　　任务实施 …………………………………………………………………（30）
　　实践演练 …………………………………………………………………（36）
　　拓展阅读 …………………………………………………………………（37）
　任务3　设计调研表格 ……………………………………………………（40）
　　学习目标 …………………………………………………………………（40）
　　任务导入 …………………………………………………………………（40）
　　任务分析 …………………………………………………………………（42）
　　任务知识 …………………………………………………………………（43）
　　任务实施 …………………………………………………………………（52）
　　实践演练 …………………………………………………………………（66）
　　拓展阅读 …………………………………………………………………（67）

任务 4　设计抽样样本 ………………………………………………………………（69）
　　　　学习目标 ……………………………………………………………………………（69）
　　　　任务导入 ……………………………………………………………………………（70）
　　　　任务分析 ……………………………………………………………………………（70）
　　　　任务知识 ……………………………………………………………………………（71）
　　　　任务实施 ……………………………………………………………………………（81）
　　　　实践演练 ……………………………………………………………………………（83）
　　　　拓展阅读 ……………………………………………………………………………（83）
　　任务 5　制定调研方案 ………………………………………………………………（91）
　　　　学习目标 ……………………………………………………………………………（91）
　　　　任务导入 ……………………………………………………………………………（91）
　　　　任务分析 ……………………………………………………………………………（92）
　　　　任务知识 ……………………………………………………………………………（92）
　　　　任务实施 ……………………………………………………………………………（96）
　　　　实践演练 ……………………………………………………………………………（108）
　　　　拓展阅读 ……………………………………………………………………………（109）

## 学习情境二　市场调查实施 ……………………………………………………………（111）

　学习情境描述 ………………………………………………………………………………（111）
　任务 6　组建调研团队 …………………………………………………………………（112）
　　　学习目标 ………………………………………………………………………………（112）
　　　任务导入 ………………………………………………………………………………（112）
　　　任务分析 ………………………………………………………………………………（112）
　　　任务知识 ………………………………………………………………………………（113）
　　　任务实施 ………………………………………………………………………………（126）
　　　实践演练 ………………………………………………………………………………（130）
　　　拓展阅读 ………………………………………………………………………………（130）
　任务 7　管控调研过程 …………………………………………………………………（131）
　　　学习目标 ………………………………………………………………………………（131）
　　　任务导入 ………………………………………………………………………………（131）
　　　任务分析 ………………………………………………………………………………（132）
　　　任务知识 ………………………………………………………………………………（132）
　　　任务实施 ………………………………………………………………………………（148）
　　　实践演练 ………………………………………………………………………………（150）
　　　拓展阅读 ………………………………………………………………………………（150）

## 学习情境三　市场调查分析与预测 ……………………………………………………（151）

　学习情境描述 ………………………………………………………………………………（151）
　任务 8　整理调研数据 …………………………………………………………………（151）
　　　学习目标 ………………………………………………………………………………（151）
　　　任务导入 ………………………………………………………………………………（152）

任务分析 ………………………………………………………………………… (152)
　　任务知识 ………………………………………………………………………… (153)
　　任务实施 ………………………………………………………………………… (160)
　　实践演练 ………………………………………………………………………… (168)
　　拓展阅读 ………………………………………………………………………… (169)
任务9　预测市场趋势 ……………………………………………………………… (170)
　　学习目标 ………………………………………………………………………… (170)
　　任务导入 ………………………………………………………………………… (171)
　　任务分析 ………………………………………………………………………… (171)
　　任务知识 ………………………………………………………………………… (172)
　　任务实施 ………………………………………………………………………… (189)
　　实践演练 ………………………………………………………………………… (191)
　　拓展阅读 ………………………………………………………………………… (192)
任务10　撰写调研报告 …………………………………………………………… (198)
　　学习目标 ………………………………………………………………………… (198)
　　任务导入 ………………………………………………………………………… (199)
　　任务分析 ………………………………………………………………………… (199)
　　任务知识 ………………………………………………………………………… (199)
　　任务实施 ………………………………………………………………………… (213)
　　实践演练 ………………………………………………………………………… (216)
　　拓展阅读 ………………………………………………………………………… (216)

**参考文献** …………………………………………………………………………… (219)

# 市场调查设计

## 学习情境描述

在一个调研项目中,前期的调研设计决定了后续调研工作是否能够取得成效。学习情境一的主要目标是完成一份完整的调查计划书。在这个过程中,需要完成一系列的典型工作任务。先看下面的调研项目:

家润多连锁超市的管理人员通过对商店近期销售额和市场份额进行分析,发现其商店的顾客人数出现下降。管理者希望改变这种状况,但是在这之前,商店需要知道顾客人数下降的原因,并在此基础上采取合适的对策。因此该商店的管理者委托一家市场调研机构进行了一次调研。

该市场调研机构派出调研人员进行了调研项目的实施。

首先,调研人员与该商店的管理者进行了交谈,界定了管理决策问题。经过与管理者的一系列的交谈,以及对二手资料的分析,调研公司认为家润多连锁超市的管理决策问题是,应该采取何种措施来增加家润多连锁超市的顾客量。

其次就是界定应该调研的问题。通过探讨,调研人员将问题限定为,通过和主要竞争对手比较,判断家润多连锁超市在顾客心目中留下的优点和缺点。

然后根据调研的问题,调研公司找到如下信息:

① 家庭消费者在选择超市时使用什么标准?
② 根据问题1得到的选择标准,家庭消费者如何评价家润多连锁超市和它的竞争者?
③ 在购买某一具体的产品时,消费者会选择哪些商店?
④ 针对具体的产品种类,家润多连锁超市和它的竞争对手各占多少市场份额?
⑤ 家润多连锁超市的顾客人数和形象如何?和它的竞争对手的区别在什么地方?
⑥ 对家润多连锁超市的评价和消费者的特点能否解释该商店的经营状况?

随后调研公司针对以上六个问题进行信息的搜集,根据调查需要搜集的信息的不同,分别采用了二手资料调查法、问卷调查法、深度访谈法、观察法等方法进行调查。

调查的对象包括:

① 任何进入这个连锁超市的人,无论他或她是否购买东西;
② 任何在这个连锁超市购买了商品的人;

③ 任何在这个连锁超市每月至少购买一次商品的人；
④ 经常负责在连锁超市购物的家庭消费者。

本项目是调研公司日常业务的一项。通过对业务的过程分析，和对市场调研人员工作的内容进行分析，确定了在市场调查设计阶段需要完成以下几项工作任务：

任务1：明确调研目标。调研者需要明确地知道到底应该调查什么项目。

任务2：选择调研方法。调研者需要知道不同的调查项目应该采用什么调研方法进行数据的收集。

任务3：设计调研表格。调研者需要知道是否需要设计数据收集的表格，如果需要，应如何设计。

任务4：设计抽样方案。明确调查的对象是谁，应该调查多少人。

任务5：制定调研方案。明确此次调研项目应该如何组织和管理。

## 任务1　明确调研决策

### 学习目标

**知识目标：**
1. 了解市场调查与预测的研究内容
2. 理解市场调查与预测的功能和作用
3. 理解企业管理决策过程和调研的关系
4. 掌握确定调研目的的方法

**技能目标：**
1. 明确市场调查与预测在战略规划和决策制定中的作用
2. 向决策者提供有效的市场调查与预测信息
3. 解释市场调查与预测为何要分析和解释数据
4. 讨论市场调查与预测和决策制定之间的联系
5. 描述市场调查与预测的各种应用

### 任务导入

世界上第一瓶百事可乐诞生于美国，那是在1898年，比可口可乐的问世晚了12年。

20世纪70至80年代，百事可乐的销售逐年递增，与对手可口可乐之间的竞争达到白热化程度。可口可乐除了声誉与口味外，其突出的、漏斗形的瓶身设计也深得人心。百事可乐决心花费巨资研究新的可乐瓶外形，与可口可乐抗衡。

百事可乐曾经推出螺旋形的瓶子，然而此举不仅没有给产品带来销路，反而被认为是仿冒者。饮料行业营销大师约翰·史考利决心从消费者的"真正需要"着手解决问题。他的团队选择了350个家庭做"长期的产品饮用测试"，结果发现，"无论消费者订购多大数量的百事可乐，总有办法将它喝完。"由此，调研团队总结出，消费者需要的是容量更大的瓶子。百事可乐在调研结果的基础上开展设计，推出了大容量的瓶装可乐。结果百事可乐的市场占有率出现了较快的提升。可口可乐也被迫在市场的反应下，改变了其一直以来引以为傲的漏斗形设计，跟着推出大容量外包装系列。

通过市场调研，准确确定了市场的需求点，为百事可乐赢得了一场营销的胜利。

**结合案例思考：**
1. 什么是市场调研？
2. 市场调研在企业经营中有什么样的作用？

### 任务分析

一般情况下，企业需要做某个管理决策。而市场调查则要在决策过程中提供必要的信息，这个信息必须能够降低决策风险。在很多情况下，企业只是针对出现的或要解决的问题向市场调查部门提出一个大致的调查范围或意图。因而对于市场调查人员来说，他们需要根据调查范围来确定调查的意图。了解调查意图是调查过程中比较困难的任务，市场调查人员需要认真思考以下这些问题：

◇为什么要寻找这些信息？
◇这些信息是否已经存在？
◇这个问题确实存在答案吗？
◇谁需要这些信息？

市场调查的第一步是了解市场调查的背景。为了了解市场调查的背景，调查人员首先需要了解客户的公司现状和内外部环境，找出那些影响界定调查问题的因素，如客户公司的现状、能提供的资源、当前调查的限制性条件、目标顾客的购买行为、经济环境、政治法律环境等。

### 任务知识

## 一、市场调查与预测的定义

对于刚接触市场调查与预测的人来讲，市场调查与预测可能指的是：
◇从市场收集信息；
◇开展客户调查；
◇识别消费者需求；
◇评估消费者对广告的反应；
◇收集竞争者的销售和市场份额数据；
◇在市场中测试产品或者服务；
◇估计公司的产品或者服务的销售潜力。

上述定义描述了市场调查与预测的部分情况，没有完全反映市场调查与预测的内容。该定义只是市场调查与预测运用的例子，而非正确的定义。

美国营销协会（AMA）下的定义是：市场调查与预测是一种通过信息将消费者、顾客和公众与营销者链接起来的职能。这些信息被用来识别和确定市场机会和问题，产生、提炼和评估营销活动，监督营销绩效，增进人们对营销过程的认识。市场调查与预测详细提供回答上述问题所需的信息、收集信息的方法、事实信息收集的过程，并管理和执行数据收集流程，分析结果，传达调研结果和应用意义。

由上可知，市场调查与预测是一种在现代营销和经济活动中有目的的活动，是一个与市场营销活动相关的系统过程，是对信息的判断、收集、记录、整理，对市场调查进行设计、对市场信息进行收集、对市场调查得到的结果进行分析和预测，以及对市场调查与预测的报告进行报告的过程。

对于这个定义，我们可以从以下几个方面来理解：

### 1. 市场信息

市场信息是指与市场情况和企业营销活动有关的各种文字、声音、影像、图表、信息、商业情报等的总称。收集市场信息是市场调查与预测的一项基本任务，目的是解决一些特定的营销问题，或是更深入地把握市场，更准确地认识某种营销现象。

如：某服装品牌向市场推出新的产品。对企业而言，潜在消费者对新产品的价格、功能、款式等的接受程度就是该企业在进行市场调查与预测工作时必须收集的市场信息。

### 2. 数据

数据是市场信息的载体，是指用数值量化来表达的市场信息。市场调查的工作成果之一就是获取市场调查数据。作为市场信息收集、处理后的一个主要结果，市场调查数据也是市场分析与预测的基本工作对象。

如：某服装品牌通过调查后，得到了潜在消费者对新产品价格的市场数据信息，通过分析得知潜在消费者市场可以接受高于现有产品价格20%的新产品价格。

### 3. 过程

市场调查与预测是一个具有明确目标、进行市场信息收集和处理以及调查数据分析的规范性研究过程，需要遵循一些既定的原则和流程。

作为一项系统性的专业知识和技能，市场调查需要确定解决特定营销问题需要哪些市场信息，收集并管理这些市场信息可以运用哪些手段，分析调查数据可以采用哪些方法，调查结果和分析结论的沟通和报告可以采用哪种方式，以及进行市场预测时可具体采用哪些方法。

如：在某服装品牌进行市场调查开始之前，管理层就可以依托既定的市场调查原则与流程，有章可循地管理市场部门的市场调查活动，监督市场调查与预测工作，判定市场调查工作质量。

### 4. 营销活动

营销活动是达成营销目标的各种定价、分销、促销等市场行为的统称，营销活动的范围和领域构成了实质意义上的市场调查内容。

企业的具体营销活动总是伴随一定的营销现象和营销问题而产生，也会催生一系列的营销现象和营销问题，并促使企业开展市场调查与预测工作。

如：某服装品牌在新产品销售不畅的情况下，希望采取一定的营销方式来扭转当前的不利局面。因此，本次市场调查与预测来自该企业营销活动中实际遇到的营销问题。

### 5. 营销决策

营销决策是指对营销活动的目标、策略、战略等重大问题进行选择和决断的过程。市场调查工作者应遵循规范的市场调查流程，开展市场信息收集和分析工作，从而为营销决策的科学制定提供客观的数据和有效的分析。

如：某服装品牌通过对新产品的现有和潜在消费市场进行市场调查后发现，消费者虽然接受新产品比原有产品价格高 20%的现状，但由于同类型竞争对手也推出了新产品并维持原有价格，从而使得本公司新产品的市场受欢迎度不高。分析这些调研信息之后，营销决策者结合市场现状和发展规律，通过一系列促销、降低定价等方式降低价格，从而提升了新产品的市场占有率。

## 二、市场调查与预测的作用

任何组织中都会有大量的决策制定。总的来讲，市场调查与预测的作用就是为企业解决特定的营销决策问题而收集加工信息并提供数据分析结果。具体而言，它的作用与营销决策的各种问题密切相关。

### （一）发现营销机会和限制条件

发现营销机会和限制条件是制定营销战略的出发点。特别是公司在考虑推出新产品或使用现有产品开拓新市场时，以下的信息将非常有用：

◇潜在的竞争者是谁？
◇潜在竞争者的市场地位有多强？
◇客户如何看待我们的产品和竞争者的产品？
◇新市场有哪些条件是和其他市场不同的？

市场调查与预测有助于回答以上问题。越来越多的公司通过定期开展市场调研来获得制定有效战略需要的信息。为了更好地了解客户的需要，公司在制定营销战略的早期就非常有必要开展市场调查。

许多公司就是由于在推出新产品前忽视了研究营销机会和限制条件而导致了新产品的失败。

**案例 1.1　　　　　　向洋葱认输的麦当劳**

2009 年 10 月 31 日午夜，作为世界上最大的快餐连锁企业，麦当劳在冰岛结束了这一天的营业，也结束了在冰岛长达 16 年的营业历史，全面退出冰岛市场，甚至没有表示会有重新开张的一天。

虽然麦当劳总部发表声明表示在冰岛开展业务是一项非常大的挑战，但冰岛麦当劳的总经销商欧曼德森却表示麦当劳在冰岛的生意一直十分兴隆："每到就餐时间，麦当劳里汹涌的人群是任何一个地方都没有的"。既然生意这么好，是什么原因使得麦当劳选择退出呢？

答案就是冰岛的洋葱！

冰岛的农业不发达，大部分的农作物都进口于德国，包括麦当劳汉堡里一种必不可少的原料：洋葱。然而麦当劳 1993 年决定在冰岛开设分店时，并没有进行仔细的市场调查。麦当劳店在冰岛开张后才发现，作为一种其他市场中随处可见的便宜货，洋葱在该地区却贵得出奇：购进一个普通大小的洋葱，需要卖掉十几个巨无霸汉堡才能回本！

但是当时既然已经开张，麦当劳就坚持了下来。虽然在冰岛的生意看上去兴隆，但所产生的利润实在微薄。麦当劳冰岛的特许经营商奥格蒙德森用一句话描述了这十几年来的经营状况："一直在不断地亏钱。"

2008 年的金融风暴使得冰岛的货币克朗大幅度贬值，欧元逐渐走强，加上进口食品税率提高，农作物进口的成本不断攀升，更是加大了麦当劳的经营难度。在冰岛的首都雷克雅未克,一个巨无霸的售价当时为650冰岛克朗(约5.3美元),但是如果要获得经营所必需的利润,价格就要上涨为780冰岛克朗(约6.36美元),这个价格甚至比挪威和瑞士的5.75美元还要高。而且,如果是这个价格,作为快餐中的一员,麦当劳根本不会成为当地消费者的选择。而购买一个普通的洋葱,按照欧曼德森的话来说:"要花掉购买一瓶上等威士忌酒的钱"。

进口洋葱的高价,加上金融危机的影响,使得麦当劳这个在全世界所向披靡的巨无霸在冰岛认了输。试想一下,如果麦当劳在开拓冰岛市场的时候进行了市场调研,考虑到了原材料对产品价格的影响并采取了一系列的营销决策,或许就不会出现之后一系列的问题了。

**思考:**
在上述案例中,除了调查农产品等原材料对麦当劳市场的影响,还有哪些因素是可以在进入新市场前提前调研的?

(二) 选择营销目标

市场调查与预测能够帮助企业选择和确定恰当的营销目标。企业营销活动的基本目标,一是满足目标市场的需求,二是实现企业的销售额与利润额。其他目标在很大程度上取决于这两个目标的实现。不管是确定目标市场,还是确定企业的销售与利润目标,都需要可靠的信息作为基础。

市场调查与预测可以提供以下几个方面的信息,帮助企业选择和确定营销目标:
◇ 现有和潜在市场的客户需求是什么?
◇ 企业的产品能够满足的欲望和需求是什么?
◇ 与本企业提供同种需求的竞争者都有谁?
◇ 现有的和潜在的细分市场有哪些?
◇ 各细分市场的潜量有多大?
◇ 在哪些细分市场上企业可以得利?
◇ 企业在某个市场推广活动中投入一定的营销费用,能获得多大的销售份额?

## 案例1.2　　东芝家电产品的营销调研

东芝在把家电产品推广给日本国内的消费者时,就曾经使用市场调查来观察市场变化。东芝新产品的设计者通过观察发现,越来越多的日本家庭主妇进入就业大军,因此她们不得不在早上或晚上使用洗衣机,这样洗衣机的噪音就成为一个问题。为此东芝设计出一种低噪音的洗衣机,投入市场。

在开发低噪音家电产品时,他们还通过对市场产品的观察发现,当时的衣服已经不像以前那么脏了。通过深入访谈他们得知,许多日本人洗衣的观念也发生了改变:以前是衣服脏了才洗,现在是衣服穿过了就要洗,以获得新鲜的感觉。由于洗得勤,衣服有时很难晾干。他们通过市场调查发现了人们这种生活风格的转变,于是推出烘干机。

后来他们又通过问卷调研发现大多数消费者的生活空间有限,继而发明了洗衣烘干二合一的洗衣机,结果产品销量大增。

**思考:**
东芝运用了哪些调研方法来选择它们的营销调研目标?

## （三）分析竞争环境

市场调查与预测是保持和提高公司整体竞争力的关键。众多机构都在持续收集和评估市场信息以识别未来市场的机遇和威胁。

在分析竞争环境中，竞争对手调查是非常重要的方面。企业为了得到这方面的信息，可以开展以下调查工作：

◇识别企业的竞争对手及其数量：包括生产或销售与本企业相同的、类似的以及可替代产品的企业；

◇竞争对手的市场占有率：比如同类产品各重要品牌的市场占有率及未来变动趋势；

◇竞争对手的竞争力：主要包括企业的规模、资金、财务状况、技术装备、人力资源、管理水平、领导作风、经营风格等；

◇竞争对手的目标和市场营销组合策略；

◇竞争对手的竞争策略与手段；

◇竞争对手的产品设计开发能力与动向；

◇潜在竞争对手出现的可能性；

◇竞争对手的关键数据调查：如销量、产量、市场份额、毛利、投资收益率、新增投资等；

◇竞争对手的经营战略调查：包括竞争对手的目标、业务组合、产品特征与组合、广告和促销方案、研发能力与研发计划等；

◇竞争对手的主要顾客调查。

## （四）制定和执行营销战略

一个公司必须制定有效的营销战略和营销组合才能充分利用市场上未发掘的机会。也就是说，公司必须就以下事项做出正确决策：产品性质、产品促销方式、对潜在消费者的评价以及让消费者获得产品的途径。

好的市场调查能够发现某一营销组合能否将现有的机会有效地转化为公司最大的收益（销售额、利润、客户满意度和价值）。许多新产品在开发前都会进行深入的市场调研以帮助确定营销组合的一个或多个要素。

## 案例 1.3　沃尔沃公司 YCC 车型开发的市场调查过程简述

沃尔沃汽车曾在日内瓦汽车展上推出面向女性的 YCC 车型，并在当时引起了一定轰动。

在开发该车型时，深入的市场调研起到了重要作用。作为生产和销售众多汽车系列的大品牌汽车企业，该公司在此之前并没有设计专门针对女性购买者的汽车。根据行业估计，女性影响了 80% 的新车购买决定。54% 的沃尔沃购买者也是女性。基于上述事实，为抓住市场机会，沃尔沃开展了市场调研，以确定何种车型的形象和特点更适合女性消费市场。

沃尔沃公司结合市场调查以及该公司 400 名女性职工的意见，确定一个由 25 个女性雇员组成的小组参与 YYC 的设计。YCC 车型的推出正好迎合了女性购买者的需求。

**思考：**

为制定有效的市场营销战略，沃尔沃需要获得哪些方面的重要信息？

### (五) 评估营销计划的有效性

针对给定的目标市场确定某种营销组合或者营销计划后，就需要通过一定的方式对营销绩效进行一定的评估，从而得知营销计划是否有效。

要在市场中不断地取得成功，公司就必须定期监测市场情况。常用手段为消费者反馈和进行与评估营销计划有效性相关的调研，具体包括：

◇企业形象分析；
◇企业产品跟踪研究；
◇顾客满意度研究；
◇企业员工满意度研究；
◇分销商满意度研究；
◇顾客忠诚度评估。

公司希望知悉这类问题来评估其市场表现时，只有通过市场调研与预测，而非营销商的主观意见，才可以正确回答这些问题。

由以上内容可知，市场调研是营销决策者和市场之间的基础联系。市场调研在计划和决策的三个环境中都可以发挥重要作用：发现市场机会和限制条件、建立和执行营销战略，以及评估营销计划的有效性。

## 三、市场调查与预测的基本原则

为了向管理者提供有效的信息，市场调查与预测需要遵循以下七个原则：

### (一) 时效性原则

由于市场总是在不断变化，市场中的信息总是存在一定的时效，过去的信息可能不适用于当前的市场。依据过去的信息来把握当前的市场，就如同驾驶车辆时使用一张过时的导航地图，对企业来说是非常危险的。

**案例 1.4　　　　　汽车行业的调研**

过去几年，美国汽车生产商通用汽车和福特汽车公司根据市场调查得到的需求预测和客户的反应开发和生产了大量的运动型汽车。虽然销售战略看起来无懈可击，但是客户对运动型汽车的需求因中东紧张局势和石油价格猛涨的影响而开始减少，导致运动型汽车销量下滑。

上述问题的产生源于市场调查与新型运动型汽车推出之间的时间间隔太长。虽然新产品开发的决策基于市场调查，但是在市场调查后的两到三年才推出产品是不妥的。在开发新车型之前要花费大量的时间和金钱开展市场调研。

值得注意的是，及时性的问题也存在于其他企业和产品，特别是设计与推出时间间隔长的产品，其调研结果的及时性和相关性值得怀疑。

**思考：**
对于汽车等设计与推出时间间隔长的产品，如何更有效地进行市场调查与预测？

### (二) 经济性原则

如果从投入产出角度来看市场调查，投入的是资金、人力与时间，产出的是市场信息与分析结果。经济性原则意味着市场调查的投入与产出的比例要恰当，即市场调查与预测要以尽可能少的成本投入取得价值尽可能高的信息产出。

### （三）科学性原则

经过长期的发展，市场调查已经演变成一项结构化的工作，具有规范的流程。这个工作流程的必要性已经得到市场调查与预测理论界的认可，并且其合理性在实践中被反复证实。

科学性原则要求市场调查与预测的工作必须遵循相应的流程化步骤。而结合时效性原则，流程化的步骤也能够保障较为合理的调查时间。

### （四）客观性原则

客观性原则要求市场调查人员自始至终去寻求反映事物真实状态的准确信息，去正视事实和接受调查的结果。

市场调查人员不允许篡改数据，也不允许在调研过程中带有个人主观的意愿和偏见。在最终的调研资料和结果不符合最初的期望时，调查人员要正视事实，客观地接受市场调查结果。

### （五）系统性原则

市场调查与预测的系统性表现为全面收集所需的信息资料。调研人员需要将市场视作一个完整的系统，既要收集消费者的信息和企业自身的信息，也要收集社会环境以及竞争对手的信息。

### （六）保密性原则

市场调查与预测信息反映了市场状况和企业运营状况，具有极大的商业价值，也有可能在调研过程中涉及个人和客户的隐私。保密性原则就是要求市场调查与预测的从业人员在没有获得授权的情况下为委托方保密，不将材料泄露给第三方。在没有获得许可的情况下还要为被调查者保密，从而取得被调查者对市场调研的信任。

### （七）准确性原则

市场调查与预测过程中，应该实事求是地收集调查资料，尊重客观事实，在调查资料的分析过程中不人为造假和虚构。

该原则和客观性原则有着紧密关联，其主要的要求是在市场调查与预测中尽可能地减少调查误差，把握调查误差的范围。

## 四、市场调查协助决策，但不能取代决策

市场调查本身不能提供可靠的营销决策。市场调查可以向决策者提供信息来源，即提供相关、及时、可靠的信息。市场调查的相关性取决于：

（1）营销人员正确判断问题性质的能力；

（2）营销人员在恰当的时间、恰当的数据收集过程中，正确判断问题性质的能力；

（3）营销人员在恰当的时间、恰当的数据收集过程中，正确提出和解决问题的能力。

概括起来，虽然市场调查可以协助和影响决策，但是调查的有效性受调研决策者的影响。市场调查和决策者之间存在互动关系，双方不可互相取代。

市场调查只能协助而不是取代决策的另一个原因是，最终决策不仅受到市场调查结果的影响，而且受到公司其他因素的影响，比如资源限制、公司目标及公司外部因素，比如竞争

者的反应和法律制约等。因为决策者比调研者更清楚这些因素，所以他们对最后的决策负最终的责任。

在市场调查与预测过程中，调研目标的确定主要取决于三个工作的完成：

第一个工作是确定信息的需求；

第二个工作是具体描述调研目标；

第三个工作是具体描述信息需求。

以上都是市场调查与预测的准备阶段，即明确调研目标阶段的工作内容。这个过程需要与企业经营管理的决策过程结合起来。在企业决策的前期，企业领导人首先需要识别决策情况，其次就是定义这个决策问题，最后识别可选择的行为方案。具体情况可以看图1-1。

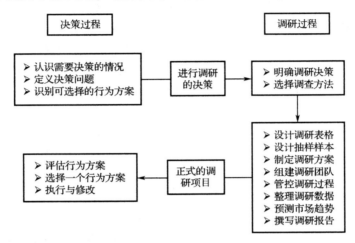

图1-1　市场调查与企业决策的关系

（一）决策情况的识别

在企业管理过程中，当目标已经确定，但是在绩效衡量的时候发现并没有达到预期目标的时候，就要查明是什么问题导致目标无法达成。例如，当新产品推广的市场份额低于预期市场份额、广告的有效性不尽如人意、营销活动并没有取得预期的目标的时候，企业的决策者就需要思考这个问题。

除此之外，企业的决策者在做出一个决策时很可能是想利用某个市场机会来实现更高的目标。也有的企业决策者可能在企业管理过程中发现了一些征兆，例如销售下降或者利润下降等情况。一旦发现这些征兆，企业决策者就会进行进一步的分析，以识别和定义问题和机会。

（二）决策问题的定义

一旦决策者觉察到存在需要决策的情况，就需要清晰地定义决策问题。一个清晰的决策问题定义包括两个组成部分：对于决策环境中目标的彻底理解；对于在决策环境中问题和机会的陈述。

决策制定者有两种方法来定义决策问题：第一种是系统地陈述决策问题，这些决策问题是以现有信息的分析为基础的。这种方法依赖于决策者的经验和判断，外加与决策情况有关的现存数据的分析技巧。第二种是利用探索性调查来帮助定义决策问题。两者可以结合使用，也可以单独使用。

如果后一种方法被采用，则会存在一种相互作用的过程。这是基于现存信息先前的详细陈述的假设，与从探索性调查发现中生成的假设之间的相互作用。在这几个相互作用的点上，决策者必须清楚地界定决策问题，并且继续制定决策过程中的其余步骤。

**1. 决策问题是什么**

每当管理层要完成一个目标，却要面对两个或两个以上行为方案的情况时，便出现了决策问题。

决策问题会出现在同时涉及问题和机会的情况中。解决问题的最佳行动方案与利用机会冒险的不确定性可能同时存在。

**2. 决策目标是什么**

决策制定程序有两个典型的目标来源，一是组织，二是个人。为了理解决策的动机，我们必须对组织和个人的目标都很敏感：

（1）两套目标一致时的决策制定程序会比两套目标冲突时更高效；

（2）如果组织和个人的目标冲突，如何解决这一冲突以实现组织目标，显然就是一个复杂的问题。解决这类问题的一个方法是将组织的目标明确地向组织中的其他人陈述。

确定明确的决策目标，在可选择的行为方案中进行选择，这常常能够确保组织目标在决策的时候起主导作用。

在很多决策情况中，决策制定者并不是个人。组织中的决策会涉及两个或更多的决策者，从而形成决策梯队。

另外一种情况涉及一个占主导优势的决策者，而决策过程中其他个人对他产生强烈的影响。在这种情况下，不但组织目标和个人目标之间存在着潜在的冲突，决策过程中涉及的个人目标之间也存在着冲突。

**3. 问题和机会如何陈述**

识别问题和机会的过程，被称之为环境分析。环境分析的目的是分析组织所面对的过去和将来的环境，以发现组织的问题或展示未来的机会。

环境分析是一个创新的过程。在进行环境分析的时候需要各种信息来源来支撑关于原因因素的假说。思考的自由度以及多种信息来源的应用，对于环境分析的成功是十分关键的。

**4. 可选择的行为方案有哪些**

如果有了决策问题的清晰陈述，那么决策程序的下一步就是识别可选择的行为方案。行为方案描述了如何在给定的一段时间内配置和组织资源。保持现状和改变现状都是一种行为方案。

可选择行为方案的形成对于详细描述决策问题是很关键的。识别平庸的行为方案通常是一件简单的事情。执行平庸的行为方案可能也会部分地解决问题，但真正的管理问题是识别最优的行为方案，产生最好的业绩，并且赋予组织竞争力。

（三）评估可选的方案

一旦确认了可选择的行为方案，下一步就是评估。这时决策者面对的问题是"需要什么样的信息来正确选择行为方案"。决策者的经验和判断，外加市场调研体系所提供的当前信息，可以帮助解决这个问题。

另外，决策者可能会需要新信息，并要求进行正式的市场调研。进行调研的决定，意味着可以获得想要的信息，而与收集信息相关的成本与时间上的延误，将被调研所带来的潜在价值所冲抵。所以此时调研所花费的时间不应该超过环境变化的要求，即遵循时效性原则。

### 任务实施

在市场调查与预测过程中，确定调研目标需要完成三项工作。第一项工作是定义调研的问题，第二项工作是确定问题的解决办法，第三项工作是具体描述信息需求。这些都是市场调查与预测的准备阶段，即明确调研目标阶段的工作内容。这个过程需要与企业经营管理的决策过程结合起来。具体来讲，明确调研目标的步骤如下：

**第一步：调研问题的定义**

明确调研目标所涉及的准备工作包括：和决策者讨论、采访行业专家、分析第二手资料以及实施定性调研。所有这些工作的目的是获取关于问题的背景信息，以帮助正确地界定营销调研问题。

（1）和决策者讨论。

和决策者讨论的工作非常重要。决策者需要理解调研的作用和局限性。调研可以提供与管理决策相关的信息，但是并不能提供解决问题的办法。后者需要管理者来判断。

反过来，调研者也需要了解决策者面临的决策或管理问题的实质，以及决策者希望从调研中获得的信息。

（2）采访行业专家。

除了和决策者交谈外，采访对公司和产品非常熟悉的专家对系统地阐述调研问题也是非常有帮助的。

这里所说的行业专家，既包括公司内部的行业专家，也包括公司外部的专家。通常情况下，对于专家访谈无须制作正式的调查问卷，但还是需要在前期做好准备，以便于快速完整地获取相关信息。

（3）分析第二手资料。

第一手资料通常指调研者为解决具体的调研问题而亲自收集的资料，第二手资料则是指并非为解决现有问题而收集的资料。

第二手资料来源的渠道非常广泛，包括企业和政府、商业性调研公司以及互联网。第二手资料是了解背景知识最省时间的渠道。

（4）实施定性调研。

在有些情况下，从决策者、行业专家处获得的信息以及收集的第二手资料仍不足以界定调研问题。这时还应采取定性调研的方法来了解问题及相关的潜在因素。定性调研没有固定的模式，具有一定的探索性。这种调研方法以少量的样本为基础。

从定性调研中获得的信息，结合与决策者的讨论、与行业专家的交谈以及对第二手资料的分析，就能够使调研者充分了解问题的背景内容。

**第二步：确定问题的解决办法**

调研人员与企业管理者进行沟通时，往往可以发现企业管理者真正的决策难题是什么，有些什么样的决策方案可供选择。

通过与行业专家的讨论和对二手资料的分析，调研人员可以确定调研的目的。确定调研目的的过程，从本质上来讲，就是发现能够支持做出决策所需的数据，进行相关的调查假设。

**第三步：具体描述信息的需求**

调研设计的工作是根据第二步调研目的的需要，提供各种需要收集的数据。最终的结果通常是一张数据需求列表，对所需要收集的所有数据进行说明，在此基础上提出基本的理论模型和假设、数据收集和分析的方法。

当调研者了解了问题的背景因素后，就可以对调研问题进行精确定义，并且根据调研问题的定义寻找问题的解决办法，最后完善调研整体设计。

图 1-2 是界定调研问题的一般步骤：

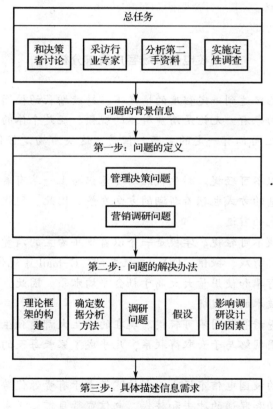

图 1-2　界定调研问题的一般步骤

### 实践演练

1. 小组练习：

结合本章内容，查找资料并分小组撰写"市场调查与预测的重要性"的演讲稿。小组代表上台进行 5 分钟左右的主题演讲。小组演讲的背景角色选择如下：

（1）普通消费者；

（2）基层营销从业人员；

(3) 企业市场部工作人员；
(4) 销售部门经理；
(5) 企业董事会成员；
(6) 市场专业调研机构；
(7) 市场竞争对手；
(8) 行业专家。

2. 思考：

某连锁超市将自己定位为高校内部企业。该连锁超市的决策者曾经在本省数十个高校成功开了一系列的连锁店，并且有着成功的经营经验。面对高校环境的不断变化：

(1) 你建议该决策者进行什么样的调研项目？
(2) 你建议决策者进行这些市场调研项目的依据是什么？

## 拓展阅读

### 高校电信市场客户需求分析

**一、调查背景**

在通信市场饱和度已经达到一定程度的情况下，持续增长的校园通信市场越来越受到各大运营商的重视。从表面来看，无论是消费群体的规模，还是个体的消费量，校园学生和社会的大客户和高端客户之间都有一定的差距。但是，这块市场是任何通信运营商都不可忽视的。

一是学生的消费意识不可轻视。新生代的消费意识与上一辈有着根本区别。他们对信息的依赖性很强，获取信息的方式也朝着新潮的方向发展。因此，现代的、新颖的通信工具和通信手段逐渐成为新生代的首选。

二是学校的客户规模不可轻视。学校是一个以青少年为主的消费单位，而青少年又是当今盛行的上网冲浪、网络游戏、微信、QQ、手机支付、E-mail等现代通信手段的主力群体。他们的人均通信工具拥有率和使用量大大高于社会平均水平。因此，各大高校现已成为通信运营商推销新业务、新技术的主战场。

三是校园市场的消费诱导作用不可轻视。现在的学生大都是独生子女，时时牵着家人的心。每天用电话或者利用网络与子女取得联系，几乎成了家长每天的必修课。这就为通信运营商提供了无尽商机。

目前，在竞争激烈的校园电信市场上，电信宽带由于有资源优势，占据着领先地位。但在手机业务上，由于移动和联通的冲击和替代，电信宽带目前处于劣势。同时，随着网络资源的不断发展，如何利用现有资源，提升电信公司产品在校园市场的核心竞争力，都是电信公司下一阶段需要重点面对的问题。所以有必要研究校园电信市场的需求特性，并提出有针对性的改进策略。

**二、调查目标**

这次市场调研的目标是，通过实地调查，研究校园学生的真实通信消费习惯和消费能力，有针对性地改进电信公司的校园市场营销策略，推出学生能接受和欢迎的电信新型产品包和营销推广方案。具体目的如下：

(1) 校园学生的真实通信消费习惯和消费能力调研；

(2) 校园电信市场品牌与套餐的感知和偏好调研;
(3) 其他通信运营商的校园营销策略和模式调研;
(4) 找出目前电信校园营销策略的不足及其原因;

### 三、调查内容

1. 研究校园学生的真实通信消费习惯和消费能力

主要包括对校园学生与家人、同学、朋友的语音通话信息、即时聊天信息,以及他们对教育相关信息、网络信息的消费习惯和消费能力的研究。具体包括:

校园学生消费行为的影响因素研究;
校园学生市场消费行为的过程研究;
校园学生的消费模式研究;
校园学生团体用户消费行为研究;
校园学生市场品牌感知与偏好研究;
校园电信市场套餐感知与偏好研究;
校园学生市场购买力研究;
校园学生资费敏感度研究。

2. 研究其他通信运营商的校园营销策略和模式

主要包括竞争对手的营销模式和产品套餐的研究。具体包括:

其他网运营商的顾客忠诚度研究;
其他网运营商的市场定位策略研究;
其他网运营商的各类套餐组合研究;
其他网运营商的增值业务研究;
其他网运营商的价格策略研究;
其他网运营商的促销渠道研究;
其他网运营商的广告与公益宣传效果研究;
其他网运营商的营业推广效果研究;
其他网运营商的关系营销研究。

3. 研究目前电信校园营销策略的不足及其原因

主要研究目前电信校园营销策略的不足及其原因,具体包括产品、价格、渠道、促销、政策、公共关系各个方面的优势及劣势。

4. 研究适合本地区校园的新型产品包和营销推广方案

主要研究适合本地校园的新型产品包和营销推广方案。具体包括:

分产品、分项目、分业务种类进行单项业务产品包设计研究;
将各产品、项目、业务种类进行组合业务产品包设计研究;
以数字校园为平台,进行新型产品包的统一设计研究;
前后台的技术支撑研究;
采取何种经营模式渗透校园市场研究;
产品、价格、渠道、促销、政策、公共关系各方面营销推广方案设计研究。

# 任务2  选择调查方法

## 学习目标

**知识目标：**
1. 了解市场调查与预测的类型
2. 了解二手资料调查法的内涵
3. 了解观察法的内涵
4. 了解实验法的内涵
5. 了解询问法的类型和原理

**技能目标：**
1. 能根据不同的调研项目进行调研设计
2. 能进行探索性调研设计
3. 能进行描述性调研设计
4. 能根据不同的调查对象的特征选择不同的调查方法

## 任务导入

某公司想了解一下其产品的需求情况，为此他们组织了一次市场调研活动。按照调研方案，该企业首先进行了一次问卷调查。他们选取了北京、上海和广州三个城市作为代表城市，在这三个城市中随机发放问卷。他们向消费者所提供的问卷中，问答项目达几百个，而且十分具体。该调查所获得的数据被存入计算机，计算机随后对数据进行了详细的分析。

此外，该公司为了改进刚刚研制成功的产品，还邀请消费者担当"商品顾问"，让他们试用这种新的产品，然后"鸡蛋里挑骨头"，从他们那里收集各种改进的意见。该公司担心"商品顾问"有时也会提供不真实的信息，因此，研究所的市场调查人员经常亲自逛市场，"偷听"消费者购买时的对话，或者干脆装扮成消费者，四处探听店员和消费者对产品的意见。他们的目的只有一个，就是一定要搞到真正准确的信息，而不是虚假的赞誉。

在亲自获取市场信息的同时，该公司还把其他部门所提供的市场分析进行加工和整理，以补充市场调查所获取信息的不足。这些从公开出版物、政府和有关行业获取的统计资料，有助于该企业了解整个市场的宏观信息。

来自消费者的信息成千上万，如何分析研究，取其精华呢？该公司有其独特的方法。他们把所有信息分为两类：一类是高期望值信息，即希望商品开发达到某种程度，或希望出现某种新产品的信息；另一类是具体的改进建议。该公司十分重视前者。因为这类信息虽然没有具体意见，甚至很模糊，却反映了消费者的期望，是新产品开发的重要启示，而具体的改进意见一旦和高期望值信息结合起来，就能起到锦上添花的作用。

## 任务分析

从上述案例可以看出，市场调查质量的高低与收集到的各类信息资料价值高低有关。而市场上的信息成千上万，调查方法不同，收集到的信息资料种类不同，价值高低也不同。

因此，做好市场调查资料的分类、市场调查方法的选择至关重要。市场调查资料包括哪些类型？文案调查法、询问调查法、观察调查法、实验调查法如何应用？这些都是本章所要解决的问题。

**任务知识**

### 一、探索性调研

探索性调研在以下情况下采用：必须更准确地界定调研问题时，必须确定调研行为的有关过程时，必须在开发调研方法前获得更多的信息时。

这阶段所需要的信息是很粗略的，所采用的调研程序具有灵活性和非固定性的特点。例如，它可以包括对行业专家的个人采访。尽管这些采访被选中来做最快了解的样本，既小又不具有代表性，但是这些最初的数据在本质上是定性的，可以根据它们进行分析。考虑到调研程序的这些特点，探索性调研的研究结果应当被视为一种尝试或投入，探索性调研之后通常是更进一步的探索调研或者是结论性调研。有时探索性调研，尤其是定性调研，就是要进行的全部调研。在这种情况下，对已获得的调查结果就应小心应用。

探索性调研的目标就是通过对一个问题的探索或研究，来洞察和理解问题。探索性调研可用于以下目的：

◇更准确地界定或形成调研问题；
◇确定可供选择的调研程序；
◇设计假设；
◇为进一步的检验而分离出关键的变量和关系；
◇了解解决问题的有效方法；
◇确定进一步调研所应优先考虑的事情。

通常，当调研者对要进行的调研项目缺乏足够的了解时，探索性调研便具有重要意义。由于探索性调研还没有采用正式的调研计划和程序，因而其调研方法相当地灵活。探索调研很少采用设计调查问卷、大样本以及样本调查等调研方法，调研人员在调研过程中对新的思路和发现极为敏感。一旦有了新的思路和发现，他们会立即对调研方向做出调整。除非发现没有可能性或者确立另一个调研方向，否则他们会始终坚持这个新的调研方向。由于这个原因，探索性调研的调查重点经常随着新发现的产生而变化。因此，调研人员的创造力和灵敏性在探索过程中发挥着举足轻重的作用。但是，调研人员的能力并不是决定探索性调研成功的唯一因素。探索性调研设计还可以利用专家调查、实验性调查、二手资料调查等方式展开。

### 二、描述性调研

顾名思义，描述性调研就是描述一些事物，通常指描述市场功能或特征。进行描述性调研的理由如下：

（1）可以描述相关群体的特征。相关群体包括销售人员、机构及市场等。例如，可以描述某通信运营商的顾客的主要形象是什么样的。

（2）可以估计在某个具体的群体中，具有特定行为特征的人所占的比重。例如，逛名牌商场的顾客和逛打折商店的顾客的比重各是多少。

（3）可以判断顾客对产品特征的理解力。例如，可以判断家庭消费者如何看待不同的百货商店。

（4）可以判断营销变量的相互联系程度。例如，可以判断外出购物和在外面吃饭的联系程度有多大。

（5）可以做具体的预测。例如，可以预测某款手机在某一地区的销售额将达到多少。

进行描述性调研的一个假设是调研人员提前对调研问题状况进行了非常多的了解。事实上，探索性调研和描述性调研的一个关键区别是描述性调研提前形成了具体的假设，非常清楚需要哪些信息。因此，描述性调研通常都是被提前设计和规划好了的。它通常建立在大量有代表性样本的基础上。

一个正式的调研设计必须明确指出选择信息渠道的方法以及从这些渠道收集资料的方法。描述性调研设计通常需要明确回答与调研有关的6个基本问题，即调查对象是谁，应该从他们那里收集哪些信息，什么时间收集，收集的地点在哪里，为什么要收集那些信息，应该采用哪些方法收集这些信息。我们可以根据前述问题的答案最终获得准确清楚的信息。

简而言之，描述性调研的特征是对问题的清楚描述、具体的假设以及详细的信息需求，和探索性调研截然不同。下面再列举其他描述性调研的例子：

◇描述市场的规模、消费者的购买力，以及消费者的形象；
◇判断一个公司和它的竞争者在市场销售总额中分别所占的比重；
◇描述在地理位置、产品品牌、消费特征以及广告等因素作用下的销售情况；
◇判断消费者对某一公司和它的产品的印象；
◇描述不同的产品用途和消费模式；
◇调研判断经销商的交通流动模式以及经销商的数量和分布位置；
◇描述价格变动的范围和频率以及消费者对价格变动的反应；
◇描述媒体消费习惯以及具体电视节目或杂志的观众形象。

在描述性调研中，通常根据调研过程的周期不同而分别进行横向调研和纵向调研设计。横向调研设计是在营销调研中经常使用的描述性设计。这种设计方法只从既定的人口样本收集一次信息。它包括单一的横向设计和多重的横向设计。在单一的横向设计中，只从目标人口中选出一个应答者样本，并且只从这个样本收集一次信息，因此这种设计也被称为单样本调查设计。在多重的横向设计中，尽管存在两个或以上应答者样本，但仍然只从每个样本收集一次信息。

纵向调研设计是指重复地对一个固定的样本的组成人员进行调查的方法。和横向调研设计不同的是，纵向调研设计在不同的时间选择相同的人员组成样本。换句话说，同一个人会在不同的时间里被选作调查对象。如果将横向设计和纵向设计进行比较的话，横向设计相当于在某个特定的时点上的拍照，而纵向设计相当于不同时间里的一系列照片。

### 三、因果关系调研

因果关系调研的目的是找到构成因果关系的证据。营销经理总是根据假设的因果关系不停地做出决策。这些假设可能不正确，必须通过正式的调研对它进行验证。例如，通常假设价格下降会带来销售的增加和市场份额的提高，但在特定的竞争环境里，这个假设可能是错误的。因果关系调研可用于以下目的：
◇理解哪些变量是原因（独立变量），哪些变量是结果（非独立变量）。
◇判断原因变量和预测结果之间的关系。

和描述性调研相似的是，因果调研也需要有计划、有结构的设计。尽管描述性调研可以判断变量之间的相互关联程度，但它不适合于因果关系的检验。检验因果关系需要进行原因调研设计，使得原因和独立变量能够在相对控制的环境里被操作运用。这里所说的"相对控制的环境"是指能够尽最大可能对那些影响非独立变量的其他变量实施控制和检查的环境。

因果调研的主要方法是进行试验。考虑到复杂性和重要程度，我们在"选择调查方法"任务中将专门对因果调研设计和实验性调研进行讨论。这里只举个简单的例子进行说明。

在某百货公司顾客调研项目中，调查人员想确定销售人员的表现和服务水平（原因变量）对家具销售（结果变量）的影响。他设计了一个因果调研，从特定的连锁店中选出两家不同的家具商店进行比较。其中一家商店中的销售人员经过培训，另一家商店的销售人员没有经过培训。一个月以后，通过比较两家商店的销量，就能判断出销售人员对家具销售的影响。这个对比调研的项目同样可以选择另外一种对比调查方法，即对比同一家商店两个时间段的销量情况：一个时间段使用经过培训的销售人员，另一个时间段使用没有经过培训的销售人员。

## 四、探索性调研、描述性调研和因果关系调研的关系

探索性调研、描述性调研和因果关系调研是调研设计的主要类别，但是千万不要将它们之间的区别绝对化。一项具体的调研项目可能会涉及几种调研设计以实现多种目标。究竟应选择哪种调研设计取决于调研问题的特征。下面是选择调研设计的一些基本的原则：

（1）如果对调研问题的情况了解得很少，理想的做法是从探索性调研开始。在遇到以下几种情况时使用探索性调研：
① 调研问题需要得到精确界定的时候；
② 需要寻找可替换行动方案的时候；
③ 需要设计调研假设的时候；
④ 关键变量需要被隔离出来并划分为独立变量或非独立变量的时候。

（2）探索性调研是整个调研设计框架的第一步。在大多数情况下，探索性调研之后会出现描述性调研或因果关系调研。

例如，根据探索性调研做出的假设应该用描述性调研或因果关系调研进行统计上的验证。

（3）并不是所有的调研设计都有必要从探索性调研开始。这取决于调研问题被界定的确切程度以及调研人员找到调研问题的确切程度。调研设计也可以从描述性调研或因果关系调研开始。

例如，一项针对消费者满意程度的调研在每年进行调查时就没有必要从探索性调研开始。

（4）尽管探索性调研在一般情况下都是调研的第一步，但这并不是必然的规律。有时探索性调研也被排在描述性调研和因果关系调研的后面。

例如，当描述性调研和因果关系调研的结果很难让管理人员理解时，探索性调研可以提供更多的信息，帮助理解这些调研结果。

## 五、二手资料收集

根据调查的目的不同，市场调查所采用的二手资料收集方法也不同。研究表明，单一的市场调查方法容易导致调查结果出现较大的偏差。因此科学地采用适合调查目的和内容的数据收集方法显得非常重要。市场调查中搜集的二手资料，来源非常广泛，除了企业内部的业务资料、统计资料、财务资料和企业之前搜集的其他资料之外，还有大量来自企业外部的资料，如统计部门公布的资料、市场调查机构发布的统计信息、各种媒体提供的资料、图书馆馆藏资料等。二手资料的第三个来源是国际互联网和在线的数据库。

二手资料在市场调研的前期特别是探索性调研设计阶段的作用非常大，是一种非常重要的市场调查手段。一般来说，其作用主要有以下几个方面：

（1）帮助解决市场调研目的的确定问题，为后期的一手资料收集提供必要的帮助，如设计问卷。

（2）可以作为评价原始资料是否可靠的依据。例如，可以根据人口统计学的基本特征来指导抽样。

（3）为未知的调查提供调查的方向。调查者并不是每次都明确地知道应该调查什么项目，特别是那些探索性调查项目。二手资料可以帮助寻找调查方向。

（4）通过连贯的市场信息可以进行市场供求趋势分析和市场现象之间的相关和回归分析。

二手资料的收集除了具有费用低、速度快等特点，还具有以下特点：

（1）间接性：二手资料是收集、筛选已经经过加工的以文字、图像、符号、视频等形式所负载的二手资料或次级资料，不需要再进行实地调查。

（2）文献性：二手资料调查法以收集文献性信息为主，具体表现为对各种文献资料的收集、整理与汇总。

（3）无接触性：二手资料收集不直接接触被调查者，在调查过程中不存在与被调查者之间的关系协调的问题。

（4）机动灵活性：二手资料收集法能够快速地以较低成本获取所需的资料，以满足市场研究的需要。这些资料或作为评价原始资料的标准，或作为原始资料的补充说明。

## 六、观察法

观察法是调查者有目的地观察、记录调查对象的行为、活动、反应、感受，以获取资料的方法。有时候为了调查需要，还会利用各种仪器和设备。总的来说，观察法包括以下几类：

（1）自然观察和非自然观察。自然观察是在行为正常发生的环境中观察行为，例如人们在商场购物。非自然的观察是人为设计一个环境，观察人们在此环境中的行为模式，例如改变商场灯光等设备然后观察购物者的行为表现。

（2）伪装观察和非伪装观察。伪装观察是指不被调查对象发现的观察行为。非伪装观察是调查对象知道自己正在被观察的观察行为。如果调查对象会因为感觉到有人观察自己而改变自己的行为,则应该用伪装观察,否则无须伪装。

(3) 严谨观察和松散观察。严谨观察是指在清楚地定义了决策问题,并详细描述信息的需求的前提下,清楚地识别所观察和测量的行为的方法。松散观察是调研者尚未清楚地定义调研问题,试图通过松散观察发现调研问题方向的方法。

(4) 直接观察和间接观察。直接观察是在行为发生的时候观察行为,间接观察是观察一些过去行为的记录。间接观察是观察行为的影响而非行为本身,如收集竞争对手的垃圾,或者通过观察生活垃圾发现家庭生活特征等。

(5) 人类观察和机械观察。在一些情况下,适合用一些形式的机械观察来替代人类观察,原因是机械观察更加客观,可重复利用。在观察中所使用的主要设备有摄像机、照相机、声音探测仪等。

相比较起询问法,观察法有其独特的优势。首先,它并不取决于应答者是否愿意提供理想的数据;其次,它减少了采访员在采访过程产生的潜在偏差,因此观察数据更加准确;再次,有些数据只有通过观察才能收集得到,如心理学方面的研究经常用到的测谎仪的数据。

当然,观察法也有一些局限。第一,不能观察到人的意识、信念、感觉和偏好,而且有些人由于行踪无法确定而无法对其进行观察;第二,观察法通常耗时较长,而且需要从中查找规律,所以必须是反复出现的现象才能方便统计分析。

## 案例 2.1　　东芝洗衣机的不断改进

东芝为了将洗衣机产品推广给日本国内的消费者,使用观察调查法来观察市场变化。东芝洗衣机的设计者在观察中发现,越来越多的日本家庭妇女推向就业大军,洗衣服不得不在早晨或晚上进行,这样噪声就成为一个问题。为此东芝设计出一种低噪声的洗衣机推向市场。在开发这种低噪声产品时,他们还发现,当时的衣服已经不像以前那么脏了,许多日本人洗衣的观念也转变了。以前是衣服脏了才洗,后来是衣服穿过了就要洗以获得新鲜的感觉。认识到职业妇女生活方式的转变,他们推出了烘干机。后来又发现大多数消费者的居住空间有限,继而发明了洗衣烘干二合一的洗衣机。

要成功地采用观察调查法,必须具备如下条件:
(1) 所需要的信息必须是能从具体的行为中观察到并能从观察到的行为中推断出来的;
(2) 所观察的行为必须是重复的、频繁的或者是可预测的;
(3) 所观察的行为必须是短期的,并可获得结果的。

## 七、实验法

实验法是在既定的条件下,通过一系列的实验对比,对市场现象中某些变量之间的因果关系及其发展变化过程加以分析的一种调查方法。实验法通常应用在因果关系调研中,旨在通过控制某一个或某些营销变量,来研究其对因变量的影响。如改变不同地区的广告投入,通过销量的变化来测定广告的效果。

实验法的优势在于:
(1) 结果客观,实用性强。实验法是一种在真实或者模拟环境中进行实验的调查方法,所以结果客观且有较大的推广价值。

（2）可控性较高。调查人员可以主动改变某些市场变量，通过发现其他变量的变化来发现市场变化的影响因素，这是其他调查方法无法做到的。

（3）实验的结论具有较强的说服力。由于控制了实验的环境，可反复进行实验，因此实验结果较精确，说服力较强。

（4）可以探索尚不明确的市场变量之间的关系，认识事物的本质和发展规律。

实验法的劣势在于：首先，实验法需要对各种营销变量进行控制，但影响市场变化的因素错综复杂，因此难免出现无法控制的现象；其次，实验控制的条件不可能与其他市场条件完全相同，所以实验成果的推广效果不好；再次，实验法耗时长，费用高，且实验过程控制难度大，通常无法在短期内完成；最后，实验的保密性差，容易泄密，造成巨大损失。

## 八、询问法

询问法是指通过有目的、有逻辑地询问调查对象对某些问题的看法，最后得出结论的方法。询问法有着其他调查方法无法比拟的优势，所以得到了广泛应用，也衍生出一系列具体的市场调查方法，其中的问卷调查法更是风靡全球。以下介绍几种常用的询问法。

### 1. 深度访谈法

在市场调查中，调查者常常需要对某个专题进行全面、深入的了解，希望通过访问发现一些潜在的重要情况。在这种情况下，针对个人的深度访谈往往能够达到调研的目的。深度访谈法类似于记者的采访，是一种由调查员和调查对象进行沟通的方法，主要从交谈中获取有用的信息。调查对象可以随便提出自己的意见，而不管调查者想要什么。

深度访谈的优势是可以深入地了解调查对象的动机和行为。调查对象的经验和学识通常能够使调查项目少走弯路，为调查节约大量的资金。这种方法的缺点是对调查员和调查对象的要求都非常高。调查对象的经验和学识往往跟他的社会地位有很大的关系，而他的社会地位越高，获取他的配合所付出的成本就越高。调查员也应该具备访谈不同的专业人士所必需的学识和经验，否则无法达到调查的目的。正是这个限制导致这个方法的使用面并不是特别广泛。

### 2. 焦点小组访谈法

焦点小组访谈法是在国外广泛使用的一种定性研究方法，在有些地方也叫座谈法。这种方法通常是采用小型座谈会的形式进行。调研人员挑选出一组具有代表性的消费者或客户，在一个设施齐全的房间里，由主持人就某个专题组织讨论，从而获得调查资料。与深度访谈不同的是，焦点小组访谈不是一对一的行为，而是同时访问若干个调查者，通过了解小组成员的意向来获取信息。

焦点小组访谈法的优点是：

①取得的资料较为广泛和全面。多个被调查者参加座谈会，他们在主持人的适度引导下开动脑筋、互相启发，产生许多想法。

②资料收集快，效率高。

③能将调查与讨论相结合，还能探讨原因和寻找解决问题的途径。

焦点小组访谈法的缺点在于：

①主持人需要有较丰富的经验和较强的组织、控制能力，这增加了挑选主持人工作的难度。

②由于焦点小组访谈往往需要较多的费用,因此无法大规模推广使用,这导致抽样的样本代表性不大。

③焦点小组的访谈结果通常非常分散,不利于编辑和统计分析。

④对于很多敏感问题,无法在焦点小组的访谈中获得真实的数据。

### 3. 问卷调查法

问卷调查法是指那些需要借助问卷进行调查的方法,主要有入户访问法、邮寄问卷调查法、拦截访问法、电话调查法、网络调查法等多种方法。所有的问卷调查法都有一个共同的特征,就是在调查过程中要设计好问卷才能进行,因为问卷设计的质量直接影响调查结果的准确性。

问卷设计将在任务三中进行详细讨论,这里就几种主要的问卷调查法进行说明,以便让我们能对每个具体的问卷调查法的特征进行了解,从而可以根据收集数据的实际需要选择调查方法。

(1)入户访问法。

入户访问法是指采用随机抽样方式抽取一定数量的家庭或单位,访问员到抽取出来的家庭或单位中进行访问,直接与被访者接触,然后依照问卷或调查提纲进行面对面的直接提问,并记录下对方答案的调查方法。

入户访问是询问法中收集信息的一种主要方式,有较强的适用性。这种方式曾经被认为是最佳的个人访谈方式。因为入户访问是一种私下的、面对面的直接访问,可以立即反馈信息,可以对复杂的问题进行解释,可以进行深度的交谈,而且可以在被调查者感到熟悉、舒适和没有压力的环境下进行。由于多种原因,如家庭结构的变化和小型化、安全问题、调查者的数值和访谈结果的可信度等,目前这种方法的使用率正在下降。

入户访问成本高、组织难度大,因此在实施入户访问调查时除了规范的管理外,还有一些注意事项。如果要求根据调查数据对总体做推论,则抽取完全代表总体的样本是非常重要的。这些规范包括抽样框确定原则、起点原则、家庭户抽取原则、敲门入户原则、家庭成员甄选原则等。

在许多情况下,抽样方案无法给出具体的待访家庭的名单,而是只给出若干个抽样点,如某个居委会、某个地段或某个大院等。这时,访问员有一定的确定调查对象的主动权。为了对访问员实施管理,组织者应尽可能详细地规定抽取家庭户的方法。例如,通常规定在某个抽样点内按等距抽样法抽取 5 户家庭,规定起始点的确定方法、计算抽样间距的方法,以及行走路线等。抽样方案中还应给出当抽中的家庭户内无人或抽中的家庭户拒绝接受访问时的处理方法。例如,规定家中无人时应再访;三次均不成功才能放弃;对于拒绝接受访问的家庭应耐心地进行说服,仍无效者可以放弃,改访邻近的家庭。

入户后需确定具体的访问对象。根据研究目的的不同,确定的访问对象也相应地不同。若调查内容主要涉及整个家庭,例如住房、耐用品等,一般访问户主或最具有决定权的家庭成员为宜;若调查内容主要涉及个人行为或态度,如个人消费行为等,一般选取家中各年龄段的一位成员进行访问,或是按照某种规定选取一位成员进行访问。

入户访问法的优点在于:

①直接与被访者接触,可以观察被访者回答问题的态度;

②采用严格的抽样方法,样本的代表性更强;
③能够得到较高的有效回答率;
④对于不符合填答要求的答案,可以在访问当时予以纠正;
⑤可由访问员控制跳答题或开放题的追问情况。

入户访问法的缺点在于:
①人力、时间及费用消耗较大。
②可能出现访问员理解错误的情况。
③对访问员的要求较高。
④需要严格管理访问员。

（2）邮寄问卷调查法。

邮寄问卷调查法是调查者将设计好的问卷通过邮寄的方式送达被调查者手中,请他们按要求和规定时间填写问卷并寄回调查表,以此获取信息的一种方法。

邮寄问卷调查法是一种高效、方便、费用低的信息收集方法。邮寄问卷调查法适用范围广,调查成本在各种询问中最低,而且被调查者有充分的时间来填写问卷,填写较为灵活、自由、方便,还能避免由于调查人员的干扰而产生的调查误差。但是,邮寄问卷调查的真实价值与问卷的有效回收率有关。由于邮寄问卷调查的有效回收率通常都很低,同时被调查者的不回应不是一个随机的过程,因此调查结果可能会产生相当大的偏差。而且邮寄问卷调查的问卷回收时间长,即使是回收的问卷,也有答非所问的情况,所以对调查结果往往很难控制。

在设计邮寄问卷调查的问卷时,应注意以下几个方面的问题:
①注意印刷字体及纸张质地,应尽量具有吸引力。
②问卷上应讲明进行调查的目的和调查结果的重要性,在问卷上应写上"致谢"等礼貌用语。
③问卷内容不宜太多、太难,要简单明了。
④问卷表达要简洁,意思清楚,切忌含糊。
⑤应向被访者说明回答问卷的要求,对问卷回收的时间期限也要做详细说明。

邮寄问卷调查法的主要优点在于:
①可以做大样本调查。
②费用较低,因为减少了访问员的劳务费,免除了对访问员的管理。
③被访者不会因为与陌生人接触而产生情绪波动。
④被访者有充足的时间填写问卷。
⑤可以对较敏感或隐私的问题进行调查。

邮寄问卷调查法的主要缺点有:
①问卷回收率较低。
②信息反馈周期长,影响收集资料的时效。
③要求被访者有较好的文字表达能力。
④需要在问卷设计上花较多的时间和精力。

（3）拦截访问法。

拦截访问法是目前十分流行的一种询问调研方法。该方法的特点是调查者在某一特定人群相对集中的地点,如广场、购物中心、超市等公共场所现场拦截被调查者进行访谈。

拦截访问是一种新兴的调查方式，主要优点是被调查者相对集中，可以节省寻找被调查者的时间，并且调查者容易接近目标。对于市场研究机构来说，许多时候所要收集的信息并非有十分严格的准确性、数量性的要求，此时采用拦截访问法可以在较短的时间内收集到所需要的基本信息。

拦截访问主要有两种方式：

第一种方式是由经过培训的访问员在选定的若干地点，如交通路口、户外广告牌前、商场或购物中心外等，按照一定程序和要求选取访问对象，征得其同意后在现场按照问卷进行简短的面访调查。这种方式常用于需要快速完成的小样本试探性研究，例如对某种新上市商品的反应研究等。

第二种方式也叫中心地调查或厅堂测试，是在事先选定的若干场所内，租借访问专用的房间或厅堂，然后按照一定的程序和要求，在选定的场所附近拦截访问对象，征得其同意后，带到专用的房间或厅堂内进行面访调查。这种方式常用于需要进行实物显实的或特别要求有现场控制的探索性研究，例如某种新开发产品的使用实验等。

拦截访问需要注意的事项有：

① 事先需要对调查的地点进行认真选择。

拦截访问的地点一般选择在交通便利、人流量较大的主要交通路口，或者大商场、会展中心、娱乐中心等地方。但在地点的选择上应注意不要造成交通堵塞或给其他商家收益带来不利影响，否则会引起纠纷。若是采用中心地调查，还可能涉及场地的租借。注意租借的场地应该是交通便利的地方，拦截活动应该在场地外就能实施，因为很少有被访者愿意走很远路程去配合调查。

② 事先要合理安排调查的时间。

拦截访问需要结合调查的目的和内容选择调查对象、时间和地点，只有这样才能保证获取的样本具有代表性。

③ 事先需要对访问员进行必要的培训。

拦截访问的拒访率很高，行人的态度也并非都很友善。因此，访问员应懂礼节、有耐心和自信，能及时向被访者讲明调查的目的，以使被访者对调查的问题产生兴趣。拦截访问对于访问员的总体要求是：认真负责、大胆灵活、不怕困难、善于交流。调查中常常使用满腔热情、渴望了解社会、掌握市场调查基本知识且具有"初生牛犊不怕虎"精神的大学生。

拦截访问法的主要优点有：

①访问时间短，效率高。

②可以很好地控制访问过程。

③可以省去抽样环节和节省费用。

拦截访问法的缺点在于：

①由于在固定场所，容易流失不到该场所去的群体，导致样本的代表性有所欠缺。

②不能耽误被访者太长时间，所以问卷的问题偏少。

③被访者中途拒答的情况时有发生。

（4）电话调查法。

电话调查法是指调研人员借助电话工具，依据调研问卷向被调查者逐项询问，了解其意见看法，以收集信息资料的一种调研方法。电话调查法可以分为电话访谈法、计算机辅助电话访谈法和中心控制电话访谈法等。电话访谈法是访问员直接通过电话与被访者进行交谈、获取信息的调查方法。使用计算机辅助电话访谈法时，需要将问卷输入计算机，计算机按要求的电话号码拨号，被访者接听电话后，由访问员按显示屏上设计的问题向被访者提问，并把答案直接输入计算机。中心控制电话访谈法通过专门的设备对电话访谈的过程进行监听，以控制电话访谈的效果和效率。

电话调查法由于成本低、花费时间短而被许多调研机构采用。但由于通话时间有限，使用电话调查法时会受到很多限制，如不能进行深入访谈、对对方的回答无法验证等，甚至有时候被访者会突然挂断电话，导致调查无法进行。因此，为了提高电话调查的完成率和成功率，调研组织者应该做好以下方面的工作：

① 建立一个尽可能完善的调研对象电话号码信息库，也就是确定一个较理想的抽样框。
② 设置通话监控程序。
③ 选择效果较好的抽样方法。若是信息库很大，只能使用黄页电话号码簿来选择具体的调研对象，调研人员就会面临采用哪种抽样方法的抉择。等距（系统）抽样、简单随机抽样、按区号分类再简单随机抽样等方法都不失为好的选择。
④ 选择最恰当的通话时间。
⑤ 确定合适的访谈对象。只有当被访者是合适而且合格的人士时，电话调查的结果才有价值。对于工业品市场来说，调查对象的筛选尤其重要。
⑥ 掌握良好的电话沟通技巧。

电话调查法的优点在于：
①整个项目的访问时间短。
②节省费用。
③可以消除陌生人的心理压力。
④问卷较简单，对访问员的要求较低。

电话调查法的缺点是：
①无法访问到没有电话的单位或个人。
②只能得到简单的资料，无法深入了解情况。
③无法出示卡片、照片等相关资料。
④无法了解被访者当时的态度，难以辨别答案的真伪。
⑤拒访情况较多。

（5）网络调查法。

网络调查法也叫网上调查法，是指通过将设计好的问卷置于互联网上来收集资料的方法。网络调查不仅仅涉及网上行为的研究，即研究人们在虚拟环境和中间环境中做些什么，还涉及以计算机为工具、利用能接触计算机的人群来研究人类的一般行为。网络调查与传统调查方式相比，在组织实施、信息采集、信息处理、调查效果等方面具有明显的优势。充分认识这一调查方式的特点，是开展好网络调查的前提。

按照调查者组织调查样本的行为，网络调查法可以分为主动调查法和被动调查法。主动调查法是指调查者主动组织调查样本，完成统计调查；被动调查法是指调查者被动地等待调查样本造访，完成统计调查。被动调查法的出现是统计调查的一种新形式。

按网络调查采用的技术可以分为站点法、电子邮件法、随机 IP 法等。

站点法是将调查问卷的 HTML 文件附加在一个或几个网络站点的 Web 上，由浏览这些站点的网上用户在此 Web 上回答问题的方法。站点法属于被动调查法，是目前网络调查的基本方法。

电子邮件法是通过发送电子邮件，将调查问卷发给一些特定的网上用户，由用户填写后以电子邮件的形式反馈给调查者的方法。电子邮件法属于主动调查法，与传统的邮寄问卷调查法相似，其优点是邮件传送的时效性大大提高了。

随机 IP 法是以一批随机产生的 IP 地址作为抽样样本进行调查的方法。随机 IP 法属于主动调查法，其理论基础是随机抽样。利用该方法可以进行纯随机抽样，也可以依据一定的标准进行分层抽样和分段抽样。

网络调查法的优势在于：
① 组织简单、费用低廉、效果好。
② 采取匿名的形式，很容易打消调查对象的顾虑。因此，对于敏感性问题的调研项目，使用网络调查法效果非常好。
③ 可通过多媒体问卷给被调查者提供更多的信息资料，便于消费者理解调查项目。
④ 采集的信息质量可靠。
⑤ 可以对收集的信息质量进行实时、系统的检验和控制。
⑥ 没有时空、地域限制。
⑦ 周期大大缩短。

网络调查的缺点是：
① 样本缺乏代表性。这是网上调查最大的缺陷。网上调查的调查对象仅限于网民，网民的构成决定着预定的被调查者是否构成群体规模。如果被调查对象的规模不够大，就意味着不适合在网上进行调查。
② 有人可能会因为礼品或者其他奖励而反复接受调查，导致调查数据不准确。
③ 回答率低。调查人员无法对受访者施加直接的影响，因此吸引上网人员回答问题具有一定的难度。
④ 不适合开放性问题的调查。由于中文输入困难，许多上网的人不愿意在网上打字，因此进行网上调查时应当尽可能避免设置开放性问题。

（6）留置调查法。

留置调查法是调查人员把调查表当面交给被调查者，并说明调查的意图、填写的方法和要求，由其自行填写，再由调查人员定期收回调查表的调查方法。一些宾馆、商店等多采用留置调查法。

留置调查法的优点是：
① 形式灵活，回收率高，费用较低。
② 可以当面向被调查者说明调查的目的和要求，消除被调查者的疑虑。
③ 答卷时间长，从而给被调查者充分思考问题的时间，信息完整性高。

留置调查法的缺点是：
① 调查地域范围受到限制。
② 周期相对较长，需要访问两次以上。
③ 无法获得被调查者的个人特征和偏好。

④ 被调查者的个性、受教育水平、理解能力、道德标准、宗教信仰、生活习惯、职业和家庭背景等会影响调查结果。

⑤ 真实性、可靠性不足。

除了这几种使用广泛的调查方法之外，市场调查还有其他一些调查方法，如投射法等，在这里不再一一介绍。

### 九、各种调查方法的评价和选择

（一）市场调查方法的评价准则

一种市场调查方法的优劣并不是绝对的。在某种情况下，一种调查方法可能是相对较好的，但在另一种情况下，这种方法可能就是不好的。因此，对调查方法的评价离不开研究的目的、环境、经费和时间的要求等。一般来说，可以通过以下几个方面来判断一种调查方法的优劣。

**1. 与所研究问题的性质是否相吻合**

如果所研究的问题是探索性的，那么定性研究的几种方法就是相对较好的；如果要评估市场的容量和需求，那么随机抽样调查可能就是比较好的；如果要研究的问题是检验因果关系，那么定量研究的实验法可能就是最好的。

**2. 对所研究的问题而言是否针对性强**

例如，如果要估计某市居民家庭消费的结构、品种、数量和变化趋势，最好的办法可能是家庭户固定样组的日记调查法；如果要了解企业对某大型自动化办公系统的购买意向，那么对主管领导进行电话调查可能会是针对性较强的方法。

**3. 在满足研究要求的条件下是否最节省费用**

如果入户调查和街头拦截调查都能满足研究的要求，而后者费用较低，那么后者是相对较好的办法。

**4. 在满足研究要求的条件下是否最省时间**

如果面访调查和电话调查都能满足研究的要求，而后者快速省时，那么后者肯定是相对较好的方法。

**5. 在满足研究要求的条件下是否最易于操作和控制**

如果深度访谈和小组座谈都能满足研究的要求，那么在具有设施齐备的专用座谈会会议室且拥有经验丰富的主持人的情况下，小组座谈的方法可能更易于操作和控制。但是，在设计了详细的访谈和分析模型的前提下，深层访谈可能就是更可行的方法。

**6. 在费用一定的情况下是否精确度更高**

例如，在新产品属性测试的研究中，既可以采用直接询问的常规大样本面访调查法，也可以采用间接询问的使用综合分析法的较小样本面访调查。相比之下，通过后者可能得到更合理的、精确度更高的结果，因而后者是更可行的方法。

（二）市场调查方法的选择依据

前面我们介绍了各种资料采集方法，但在一项调查研究中通常只能采用一种或少数几种方法。那么究竟采用什么方法呢？这是市场研究人员在市场研究策划过程中必须回答的问题。对于特定的市场研究问题，调查方法的选择一般不是单一的。也就是说，要根据问题的性质、研究的目的和要求、经费和时间的限制等，选择合适的调查方法组合，以完成预定的市场研究项目。一般来说，选择什么方法，取决于以下几方面：

**1. 调查的问题**

解决不同的问题要采用不同的方法，这是必然的。如果调查研究要深入探讨某些现象出现的原因，那么深度访问可能就比较合适；如果调查的目的是了解对于某些问题究竟有多少不同的意见和见解，那么采用座谈会就比较合理；如果调查研究旨在探索某些因素之间的因果关系，那么实验法可能是比较合适的方法；如果调查研究想了解人的动机或态度，那么投射法可能比较有效；如果想通过调查研究监控市场的发展变化情况，那么可以采用固定样本调查法。

**2. 抽样的精确性**

在实际调查研究中，有些研究需要高度的精确性，有些研究对抽样精确性的要求则不太高。对于精确性要求高的调查研究，一般都采用随机抽样的方式。比如电话访问比较能够满足精确性要求，是比较理想的方法。如果严格控制抽样，则入户访问也可以产生结构较好的样本。邮寄问卷调查虽然也可以严格控制抽样，但由于回收率较低，可能会损害样本结构的合理性，从而影响抽样的精确性。拦截访问等方法因抽样难以得到很好的控制，精确性比较差。

**3. 费用预算**

费用预算对调查方法的使用有着重要的影响。例如，电话访问、邮寄问卷调查的费用比较低，而入户访问费用相对较高。不过费用预算对选择方法的影响是需要结合其他问题来考虑的。

**4. 数据的质量**

数据的质量涉及调查的信度和效度。影响信度和效度的因素包括抽样方法、问卷设计以及访问员的训练等，资料采集方法也是其中一个因素。资料采集方法对数据质量的影响主要和资料采集过程能否得到严密的控制有关。一般来说，采用有访问员参与的资料采集方法，如入户访问、电话访问、深度访问、拦截访问以及座谈会等，受访者的反应能够得到较好的控制，因此数据的质量比较高。但必须对访问员本身进行严格的监督，否则也可能因为访问员的主观偏向以及不负责任而损害数据的质量。

**5. 调查的时间**

一般来说，询问问题的多少和问卷的详细程度决定着调查的时间。而受调查者需要花的时间在某种程度上决定着他们接受调查和完成调查的可能性。大多数方法都不适合于长的问卷，只有入户访问、深度访谈相对适合，因为采用这些方法时有访问员的说服，而且调查通常选择在比较合适的时间进行，可以最大限度地减少受调查者拒绝调查的可能性。

**6. 问卷的结构化程度**

问卷的结构化程度指问题是否按一定的次序列出，答案是否属封闭性答案。低结构化的问卷需要面对面的访问，而高结构化的问卷可以采用邮寄问卷调查、电话访问等方法。

**7. 刺激呈现**

在许多市场调查中，研究者需要给受调查者呈现各种刺激，如产品或产品的样品、广告包装以及各种图片资料。在这种情况下，面对面调查的方法，如拦截访问、入户访问，是比较合适的方法。

#### 8. 调查对象占人口的比例

调查对象占人口的比例小，就意味着找到他们不是一件容易的事。此时，采用入户访问就会比较昂贵，而采用邮寄问卷或电话访问可能比较合适。

### 任务实施

调研设计的初始步骤如图 2-1 所示：

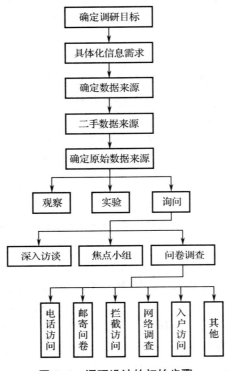

图 2-1　调研设计的初始步骤

一旦将调研目标与信息的需求具体化，调研者就需要系统地陈述调研目标和信息需求，并且确定出合适的数据来源。

对于确定调研目标和具体化信息需求这两个步骤，我们在任务 1 里已经做过详细讨论，这里从确定数据来源开始进行分析。

提供给市场调研的数据可以分为原始数据和二手数据。二手数据是其他调研机构或者组织为了其他目的的已经调查得来的数据。与原始数据相比，二手数据的主要优势是节约了成本与时间。

例如，在对某区域市场进行市场可行性分析时，需要对该区域的人口、家庭收入、可支配收入等项目进行调研。如果使用原始数据的话，需要进行相关的实地调研，成本会很高。但是如果利用当地统计部门的统计报告或者一些公开出版的统计分析报告，则便宜得多。

进行原始数据调研之前，要明确是否有二手数据，这一点特别重要。二手数据有三个主要的功能：

第一，帮助系统地陈述决策问题；

第二，提供正确的数据搜集方法和思路；

第三，可以用来对搜集到的原始数据进行评估和对比分析。

但是，二手数据也有不足，因此市场调研不能仅仅通过收集二手数据来达到调研的所有目的。其不足的地方主要在于：

第一，由于二手数据的收集并不是为了眼前的调研项目，所以它们很少能够完全满足项目的信息需求。

第二，数据的准确性难以保证。在调研过程中，影响数据准确性的抽样、数据收集、分析以及报告提交等都存在许多误差，而对于二手数据来讲，由于无法获取相应的信息，因此无法评估其误差。通常只能从来源、出版目的、与数据质量有关的证据三个方面来衡量二手数据的准确性。

第三，数据的及时性难以保证。二手数据通常都有一定的时效性，超过该时间段的数据，无法保证其是否还有效。因为市场环境的不断变化有可能导致数据迅速失效。

采集二手数据有两个重要的来源：内部资料和外部资料。内部资料主要包括业务资料、日常统计资料、财务资料和企业积累的其他相关资料；外部资料包括统计部门及各级政府部门发布的资料、各种市场调查机构发布的调查数据、各种媒体提供的市场文献资料、企业名录、公司发布的财务报表、图书馆存档的资料、国内外各种展销会等会议资料、竞争对手发布的新闻信息、网站等相关资料。

二手数据是否有效主要应考虑以下三个方面的因素：

第一是原始资料提供者的信誉；

第二是原始资料收集的目的和时间；

第三是原始资料的研究方法。

由于二手数据有其不足之处，因此，通常市场调研还需要进行一些必要的原始数据的搜集。在原始数据的搜集过程中，通常根据不同的调研目的采用不同的方法，主要包括观察法、实验法、询问法三类。在调研设计的初期阶段，特别是探索性调研设计阶段，被广泛使用的是询问法，而询问法中的焦点人群访谈和关键人物的深入访谈使用得尤其多。实验法则主要应用在因果调研过程中，观察法和询问法中的问卷调查法主要应用于描述性调研设计过程中。

以下就探索性调研中的焦点人群访谈和关键人物的深入访谈进行分析。首先看一个焦点人群访谈的例子：

这个焦点人群的访谈是关于对皇室新推出的麦片看法的一次访谈，主要由10名不同职业、不同收入的成员组成。图2-2是其中的一部分访谈内容。

## 一、焦点人群访谈步骤

通常在设计有效的焦点人群访谈的项目中，调研者必须十分清楚管理层的目标以及访谈的目标。如果需要进行焦点人群的访谈，则可以按照图2-3的步骤进行：

步骤一：确定调研目标。

定义管理层问题，包括管理层想要得到什么或者管理层的决策目的是什么，需要什么样的信息来满足管理层的需求。

步骤二：进行调研设计。

分割目标市场，包括哪个地区需要探究，群体规模多大，焦点人群需要多少人，人群的

```
┌─────────────────────────────────────────────┐
│ 介绍                                         │
│ 主持人:请你们每个人做一个自我介绍好吗?       │
└─────────────────────────────────────────────┘

┌──────────────┐  ┌──────────────┐  ┌──────────────┐
│小张:我叫小张,│  │小林:我叫小林,│  │小宋:我叫小宋,│
│是一个大学教师│  │我在北京有一家│  │我是一名国有企│
│,有一个孩子。│  │物流公司,有两│  │业的工程师,有│
│              │  │个孩子。      │  │一个孩子。    │
└──────────────┘  └──────────────┘  └──────────────┘

┌─────────────────────────────────────────────┐
│ 探究在麦片中什么是最重要的                   │
│ 主持人:你喜欢什么样的麦片?                  │
└─────────────────────────────────────────────┘

┌──────────────┐  ┌──────────────┐  ┌──────────────┐
│小张:我喜欢充 │  │小林:不喜欢糖│  │小宋:我主要吃│
│满麸皮的麦片, │  │麦片,只喜欢健│  │雀巢的麦片,因│
│因为含热量比较│  │康麦片。      │  │为它口味好,而│
│低。          │  │              │  │且对身体有益。│
└──────────────┘  └──────────────┘  └──────────────┘

┌─────────────────────────────────────────────┐
│ 皇室新麦片的介绍                             │
│ 主持人:你们中有多少人听说过皇室的麦片?      │
└─────────────────────────────────────────────┘

┌──────────────┐  ┌──────────────┐  ┌──────────────┐
│小张:我在品尝│  │小林:有人提过│  │小宋:我以前从│
│之前就已经听说│  │它的名字,并且│  │未听说过。    │
│过皇室麦片了。│  │说价格昂贵。  │  │              │
└──────────────┘  └──────────────┘  └──────────────┘

┌─────────────────────────────────────────────┐
│ 主持人让每个参与者尝试一份皇室麦片的样品,然后│
│ 说出自己的看法                               │
│ 主持人:你现在认为如何?                      │
└─────────────────────────────────────────────┘

┌──────────────┐  ┌──────────────┐  ┌──────────────┐
│小张:可以吃出│  │小林:它没有很│  │小宋:它与别的│
│有很多麦麸。  │  │多糖,这样很好│  │麦片不同,吃上│
│              │  │。            │  │去没有什么味道│
│              │  │              │  │。            │
└──────────────┘  └──────────────┘  └──────────────┘

┌─────────────────────────────────────────────┐
│ 探究原因                                     │
│ 主持人:你说它吃上去没有什么味道是什么意思?  │
└─────────────────────────────────────────────┘

┌─────────────────────────────────────────────┐
│ 小宋:我的意思是,它没有加任何调味品,这样很好│
│ ,因为像健康麦片。                            │
└─────────────────────────────────────────────┘

┌─────────────────────────────────────────────┐
│ 结束                                         │
│ 主持人:感谢各位的合作。                     │
└─────────────────────────────────────────────┘
```

图 2-2 访谈

数量是多少,是不是需要多个人群访谈会议,会议什么时候开,会议必须持续多长时间,必须在一天中的什么时间开会,群体会议必须在何处召开,如果需要在不同的城市或者国家召开,应该选择在哪里召开等。

步骤三:确定调研对象。

对焦点人群的成员形成筛选性的特征描述,包括人口统计学特征,如性别、年龄等,生产或工作经验,会议是否由专家或者此领域中有经验的人来组织。通常应答群体必须由具有相当均一特征的人组成,应该避免把有孩子、整日在家的已婚女性与在外工作的未婚女性混在一起,因为她们的生活模式和观念通常相差非常大。

步骤四:明确调研预算。

预期成本包括主持人成本、设备成本、参与者成本、设备租用成本、旅行成本等。如果会议在异地召开,则所有这些成本都要算在预算中。

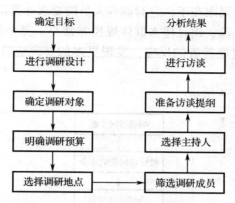

图 2-3　焦点人群访谈步骤

步骤五：选择调研地点。

为焦点人群选择并租用合适的地点，因为环境会影响参与者的答案，而且他们可能希望在比较好的环境中接受访谈。在选择地点的时候需要考虑以下标准：环境舒适；能根据需要提供录音录像设备；有参与者在访谈过程中需要体验到的相关设施等。

步骤六：筛选调研成员。

有了所需种类的人员后，就可以从焦点人群候选人库中挑选更加符合条件的成员。首先剔除掉从事市场调研工作的人员或者竞争对手的员工；其次考虑群体成员的一致性，通常应该把具有同一特征的人群集中在一起进行访谈，如都是整日在家的已婚妇女或者都是15岁左右的男青年等。这样可以避免群体成员之间为了与调研目标无关的问题而发生矛盾。如果讨论的是关于消费品市场的项目，人数保持在8~12人；如果是工业品市场调研，参与者最好是6~7人。

步骤七：选择主持人。

主持人的角色对于焦点访谈的成功至关重要。富有经验的主持人可以确保建立适当的应答者关系，根据相关标准来指导讨论。此外，主持人是数据分析与解释的中心，要有熟练的技术、经验、所讨论话题的知识，以及群体动态本质方面的直觉和远见。因此，主持人通常是一名训练有素的心理学专家。在选择主持人的时候通常要根据如下标准进行：①主持人必须既和蔼又刚毅兼备，态度超然，能体谅他人；②能调动气氛，鼓励交流，不让讨论内容偏离调查方向；③具备鼓励参与的能力；④能够用准确的语句总结不完整的讨论结果；⑤灵活。此外，主持人必须在讨论话题之前，将所涉及的知识提前告知参与者。

步骤八：准备访谈提纲。

访谈提纲通常要包括所涉及的讨论话题，以及时间方面的安排。

步骤九：进行访谈。

在访谈过程中，需要回顾调研目的，然后询问每个成员关于讨论问题的看法，最后分类汇总访谈的结果。

步骤十：分析结果。

把所有的数据编辑成有意义的信息，并向相关负责人提交调研报告。

## 二、深入访谈步骤

另外，在探索性调研中，针对某个领域专家的个人深入访谈也曾被使用过，不过使用得并不广泛。这个方法最大的局限在于，它对调查人员的要求非常高，深入访谈的成功与否完全取决于调查员的技巧和经验，而且样本群体规模非常小，完全依靠采访员的分析与解释。深入访谈的目的是为了通过应答者的反应，发现更多的导致应答者的态度和行为的深层次原因。

深入访谈的步骤如图2-4所示：

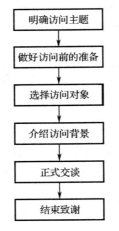

图2-4 深入访谈步骤

步骤一：明确访问主题。

访问员在访问之前，必须对自己所从事的采访工作有深入的了解，知道自己所访问对象的基本情况，此次访问要达到什么样的目的，准备提出哪些问题，重点在哪里。访问员通常要先拟定访谈的提纲。提纲主要包括访谈的目的、访谈的基本流程安排、访谈的具体问题。

步骤二：做好访问前的准备。

深入访谈前的准备工作通常包括准备访问工具和预约两个部分。访谈前要考虑到此次访谈需要哪些必须的物品，如证明自己身份的证件、公司开出的介绍信等，以获取对方的信任。除此之外，还要准备访谈的辅助设备，如摄像机、录音笔、纸、笔及相应的其他介绍性资料。如果有激励性措施，比如发放礼金或礼品等，也需要提前准备好。另外，由于深入访谈的时间较长，而且访问对象通常是有一定社会地位的人士，所以提前进行电话预约对于获得对方的配合非常重要。

步骤三：选择访问对象。

深入访问的对象应该是那些对调研的项目非常熟悉，或者有研究的人员。

步骤四：介绍访问背景。

向被调查者介绍来意，说明自己的身份。介绍的时候要有礼有节，不卑不亢。如果受到无礼的对待，应该尽量忍受。

步骤五：正式交谈。

交谈是获取信息的关键。访谈员往往需要先创造一个良好的氛围，然后再引入主题。在交谈过程中应注意语言的组织，并且善于倾听。对于超出访谈范围的话题要善于巧妙地转换。

步骤六：结束致谢。

深入访谈的时间通常在半个小时至两个小时之间，在已获取必要的资料的情况下应及时结束访谈，并致谢离开。

## 三、实验法实施步骤

在因果关系调研中，实验法应用得比较广泛。下面简单介绍一下实验法实施的步骤。图 2-5 是实验法的实施步骤：

**图 2-5　实验法实施步骤**

步骤一：界定研究变量。

调查的问题确定后，首先需要界定研究变量，即分析哪些变量与研究的问题有关。然后确定在实验中对其中的多少个变量进行观察和测量。这一步是实验调查能否成功的前提。

步骤二：确定实验单元。

确定实验单元，就是明确实验对象的基本单位。实验单元的选择应遵循"代表性"和"可对比性"原则。所谓的"代表性"是指实验单元应该对被研究的事物有较强的代表性，"可对比性"是指实验单元之间应该没有明显的差异。例如，在广告投放量对于销售量的影响的调研项目中，需要在全国各个不同的地区寻找各方面条件均差不多的城市作为实验单元，否则实验的结果就无法对比。

步骤三：设计实验过程。

在实验单元确定后，如何控制实验环境和实验单元，以保证实验按照研究的假设进行，这是实验设计过程需要解决的问题。

步骤四：开始实验。

当所有准备工作都就绪之后，就开始按照实验的设计进行实验。实验包括抽取实验单元、分配实验变量和观察记录三方面的内容。

步骤五：总结分析。

根据实验过程所做的观察和记录资料进行整理，得出调查结论，提出变量之间的内在关系，明确实验假设是否成立。

## 四、观察法实施步骤

观察法与问卷调查法相似，大多应用在描述性调研项目中。其主要的实施步骤如图 2-6 所示：

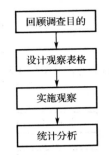

图 2-6 观察法实施步骤

步骤一：回顾调查目的。

在确定了调查目的之后，需要进一步形成一个信息需求的列表，这是收集所有数据的前提。在设计观察项目前，调研设计人员必须详细列出信息的需求以及需要观察的项目。

步骤二：设计观察表格。

根据第一步确定的观察项目进行观察表格的设计。至于如何设计一张观察表，我们在任务 3 设计调研表格部分会进行详细的陈述，这里不再分析。

步骤三：实施观察。

实施观察是指根据观察表的要求，设计好观察的对象、时间、地点等，然后安排相应的观察员进行实地观察记录。

步骤四：统计分析。

根据前一步的记录资料进行统计分析，得出观察结果。

### 实践演练

**1. 设计一个具体的实验调查方案**

【实训目的】

通过本项实训，学生可以学会实验调查方案设计，为其将来从事市场调查工作打下基础。

【实训内容】

某饮料生产商想了解广告投入对饮料销售量的影响程度。请为该企业设计一个实验组与控制组的前后对比实验调查方案，并绘出相关表格。

（1）为该企业设计一个有实验组和控制组的前后对比实验调查方案（文字说明）。

（2）绘制实验调查方案的相关表格。

（3）每个学生在分组讨论会上交流自己的实验调查方案。

（4）指导老师评分。

**2. 案例分析**

三家公司的不同调查方法

（一）环球时间公司的市场调查

位居日本服装业之首的环球时间公司，由 20 世纪 60 年代创业时的小型企业发展成为日本有代表性的大型企业，靠的主要是掌握第一手"活情报"。他们在全日本 81 个城市里顾客集中的车站、繁华街道开设侦探性专营店，陈列公司所有产品，给顾客以综合印象。售货员的主要任务是观察顾客的采购动向。事业部每周安排一天时间全员出动，3个人一组，5个人一群，分散到各地调查，有的甚至到竞争对手的商店观察顾客情绪，向售货员了解情况，找店主聊天。调查结束后，当晚回到公司进行讨论，分析顾客消费动向，提出改进工作的新措施。全日本经销该公司时装的专营店和兼营店均制有顾客登记卡，详细地记载每个顾客的年龄、性别、体重、身高、体型、肤色、发色、使用什么化妆品、常去哪家理发店以及兴趣、爱好、健康状况、家庭成员、家庭收入、现时穿着及家中存衣的详细情况。这些卡片通过信息网络储存在公司信息中心，只要根据卡片信息就能判断顾客眼下想买什么时装，今后有可能添置什么时装。侦探式销售调查使环球时间公司迅速扩张，利润率之高连日本最大的企业丰田汽车公司都被抛在后面。

（二）柯达公司的市场调查

以彩色感光技术著称的柯达公司，目前产品有3万多种，年销售额100多亿美元，纯利在12亿美元以上，市场遍布全球各地。其成功的关键是新产品研制。而新产品研制的成功取决于该公司采取的反复市场调查方式。以蝶式相机问世为例。这种相机投产前经过了反复的调查。首先由市场开拓部提出新产品的意见，意见来自市场调查，如用户最想要的照相机是怎样的，重量和尺码多大最适合，什么样的胶卷最便于安装、携带，等等。根据调查结果，公司设计出理想的相机模型，提交生产部门，生产部门对照设备能力、零件配套、生产成本和技术力量等因素考虑是否投产。如果不行，就要退出，重订和修改，如此反复直到造出样机。样机出来后进行第2次市场调查，调查样机与消费者的期望还有何差距。根据消费者意见，再对样机加以改进，然后进行第3次市场调查。将改进的样机交消费者使用，在得到大多数消费者的肯定和欢迎之后，交工厂试产。新产品出来后，由市场开拓部进一步调查新产品有何优缺点、适合哪些人用、市场潜在销售量有多大、定什么样的价格才能符合多数家庭的购买力。诸如此类问题调查清楚后，正式打出柯达品牌并投产。经过反复调查，蝶式相机一推向市场便大受欢迎。

（三）澳大利亚某出版公司的网络问卷

澳大利亚某出版公司曾计划向亚洲推出一本畅销书，但是不能确定用哪一种语言，在哪一个国家推出。后来该公司决定在一家著名网站做一下市场调研。方法是请人将这本书的精彩章节和片断翻译成多种亚洲语言，然后刊载在网上，看一看究竟用哪一种语言翻译的摘要内容最受欢迎。过了一段时间，他们发现，网络用户访问最多的是用中国的汉语和韩国的韩语翻译的摘要内容网页。于是他们跟踪一些留有电子邮件地址的网上读者，请他们谈谈对这本书的摘要内容的意见，结果大受称赞。于是该出版公司决定在中国和韩国推出这本书，书出版以后，受到了读者的普遍欢迎，获得了可观的经济效益。

思考题：上述三个公司的市场调查方法分别是什么？对你有何启示？

**拓展阅读**

### 市场调查中的面谈询问调查技巧

市场调查的方法很多，其中以询问面谈调查应用最广，如入户询问、街头询问等。在询问调查中，调查人员是一个颇为重要的角色。他们的服饰穿着、言谈举止、询问方式都会影响调查的效果。要想询问调查获得成功，就必须掌握一定的技巧。

（一）获得合作

调查人员的首要任务是获得被调查者的配合。调查人员面对的是不同阶层、不同年龄的被调查者，他们一般不认识调查人员，往往根据调查人员的服饰、发型、性格、年龄、声调、口音等来确定是否合作。因此，调查人员必须保持端正的仪容，使用得体的用语，保持谦和礼貌的态度，给人以亲切感，使被调查人员放心地接受询问。

自我介绍是询问调查的重要步骤之一，调查人员应通过自我介绍获取被调查者的信任。以下是一个自我介绍的例子：

"您好！我叫×××，是××公司的业务员。我们正在进行一项有关消费品的研究，贵住户被抽为代表之一。我需要占用您一些时间，向您了解有关问题的看法，希望给予合作。"随之出示介绍信或有关证件。如果备有礼品，调查人员可以委婉地暗示："我们将耽误您一点时间，届时会有小礼品或纪念品以示谢意，希望得到您的配合。"

调查人员应当避免使用诸如"我可以进来了吗"或"我可以问您几个问题吗"之类的请求问题，因为在这些情况下，人们更易拒绝或不情愿接受调查。

调查人员应当具备应付拒绝或不情愿接受询问调查情况的技巧。调查人员可以这么说："晚上七点您在吗？我很愿意晚上七点再来。"调查人员也可进一步解释调查的目的和意义，说明对方接受询问后所提供的资料可供改善目前的产品及促进社会发展等。有时，向被调查人员做出保密承诺也是很重要的。如果被调查人员实在不情愿参与访问，调查人员仍应礼貌地说："谢谢，打扰了。"这对那些很在意维护自己的公众形象的委托企业而言是很重要的。

（二）提问

进行询问调查时，向被调查者提问是必不可少的。调查人员掌握表达问题的艺术是非常重要的，因为这方面的偏差可能是询问调查产生误差的一个重要原因。提问的主要原则是：

(1) 用问卷中的用词来询问；

(2) 慢慢地读出每个问题；

(3) 按照问卷中问题的次序发问；

(4) 详细地询问问卷中的每个问题；

(5) 重复被误解的问题。

尽管调查人员通过培训了解了这些原则，但许多调查人员在实地调查时并不会严格遵循这些原则。当询问变得枯燥时，他们可能仅靠自己对问题的记忆来提问而不是读出问卷上问题的用词，往往会无意识地缩减提问的用词。他们甚至会根据自己的理解随便解释一些概念，从而导致调查结果出现偏差。

在许多场合，被调查者会自愿提供一些与后面要问的问题相关的信息。在这种情况下，调查人员不能径直跳到后面那个问题，而是要调整被调查者的思路，使其不离题太远，同时要注意不能影响被调查者的情绪。调查人员可以这样说，"关于这个问题，我们等下再讨论，让我们先讨论……"按序询问每个问题，就不会有漏问现象的发生。

（三）适当追问

追问是进行开放性问卷调查的一种常用技术。开放性问题对调查者来讲具有更大的难度，但开放性问题可以让被调查者充分发表意见，调查者可以获取更多的信息。

追问可以分为两类。一类是勘探性追问。它是在被调查者已经回答的基础上，进一步挖掘、询问问题的方法，目的在于引出被调查者对有关问题的进一步阐述。例如，问：您喜欢这种电动工具的什么呢？回答：外观漂亮。追问：您还喜欢什么呢？回答：手感好。追问：您还有没有喜欢的呢？回答：没有了。通过追问，扩展了被调查者的回答，完整地记录下被调查者的喜好。

另一类是明确性追问，即澄清。它是让被调查者对已回答的内容做详细的解释，目的在于进一步明确被调查者给出的答案。例如，问：您喜欢这种电动工具的什么呢？回答：它很好，不错。追问：你所说的"很好，不错"是指什么呢？回答：舒适。追问：怎么个舒适法呢？回答：握着操作时手感很舒适。这是明确性追问的例子，从"很好，不错"这个一般化的回答中调查人员挖掘出了更确切、更具体的答案。

调查人员可根据情况选择以下几种追问技巧：

1. 重复问题

当被调查者保持完全沉默时，他或许没有理解问题，或许还没有决定怎样来回答。重复问题有助于被调查者理解问题，并会鼓励其应答。

2. 观望性停顿

调查人员如果认为被调查者有更多的内容要说，可采用沉默性追问，伴随着观望性注视，也许会鼓励应答者集中注意力并进行完整的回答。

3. 重复被调查者的回答

调查人员记录回答时，可以逐字重复被调查者的回答，这也许会刺激被调查者扩展他的回答。

4. 问中性的问题

问一个中性的问题也许会向被调查者指明调查人员要寻找的信息类型。例如：如果调查人员认为被调查者应当澄清动机，则会问："您为什么会这样认为呢？"如果调查人员感到需要弄明白一个词或短语，则会问："您的意思是……?"

（四）记录回答

调查人员应当掌握一定的记录技巧。

封闭式问题一般是在反映被调查者回答的代码前打钩或画圈。

开放式问题有如下要求：

（1）在调查期间记录回答；
（2）使用被调查者的语言；
（3）不要摘录或同义转述被调查者的回答；
（4）记录与目标问题有关的一切事物；
（5）包括你的所有追问。

（五）结束访问

询问调查技巧的最后一个方面是如何结束访问并离开被调查者家。

调查人员在所有相关信息没有收集齐全前不应结束调查。如果调查人员匆忙离开，既是对被调查者的不礼貌，也可能错过被调查者提供的自发性评论或补充性意见。而这些评论或意见可能是新的产品或其他创意性营销活动的灵感来源。

对被调查者感兴趣的问题应该给予耐心的解释，同时记住，如果承诺有精美的小礼品赠送，离开时一定要留下精美小礼品，为下一次可能的回访打下良好的基础。

# 任务3　设计调研表格

## 学习目标

**知识目标：**
1. 测量的内涵
2. 量表的种类和特点
3. 问卷设计的程序、技巧和需要注意的问题
4. 态度量表的类型与设计
5. 观察表的类型与设计

**技能目标：**
1. 阐述市场调查与预测中测量的含义
2. 掌握社会科学中测量的难度和特点
3. 能根据实际调研项目进行问卷设计
4. 能根据实际调研项目进行态度量表设计

## 任务导入

航空公司通过问卷来测定乘客的态度与行为。为了了解国际旅行者的需要，航空公司的市场调查部门安排飞机乘务人员在其国际航班上分发问卷。

问卷的前言是：

我们的目标是使您的旅行愉快，给您提供更贴心的服务。这个调查会持续几个月，您的填写有助于我们完成目标，谢谢您的配合。

问卷正文如下：

**关于今天的航班**

请填写您今天的航班信息

航班次：_____　　起点：_____　　终点：_____　　日期：_____

1. 此次旅行的购票过程

| 过程＼时间 | 当天 | 1~3天 | 4~6天 | 7~14天 | 15~29天 | 30天及以上 |
|---|---|---|---|---|---|---|
| 计划旅行 | | | | | | |
| 预订航班机票 | | | | | | |
| 购买机票 | | | | | | |
| 拿到机票 | | | | | | |

2. 谁为您选择了本次航班？

　A. 旅行社

　B. 公司旅行办公室

　C. 秘书/商业助理

　D. 政府/军事旅行办公室

E. 本人

F. 其他家庭成员/朋友

G. 旅行套票的一部分

H. 其他

3. 为什么选择本航空公司？（可多选）

A. 离开/到达的时间合适

B. 机票价格合适

C. 航班直飞

D. 它是旅行套票的一部分

E. 它是到目的地的唯一航线

F. 本人是会员

G. 本人获得航空公司的赠票

H. 本人偏爱本航空公司

I. 公司旅行部门指定

J. 旅行社建议

K. 不知道

4. 请您评价其他航线和本航空公司的地勤人员

| 航空公司<br>评价项目 | 其他航空公司 | | | | 本航空公司公司 | | |
|---|---|---|---|---|---|---|---|
| 礼貌/友好 | 1 | 2 | 3 | 4 | 5 | 6 | 7 |
| 解决问题与回答问题的能力 | 1 | 2 | 3 | 4 | 5 | 6 | 7 |
| 服务的效率 | 1 | 2 | 3 | 4 | 5 | 6 | 7 |

5. 请您评价其他航空公司和本航空公司的服务

| 航空公司<br>评价项目 | 其他航空公司 | | | | 本航空公司公司 | | |
|---|---|---|---|---|---|---|---|
| 食品的数量 | 1 | 2 | 3 | 4 | 5 | 6 | 7 |
| 服务的质量 | 1 | 2 | 3 | 4 | 5 | 6 | 7 |
| 食品的种类 | 1 | 2 | 3 | 4 | 5 | 6 | 7 |
| 饮料服务的及时性 | 1 | 2 | 3 | 4 | 5 | 6 | 7 |
| 机舱的清洁 | 1 | 2 | 3 | 4 | 5 | 6 | 7 |
| 机舱的温度 | 1 | 2 | 3 | 4 | 5 | 6 | 7 |
| 机舱的通风 | 1 | 2 | 3 | 4 | 5 | 6 | 7 |
| 机舱噪音的水平 | 1 | 2 | 3 | 4 | 5 | 6 | 7 |
| 座位的舒适 | 1 | 2 | 3 | 4 | 5 | 6 | 7 |
| 空间的大小 | 1 | 2 | 3 | 4 | 5 | 6 | 7 |
| 服务的准时性 | 1 | 2 | 3 | 4 | 5 | 6 | 7 |
| 舱门区的清洁 | 1 | 2 | 3 | 4 | 5 | 6 | 7 |

6. 请您根据本次经历，给出您对如下陈述的赞同程度。

| 经历 \ 赞同程度 | 强烈反对 | | | | | | 强烈同意 |
|---|---|---|---|---|---|---|---|
| 本航空公司提供了满足乘客需求的服务 | 1 | 2 | 3 | 4 | 5 | 6 | 7 |
| 本航空公司的表现符合我的预期 | 1 | 2 | 3 | 4 | 5 | 6 | 7 |
| 本航空公司提供了高质量的服务 | 1 | 2 | 3 | 4 | 5 | 6 | 7 |
| 本航空公司提供了持续的服务 | 1 | 2 | 3 | 4 | 5 | 6 | 7 |
| 本航空公司及时地引入了新的服务 | 1 | 2 | 3 | 4 | 5 | 6 | 7 |
| 我享受了物有所值的服务 | 1 | 2 | 3 | 4 | 5 | 6 | 7 |
| 本航空公司让乘客感到，乘客的意见对他们很重要 | 1 | 2 | 3 | 4 | 5 | 6 | 7 |
| 将来我会继续选择本航空公司 | 1 | 2 | 3 | 4 | 5 | 6 | 7 |
| 我会向其他人推荐本航空公司 | 1 | 2 | 3 | 4 | 5 | 6 | 7 |

**个人资料**

7. 您的职业是什么？

　A. 执行官/管理者

　B. 专家/技术人员

　C. 销售/机构代表

　D. 教师/教授

　E. 政府/军事工作人员

　F. 办公室职员/销售/秘书

　G. 工匠/机械员/服务员

　H. 家庭主妇

　I. 学生

　J. 退休人员

　K. 航班/旅行机构雇员

　L. 其他

8. 您现在居住何处？

　A. 中国　B. 中国香港　C. 中国台湾　D. 美国　E. 德国　F. 日本　G. 韩国　H. 新加坡　I. 英国　J. 法国　K. 加拿大　L. 荷兰　M. 丹麦　N. 中东　O. 墨西哥　P. 泰国　Q. 其他

9. 如果您住在中国，那么您家的邮编是_____。

### 任务分析

调研表格是大多数调研的关键组成部分。前面任务2中所介绍的拦截访问法、电话调查法、邮寄问卷调查法以及网络调查法均依赖于问卷。在运用过程中，由于观察法所耗时间长，花费也大，因此对于观察项目的选择也需要非常慎重。

前面的航空公司调查问卷其实涉及了几类数据的收集。第一类是关于调查对象过去行为的了解；第二类是关于调查对象态度的调查；第三类是关于调查对象特征的分析。

其中，对于态度的调查在营销工作中非常重要，因为态度和行为之间存在着因果关系。通常认为人的态度由以下三个部分组成：

（1）认知成分，人们关于所关注目标的知识；

（2）感情成分，对于目标的感情是"好"还是"坏"；

（3）行为成分，愿意对目标做出的行为反应。

本任务将重点讨论观察表格的设计、态度测量、调查问卷设计三个方面的内容。

## 任务知识

### 一、测量

测量是在经验体系与抽象体系之间形成联系的过程，具体来说，就是根据一定的规则，按项目或事件的特征分配数字。

市场调查所涉及的问题有两类，第一类是可量化的问题，如个人收入、价格、产品的销售量等，它们通常可以用具体的数字来表示；第二类是非量化的问题，即定性的问题，如调查对象的态度、意见、感觉等，一般难以用数字表达。

在很多情况下，我们需要通过一定的转换将定性的问题进行量化，以便于更加精确地统计分析，这时通常要用到量度。所谓的量度是指测量调查对象态度的尺度和工具。借助于量度，可以较好地了解被调查对象对各种有关事物的态度。

量度的类型很多，通常按照数字体系中的四个特征将量度进行分类。测量的量度有类别、顺序、等距和比率四个不同尺度。

#### （一）类别尺度

类别尺度中，数字仅作为识别或分类目标或事物的标签。比如说使用数字标识篮球运动员，这些数字只是对运动员进行标识，以便于辨别，但是数字之间不存在大小之分，不能说8号就比4号强两倍。类别量表是测量的最低形式，便于操作使用。有相当一部分市场调查需要将各种不同市场现象进行分类，确定归属，如不同的品牌、商店类型、销售地区等。请看下面的例子：

性别：①男　②女

年级：①一年级　②二年级　③三年级　④四年级

是否听说过某产品：①听说过　②没听说过

上面几个问题中任何一个数字都是一个类别。这些数字分别代表某一类别，但是这些数字本身是没有实义意义的，不能进行排序或做其他运算。它们只是一种标识。

类别尺度主要是在分类的基础上得到各类统计资料，可以进行统计的方法有：频数分布、众数分布、卡方检验。

#### （二）顺序尺度

顺序尺度定义了物体或事件之间的顺序关系。它涉及数字顺序的数字体系特征。下面的例子是顺序尺度的使用：

请对如下手机品牌进行排序，1表示最喜欢，5表示最不喜欢：

诺基亚

摩托罗拉

三星

LG

中兴

顺序尺度用于表示等级的顺序。数字既不表示绝对数量，也不表示两个数字之间的差距是相等的。顺序量度主要有以下统计方法：排序、百分位数、频数统计。

### （三）等距尺度

等距尺度也称"区间量表"，用于测量消费者对于喜欢或不喜欢某种商品次序之间的差异距离。

在等距量表中，量表上相等的数字距离代表所测量的变量数量差值相等。等距量表包含顺序量表提供的一切信息，可以让我们比较对象间的差别，即等距量表上对应数字之差。

等距量表中相邻数值之间的差距是相等的，1和2之间的差距就等于2和3之间的差距，也等于5和6之间的差距。等距量表最典型的例子是温度计。在市场营销研究中，利用评比量表得到的态度数据一般经常作为等距数据来处理。

等距量表常用的统计方法有：算术平均数、标准差、方差。

### （四）比率尺度

比率尺度是表示各个类别之间的顺序关系成比率的尺度，只要确定了测量的单位或测量的距离，其他的数据可以全部确定。

比率尺度通常有一个绝对的零点。所谓的绝对零点是指把数字零分配到缺乏测量特征的状态。由于大家对于零点的确定有一致的意见，所以可以对比率尺度的数据进行比较。

如测量体重、身高、年龄时，零表示的是"没有"。但是采用这种量表对被调查者的态度进行测量有一定的难度。如甲的体重是50公斤，乙的体重是100公斤，我们可以说乙的体重是甲的两倍。但是如果对两个不同的产品品牌进行评价，甲品牌评价为10分，乙品牌评价为5分，我们不能说该调查对象对甲品牌的喜爱是对乙品牌的2倍。所以在市场调查中，使用比率尺度的量度并不多。

对于使用比率量表得到的数据，常采用的统计方法有几何平均数和调和平均数等。

在以上的四种量表中，最常用的是类别尺度和顺序尺度。因为态度测量在本质上是测量一种顺序关系，很难用差距关系和比率关系来表示。

## 二、态度及测量的过程

### （一）态度的性质

态度是指个人对于物体或现象持久的感知、以知识为基础的评估以及行为导向的过程。

#### 1. 态度的组成

态度通常由三个部分组成：

（1）认知部分，即个人对于其所关注的事物的认识，例如速度或者耐久性；

（2）情感成分，即个人对于事物的感情，例如喜欢或讨厌；

（3）行为成分，即个人对于物体的行为反应或准备。

### 2. 态度与行为的联系

在营销决策中，态度与行为之间具有密切联系。很多营销学者提出了一系列有关态度与行为关系的模型。

例如，一个人对于某个事物的认知模型：认识→了解→喜爱→偏好→购买倾向→购买行为。其中，认识和了解属于行为反应模型的认识性因素；喜爱和偏好属于情感性因素；购买倾向和购买行为是态度的行为性因素。它通过概念化态度的构想，用一系列连续的元素来代表态度，这些元素产生了行为。

实践过程告诉我们，态度与行为的联系并不简单，而且在有些情况下，仅仅基于态度的销售预测，特别是对于未来购买者行为的预测，可能会有较大的偏差，因为态度只是影响消费者行为的因素之一。例如，可能有人非常喜欢一款新上市的跑车，但是他因为没有购买能力而只能放弃购买。

### （二）态度的测量过程

在营销中，态度的测量更多的是关注测量应答者对于产品性质的信任（认识性因素），以及应答者对于这种性质中优点的感情（情感性因素）。信任和感情的结合通常被认为能确定购买倾向（行为因素）。

态度测量技术通常有两类，一类是问答式，另一类是观察式。

问答式的态度测量技术主要通过与调查对象的交流来完成。一种方法是直接要求应答者通过回答问卷上的一个或多个问题汇报其信任或感情，从而测量出调查对象的态度。另一种方法是向调查对象展示产品的图片、资料或某故事情节，并要求调查对象表达自己的意见。还有一种方法是要求调查对象回忆曾经经历过的事情，比如测试广告效果时会要求调查对象回忆广告情节。一般而言，调查对象更愿意记住自己信任且和自己感情一致的事物。

观察式的测量方式有两种形式。一种是公开的行为形式，即把观察对象置于一个展示其行为模式的环境，通过观察行为推断其信任和感情；另外一种形式是向调查对象展示产品或广告，再利用心理测试仪器对其态度进行测试。这些测试仪器通过测量调查对象的手汗、眼睛瞳孔变化发现其心理的状态。

表3-1是关于某校教师授课情况的课堂观察表，观察的目的是发现教师授课和学生学习态度之间的关系。

问答式的态度测量，通常需要设计调查问卷，通过直接询问对某项变量的态度来进行。在对问卷答案进行设计的时候，要考虑各种不同的测量尺度。前面介绍过，测量的尺度有类别、顺序、等距、比率四种。其中使用最频繁的是前面三种尺度。这几种不同的尺度，在调查问卷设计过程中主要体现在答案的设计上。

### 1. 类别量度设计

在类别量度的答案设计中，应答者的答案可以分为两个或更多的类别。从问题的应答中可以形成类别量度。例如，"你是否关注中国移动的促销活动？"答案可以分为"关注""不关注"两类，这样就可以形成类别量度，可以把数字分配给类别，以进行数据分析。这时候要记住，数字只是识别类别的标志，本身没有什么意义。

表 3-1 教师授课情况观察表

| 教师授课情况观察表 | | | |
|---|---|---|---|
| 教师姓名 | | 观察者姓名 | |
| 观察地点 | | 日期 | |
| 年级、系别、专业 | | | |
| 课程名称 | | | |
| 第一部分:课堂前十分钟 | | | |
| 学生 | 单位(人/次) | 教师(打分制:3分及格,5分为满分) | |
| 迟到人数 | | 1. 课堂教学计划清晰、实用。( ) | |
| 未到人数 | | 2. 上课过程连贯。( ) | |
| 总人数 | | 3. 教学目的明确。( ) | |
| 第二部分:课堂教学 | | | |
| 学生 | 单位(人/次) | 教师上课风格(打分制:3分及格,5分为满分) | |
| 打瞌睡 | | 1. 幽默风趣。( ) | |
| 讲小话 | | 2. 严肃认真。( ) | |
| 看小说 | | 3. 跳跃性强。( ) | |
| 玩电子设备 | | 4. 循规蹈矩。( ) | |
| 吃东西 | | 5. 和蔼可亲。( ) | |
| 问题回答情况 | | 6. 教师形象。( ) | |
| 课堂作业完成率 | _____% | 7. 普通话。( ) | |
| 第三部分:课堂后十分钟 | | | |
| 学生 | 单位(人/次) | 教师 | 在选项前打"√" |
| 早退 | | 是否拖堂 | □是 □否 |
| | | 内容是否讲解完整 | □是 □否 |

**2. 等级量度设计**

等级量度涉及顺序、等距、比率尺度情况。通常测量等级量度的焦点是形成情感性因素的序列或间隔量度。

应事先设计好一个等级序列的答案,然后让调查对象选择。例如,"对于中国移动公司所做的促销活动,你的态度是?"答案通常设计成按顺序递进的几个:"喜欢——无所谓——不喜欢"。

基于等级量度的问卷答案设计有三种不同的方式:

第一种是图示性的等级量度。图示性的等级量度是提前利用不同的图形设计出连续递进的答案。最常见的图示性量度是简化的笑脸和哭脸,从最喜欢的"开怀的微笑"到最不喜欢的"苦着脸"的表情,这样的设计可以让人感觉更加形象和亲切。

第二种等级量度是用文字描述的形式来表现情感,这也是问卷调查中最常用的量度。

调查对象通过对问题题干和答案的阅读来选择对应的答案。最常见的形式是"非常讨厌——有些讨厌——无所谓——有些喜欢——非常喜欢"这样的答案设计。

第三种等级量度的设计方式是利用带方向的数轴来形成对意见的表述。这个数轴有一个预先设定的零点，零点左边是负值，表示的是负面的情绪；零点右边是正值，表示的是正面的情绪。对数轴进行均匀标度时，可以用不同的分值对这些标度进行赋值。调查对象根据自己的情感选择相应的答案。

除了上述几种量度的设计，在实际设计调研问卷的过程中，我们还要考虑其他情况。

例如，为了发现消费者对中国移动公司的认知，我们可能需要将中国移动与中国电信进行比较，让调查对象做出抉择。这就涉及另外的一些量度的选择问题，即配对比较量度和语义差异量度。在构思态度测量问卷的时候，需要进行抉择的问题是，关于这个态度的测量，是使用简单的类别量度、等级量度，还是使用配对比较量度或语义差异量度。

### 3. 配对比较量度设计

所谓配对比较量度，是指向调查对象展示一组物体中的两个，然后要求调查对象在对这两个物体进行比较后，选择出其中的一个。表3-2是对当前市场上最畅销的5种品牌手机的成对比较的数据，任务是从100名调查对象中找出"最好的手机品牌"。表3-2的矩阵一代表的是A、B、C、D、E这五种手机品牌的成对比较数据。调查对象需要在列所在的手机品牌与行所在的手机品牌之间进行比较，选择更好的那个。

例如，在矩阵一中，A列和B行的数字10，表示的意思是100人里有10人认为A品牌的手机比B品牌的手机好。

当调查对象给出了最后的比较结果后，就形成了矩阵一的表格。接下来将数据进行处理：如果矩阵一中认为列所在的品牌比行所在的品牌更好的人数超过调查总样本的半数，就用1表示，意思是列所在的品牌主导了行所在的品牌；如果没有超过半数，就用0表示列所在的品牌没有主导行所在的品牌。最后形成矩阵二，并且将每列进行求和，如表3-2所示。

我们可以看出，根据调查的结果，"最好的手机品牌"是B品牌，它主导了其他所有的手机品牌；最差的是D品牌的手机，它主导了0个品牌的手机。

配对比较量度的一个优点是判断任务比较简单，可以直接发现调查对象的偏好，这对于分析竞争性产品和广告之间的差别会有较大的帮助。不足的地方在于，由于需要两两配对进行比较，因此，如果调查项目过多，整个配对比较量将非常巨大，导致调查无法实施。因为这种比较数量将随着需要进行配对比较的项目的增加呈几何级的增加。

表3-2 配对比较

| 矩阵一 | | | | | |
|---|---|---|---|---|---|
| j/i | A | B | C | D | E |
| A | — | 90 | 64 | 14 | 27 |
| B | 10 | — | 32 | 2 | 21 |
| C | 36 | 68 | — | 15 | 36 |
| D | 86 | 98 | 85 | — | 52 |
| E | 73 | 79 | 64 | 48 | — |

续表

| 矩阵二 | | | | | |
|---|---|---|---|---|---|
| j/i | A | B | C | D | E |
| A | — | 1 | 1 | 0 | 0 |
| B | 0 | — | 0 | 0 | 0 |
| C | 0 | 1 | — | 0 | 0 |
| D | 1 | 1 | 1 | — | 1 |
| E | 1 | 1 | 1 | 0 | — |
| 总计 | 2 | 4 | 3 | 0 | 1 |

**4. 语义差异量度设计**

语义差异量度是市场调查过程中常用的一种态度测量技术，主要应用的领域是公司及品牌的形象调查。语义差异量度用成对反义形容词测试调查对象对于某一事物的态度。

在市场调查中，它主要用于市场比较、个人及群体之间差异的比较以及人们对事物或周围环境的态度研究等。这种方法将被测量的事物放在量表的上方，然后将描述该事物的各种正反形容词列于两端，中间可分为若干等级（一般为7个等级），每一等级的分数从左至右分别为7、6、5、4、3、2、1，或+3、+2、+1、0、-1、-2、-3。最后，由受访者按照自己的感觉在每一量表的适当位置画上记号。研究者可通过记号所代表的分数进行统计，了解人们对某种事物的看法，并可进行群体和团体之间的比较分析。

表3-3是一个与某零售商店有关的调查，采用7个等级进行评估。调查对象只需要在相应的位置画上记号就可以完成调查。

表3-3 语义差异量度

| 零售商店 X | | | | | | | |
|---|---|---|---|---|---|---|---|
| 可靠 | | √ | | | | | 不可靠 |
| 友好 | | | √ | | | | 不友好 |
| 现代 | √ | | | | | | 旧式 |
| 便宜 | | | | √ | | | 昂贵 |
| 进步 | | | | | √ | | 不进步 |

其中"√"是调查对象所做的选择。根据调查结果，可以用算术平均数的方法进行统计分析。

### 三、问卷

**（一）问卷的基本含义**

问卷是用来从调查对象那里收集数据的正式的表格，其功能是测量。通常用问卷进行测量的项目有：过去的行为、态度、调查对象的特征。前面任务2讲过，在市场调查原始数据的收集过程中，问卷调查的方式得到了广泛使用。进行问卷调查需要设计问卷，而问卷设计的好坏将直接影响最终的调查结果的准确性。

（二）问卷的组成部分

问卷通常由六个主要的部分组成：问卷的标题、识别调查对象的数据、请求合作的陈述、指导、寻求信息部分、分类数据。

### 1. 问卷的标题

每份问卷都有一个研究的主题。问卷设计人员应该根据调查的主题定义一个题目，让这个题目反映这个研究的主题，让人一眼看上去就能理解调查的目的，增加调查对象的兴趣并便于其理解题意。如"湖南省高校通信市场需求现状调查"这个标题就将调查目的和对象进行了简要的说明。

### 2. 识别调查对象的数据

识别调查对象的数据通常在问卷的第一部分，包括调查对象的姓名、地址、联系方式。这些信息可能已经获得或者在采访的第一时间就要获取，目的是识别调查对象是否符合定义的样本。另外，这部分可能还有一些涉及问卷管理方面的数据，如采访的时间和日期、采访员的姓名或者编号等。

### 3. 请求合作的陈述

请求合作的陈述是为了征求应答者配合的一段话，通常在问卷的开始部分。这一段话首先对调查机构和调查员进行说明，接着解释调研目的，并且说明调查将会持续的时间。

除此之外，一个好的请求合作陈述通常还应包括：本次调查对于调查对象的益处；如果没有益处，应该重点申明调查对调查对象没有任何不利之处。

### 4. 指导

指导是指提供给调查员和调查对象的关于如何更好地使用问卷的一个解释说明。一般放在问题中间，或者问卷开始的地方，有的专门用一页"采访员指导"来进行说明。指导通常简单介绍调查的目的、抽样计划以及其他调查过程。

### 5. 寻求信息部分

这一部分是调查问卷的主体部分，设计的好坏直接影响调查结果的误差大小。在后面将重点讨论问卷主体部分的设计技巧。

### 6. 分类数据

分类数据部分主要涉及调查对象的类型。分类数据通常在采访结束时收集，因为这些数据通常会涉及一些敏感性问题，而这些问题调查对象通常不愿意回答，比如调查对象的收入、年龄、职业等。但是，为了甄别调查对象是否符合抽样框的要求，也有一些分类数据被放在问卷的前面。

以上六个部分是一份完整的问卷应当包含的内容。但是包括了以上六个部分的问卷不一定就是一份高质量的问卷。设计出一份高质量的问卷不是一件容易的事情。下面我们看看有哪些方法可以帮忙设计出一份高质量的问卷。

（三）问卷的设计

问卷设计与其说是一种科学，不如说是一门艺术。没有什么步骤、原则或指导可以保证设计出一份优秀的问卷。

问卷设计是一项实践性非常强的工作，需要很高的技巧，而这些技巧只有通过反复进行问卷设计才能锻炼出来的。我们所介绍的问卷设计技巧来自专业的市场调查人员的经验和总结，对于设计问卷的初学者很有用，能够帮助其避免犯一些比较严重的错误。在问卷设计的微调阶段，需要有经验的调查者对问卷进行反复的实验和修改。

问卷设计的步骤在后面的任务实施中会进行说明，下面就问卷设计的技巧和应注意的事项以及优秀问卷的标准进行介绍。

1. 问句的设计技巧

（1）尽量避免将多个问题并在一个问题里进行询问。

将多个问题并在一个问题中询问容易引起歧义或出现无法统计的情况。如果确实需要设计这样的问题，则应该在调查的过程中进行控制，例如：

10. 哪项业务在您缴纳的手机费中占的比例最高：_____；费用次高的业务是：_____。

A. 短信业务　　B. 市话　　C. 长途电话　　D. 手机上网　　E. 基本套餐费

在这个题目中有两个问题。在调查结束后进行的调查统计分析中，我们发现大多数调查对象只是用笔在选项上面画钩，而不是将答案的选项填在空格处，这就导致我们无法知道到底哪项是最高的，哪项是次高的。

这个题可以改成：在您缴纳的手机费中，占比最高的前两项业务是？或者也可以不改题目，但是要求调查员在调查过程中特别留意这个问题，让调查对象将答案填写在空格处。

（2）尽量不使用语法结构特别复杂的句子。

在实际的调查过程中，我们所面对的调查对象的文化水平可能不高，知识水平可能较低，句子太复杂的话，容易引起曲解。在设计问题的时候，应尽量考虑调查对象在地理、文化、政治、法律等方面的差异。

（3）问题尽量具体化、量化，而非笼统地询问。

例如，在一次对大学生业余生活的调查中，有这样一个问题："你是否经常去网吧上网？"由于每个人对"经常"的定义不同，因此后期工作人员无法进一步分析调查的结果。

（4）避免提出诱导性问题，否则会导致调查结果出现巨大的偏差。

例如，针对不工作的家庭妇女进行的关于工作意向调查的一种问法是："如果有可能的话，您愿意拥有一份工作吗？"另外一种问法是："你愿意工作，还是做家务？"这两种不同的问法导致调查结果出现巨大的差异。第一个问题的结果是只有19%的人说她们不喜欢工作，而第二个问题的结果是68%的人不喜欢工作。这就是诱导性问题所带来的巨大偏差。显然第一个问题是诱导性问题，因为问题前面说的是"如果有可能的话"，而很多人会将这句话误解为所有可能出现的情况。

（5）精确设定时间范围。

调查者在设计问卷的过程中经常会犯的一个错误是使用一些不确切的词。例如："您过去购买过长虹的手机吗？""您过去每月的收入是多少？"这些问题都没有对"过去"的时间进行精确限定，会影响数据的有效性。

2. 答案的设计技巧

问卷的主要功能是进行测量。问题答案设计的好坏，会直接影响调查结果的分析。在设计答案的时候，要遵循两个原则：互斥和穷尽。

（1）互斥原则。

互斥原则是指每个问题中所有的答案应该互不相容、互不包含。这样才不至于出现调查对象在填写问卷的时候无法选择或者双重选择的情况。

例如：您主要用手机的哪些功能？答案有：

A. 打电话　　　B. 发短信、彩信　　　C. 上网　　　D. 查看邮件　　　E. 手机报等增值业务

F. 听音乐　　　G. 照相

其中上网和查看邮件、听音乐都有互相重叠的地方，并不是互斥的。

（2）穷尽原则。

穷尽原则是指每个问题所列出的答案应该包括所有可能的回答。这是为了使所有调查对象都能从中选择一项答案，不至于因为没有答案而放弃作答。

例如：您每天使用手机上网多长时间？答案有：

A. 每天 5~7 小时　　　B. 每天 3~5 小时　　　C. 每天 1~3 小时　　　D. 每天 1 个小时以上。

不使用手机上网的那些调查对象就无法作答。

**3. 问卷题目的编排技巧**

一份问卷通常包括多道题目，应该合理确定各题的先后顺序，否则容易影响调查对象作答，甚至影响调查结果的统计分析。题目编排一般遵循如下原则：

（1）按题目内在的逻辑编排。

问卷的设计从整体来看应该按照调查目的的逻辑顺序来进行编排，这些逻辑顺序可以是时间顺序、空间顺序、调查项目的递进顺序等。这种逻辑不容有错，否则会导致调查对象思维混乱进而影响问卷的准确性。

（2）按先易后难的顺序编排。

在设计问卷的排序过程中，容易的问题应该放在前面，困难的问题应该摆在后面。这样在实际调查过程中容易获得调查对象的配合。通常，涉及调查对象的隐私和其他敏感性问题一般难以获得其配合。还有一类开放性的问题，由于需要用文字表达意图，也难以获得调查对象的配合。这两类问题都属于困难问题，都应该放在问卷的后面。

（3）考虑吸引调查对象的注意力。

心理学告诉我们，人们通常对感兴趣的事情表现出积极的态度。所以，将能够吸引调查对象兴趣的问题放在前面，可以有效提高调查对象的应答率。

**4. 优秀问卷的标准**

（1）能达到调查的目的。

问卷调查最终的目的是为了收集数据，收集这些数据是为了达到调查的目的，而调查是为了管理决策。前面讲到，管理者只有在面临管理决策时才需要收集信息，市场调研工作才需要进行。如果问卷不能够达到调查目的，或者无法让管理者满意，显然就无法达到决策目的。

（2）考虑调查对象的特征。

为了尽可能地节省时间和费用，调查问卷应该简洁、高效、逻辑性强。调查问卷的语言应完全根据调查对象的特征进行设计。例如，对于拦截访问，问卷不能过长，问题也要简洁。对于邮寄问卷调查，则可以设计更多的问题，但是要考虑如何获取对方的配合，顺利回收问卷。

（3）满足问卷审核、编码和数据处理的要求。

问卷回收后，就要进行审核和编码。能够用计算机辅助进行数据录入、快速处理、形成

处理结果的才是优秀的问卷。

**任务实施**

问卷设计是市场调查过程中非常重要的环节，同时又是一项十分细致的工作。问卷设计是一种需要经验和智慧的技术。它缺少理论，没有什么科学的方法能保证调查人员得到一份最佳的或理想的问卷。与其说问卷设计是一门科学，还不如说它是一门艺术。

在问卷设计中，虽然也有一些规则可以遵循以避免错误，但好的问卷设计主要依赖于熟练的调查人员的创造性，尤其是要基于丰富的调查经验。

## 一、调查问卷设计的程序

要设计一份高质量的调查问卷，应事先做些访问，拟定初稿，经过探测性调查，再正式修改成问卷。

一般情况下问卷的设计应包括四个层次：

第一个层次是问卷内容的设计。设计问卷时必须明确问卷调查的目的。目的决定了问卷项目的总体安排和内容构成。

第二个层次是问卷的具体形式或格式的设计。确定了问卷调查的目的以后，应着手建立大致的问卷框架。

第三个层次是问卷的语句及用词的设计。语句及用词的设计非常关键，要求避免使用过于抽象、一般的词语，防止反应定式。

第四个层次是问题的编排设计。应从一般性问题开始，先易后难，由浅入深，由表及里。私人的问题，比如年龄、工作、身体状况等应该安排在问卷结束部分，这也是问卷设计的惯例。即便被调查者认为这些项目涉及隐私而拒绝回答也没关系，因为重要的信息在前面已经得到了。

问卷设计是由一系列相关工作构成的，虽然没有统一、固定的格式和程序，但为了使问卷具有科学性、规范性和可行性，问卷设计的过程一般可以参照图3-1所示的六大步骤进行。

图3-1 市场调查问卷设计的程序示意图

（一）根据调查目的确定调查项目

调查问卷设计的好坏与前期准备工作密切相关。调查者在问卷设计之前就要把握达到调查目的所需要收集的信息，研究所需收集的资料及资料来源、调查范围等，酝酿问卷的整体构思。

调查者应根据调查目的将所需要调查的资料一一列出，分析哪些是主要资料，哪些是次要资料，哪些是可要可不要的资料，哪些不需要的资料应该淘汰，哪些资料需要通过问卷取得。

确定了所需要收集的信息资料之后,就要确定在问卷中提出哪些问题或包含哪些调查项目。确定问题的内容看似一个比较简单的问题,实际上不然。调查者必须将问题具体化、条理化和可操作化,即将问题变成一系列可以测量的度量或指标。在保证能够获取所需信息的前提下,要尽量减少问题的数量,降低问题的回答难度。

(二)根据调查对象的特点确定问题的表述风格

调查问卷中,问题的内容要与调查对象联系起来。问卷设计之前就需要确定向谁调查,并对被调查者群体进行认真、仔细的分析,这有时比盲目分析问题的内容效果要好。

确定调查对象的范围后,要分析调查对象的各种特征,即分析了解被调查对象的文化程度、知识水平、理解能力等文化特征和社会阶层、行为规范、社会环境等社会特征;对调查过程及被调查者的心理状态要做到心中有数,如适用于家庭主妇的问题不一定适合青年学生。

调查对象的群体差异越大,设计一个适合整个群体的问卷就越难。所以在问卷设计前应该明确此次调查的对象。因为问卷中的问题是给调查对象看的,所以问卷设计必须符合被调查者的习惯及社会文化特征。应该根据不同调查对象群体,确定被调查者能接受的问卷的格式、内容以及问题表述的风格特点。

(三)确定问题的数量和繁简程度

在问卷调查的过程中,不同的资料收集方法会对问卷设计产生不同的影响。

如街头拦截访问比入户访问在时间上有更多的限制,问题的数量不能太多;面谈访问中访问人员可以给被调查者出示图片、实物以解释或证明概念,被调查者可以看到问题并与调查人员面对面地交谈,因此可以询问较长的、复杂的、类型多样的问题。

在电话访问中,被调查者可以与调查人员交谈,但是看不到问卷。这就决定了调查人员只能问一些短的和比较简单的问题。电话调查中提问的问卷不宜过长,一般控制在 10 分钟以内较为妥当。邮寄问卷调查中的问卷是被调查者自己独自填写的,与调查者没有直接的交流,因此问题也应简单些并要给出详细的指导语。邮寄问卷调查中的问卷设计要非常清楚,而且应当相对较短,不应该要求被调查者书写过多,以免因占用较多时间而使被调查者失去填写问卷的兴趣。

(四)确定问题及回答方式

调查问卷设计的问题应该科学,应该确保在被调查者回答完之后能够达到预期的目的。对提出的每个问题,调查者都要充分考虑它是否有必要。同时,提问的问题应当尽可能精确、清楚。问题用词必须十分谨慎,因为措辞的好坏将直接或间接地影响到调查结果。

问卷设计中还应该考虑到被调查者理解问题和回答问题的能力,要考虑到问卷中敏感问题的提问。问卷必须使用简单、直接、无偏见的用词。设计者要站在调查者的立场上试行提问,看看问题是否清楚明白,是否便于资料的记录、整理;还应站在被调查者的立场上试行回答,看看是否能答和愿答所有问题。

(五)确定问题的顺序

排列调查问卷中的问题时应遵循一定的次序,因为问题的排列次序会影响被调查者的兴趣、情绪,进而影响其合作的积极性。一份好的问卷应对问题的排列做出精心设计,以顺利地引导被调查者一步步完成问卷。

用于筛选被调查者的过滤性问题应该放在问卷的最前面；简单的、容易回答的、有趣味性的问题放在前面，难度大一点的问题放后面，一些敏感或较难回答的问题放在最后。这样可以给被调查者一种轻松、愉快的感觉，以便于他们继续答下去。还要注意问题的逻辑顺序，有逻辑顺序的问题一定要按逻辑顺序排列，即使打破上述规则。

（六）确定问卷的测试和修订

调查问卷的初稿设计工作完成之后，不要急于投入使用，应该在小范围内进行试验性调查。先初选一些调查对象进行测试，根据发现的问题对问卷进行修改、补充、完善。其目的是发现问卷的缺点，提高问卷的质量。

特别是对于一些规模较大的问卷调查，最好的办法是先组织问卷的测试。因为不管怎样周密的初期设计，都可能存在错误，而这种错误依靠自我纠正是很难发现的。问卷调查测试时要注意受测者样本要有代表性，测试的对象与调查的对象同质才有可能提供与实际调查相似度较高的情境，具备一定的仿真性。

问卷调查测试还应要求被调查者就问卷的各方面提出意见，以便于修改。应在调查问卷的结束语部分安排几个反馈性题目，比如，"你觉得这份调查表存在什么问题？"如果发现问题，应做必要的修改，使问卷更加完善。如果第一次测试后有很大的改动，可以考虑是否有必要组织第二次测试。根据试答情况进行修改，再试答，再修改，直到完全合格以后再制成正式问卷。

## 二、调查问卷设计的原则

调查问卷设计是一项科学细致的工作。一份好的问卷应做到：内容简明扼要，信息覆盖全面；问卷问题安排合理，合乎逻辑，通俗易懂；便于对资料进行分析处理。问卷设计总的原则是：立足于调查目的，使问卷易于回答。具体在设计问卷时，应遵循六个原则，如图3-2所示。

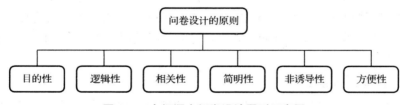

图3-2 市场调查问卷设计原则示意图

（一）目的性原则

在调查问卷设计中，最重要的一点是必须明确调查目的。这不仅是问卷设计的前提，也是问卷设计的根本。问卷内容应能涵盖达到调查目的所需了解的所有内容。提问的问题必须是与调查主题有密切关联的问题，而非可有可无的问题。

（二）逻辑性原则

调查问卷中的问题应遵循一定的逻辑次序排列。问题与问题之间要具有逻辑性，独立的问题本身也不能出现逻辑上的谬误。具体安排时，可按时间顺序、类别顺序等合理排列，从而使问卷成为一个相对完善的小系统。

调查问卷原则上应把简单易懂的问题放在前面，由简单到复杂，使被调查者逐步由表层理解到深层思考；要把复杂的问题放在后面，这样容易得到被调查者的配合，使被调查者感到问题好回答；要把能引起被调查者兴趣的问题放在前面，把枯燥的问题放在后面；一般性问题放在前面，特殊性问题放在后面；要先问行为方面的问题，再问态度、观念性问题，最后提出涉及被调查者个人资料的问题；封闭性问题应放在前面，开放性问题应放在后面。问题排列的顺序必须按普通人的思考顺序，使问卷条理清楚，以提升回答问题的效果。

（三）相关性原则

调查问卷的设计要比较容易让被调查者接受，使被调查者愿意回答。因此，问卷设计所用语言和所提问题要尽量有礼貌和有趣味，尽可能得到被调查者的合作，以提高调查质量。

问卷设计应使用适合被调查者身份、水平的用语，尽量避免列入一些会令被调查者难堪或反感的问题，如"你离过几次婚？"这种问题很容易引起调查对象的反感，调查对象会拒绝合作。对于不同层次的人群，应该在问题的选择上有所不同。必须充分考虑受访人群的文化水平、年龄层次和合作的可能性。比如，面对家庭主妇做的调查，在语言上就必须通俗；而对于文化水平较高的都市白领，在问题和语言的选择上就可以提高一定的层次。只有在这些细节上综合考虑，所提的问题才能清楚明了。

同时，应尽量少用对被调查者产生刺激的词语。

如下面两种问题：

1. 你至今未买笔记本电脑的原因是什么？
   A. 买不起　　　　B. 没有用　　　　C. 不懂　　　　D. 软件少
2. 你至今未购买笔记本电脑的主要原因是什么？
   A. 价格高　　　　B. 用途较少　　　C. 性能不了解　　D. 其他

显然第二组问题更有艺术性，能使被调查者愉快地合作。而第一组问题比较容易引起调查者的反感，导致其不愿合作，甚至导致调查结果不准确。

（四）简明性原则

调查问卷的内容要简明、易懂、易读，以便于被调查者快速、正确理解问卷的内容和目的。没有价值或无关紧要的问题不要列入，同时要避免出现重复，力求以最少的项目设计必要的、完整的信息资料。

调查时间要简短，问题和整个问卷都不宜过长。一般问卷的回答时间应控制在 30 分钟之内。调查内容过多、调查时间过长，都会招致被调查者的反感。

（五）非诱导性原则

在调查问卷中，应避免提出诱导性的问题，以免答案和事实不符。如"××品牌的电视质优价廉，你是否准备选购？"这样的问题具有相当大的诱导性，限制了回答的内容，会导致回答失真，难以反映被调查者的真实情况。诱导性问题使得被调查者的回答不能反映消费者对商品的真实态度和真正的购买意愿，所以产生的结论也缺乏客观性，结果可信度低。

（六）方便性原则

成功的调查问卷设计除了要结合调查主题、方便信息收集之外，还需要考虑调查后的数据处理与分析工作。

为了提高数据整理的方便性和准确性，问题的排列及回答的符号、位置等都应科学合理地设计。在设计问卷的时候应充分考虑后续的数据统计和分析工作。调查指标应是能够累加和便于累加的,并且应当可以进行具体的数据分析。即使是主观性的题目,也要具有很强的总结性,这样才能更好地进行调查工作。

### 三、问题的设计

问题是调查问卷的核心。一个好的调查问卷,必须合理、科学和艺术地提出每一个问题。在进行问卷设计时,必须仔细考虑问题的类别和提问方法,否则会使整个调查问卷产生很大的偏差,导致市场调查的失败。常见的问题类型有如下几种:

(一) 直接性问题与间接性问题

直接性问题是将所要询问的问题直截了当地向被调查者提出,请被调查者直接给予回答。

这种直接提问的方式明确表明要问的问题,通常所问的是个人的基本情况或意见,比如,"您的年龄""您的职业""您现在用的牙膏是什么品牌的"等。采用这种提问方式可获得明确的信息,比较方便调查结果的统计分析。但遇到一些窘迫性问题时,采用这种提问方式可能遭到拒绝而无法得到所需要的答案。

间接性问题是指采用直接提问方式无法得到所需答案,而采用间接提问方式能得到所需答案的问题。例如,要调查学生参与"赌博"的情况,如果直接提问"你是否赌博?"可能收集不到准确的信息。如果将这一问题改为:"现在一些同学喜欢用扑克、纸牌等定输赢,你是否也喜欢玩这些扑克、纸牌游戏?"可能收集到更多的信息。

间接性问题一般要求被调查者对他人或某种现象做出判别和评述,让被调查者扮演评判者的角色,适用于被调查者不乐意回答或很难做出正面回答的情况。

(二) 开放式问题、封闭式问题与混合型问题

开放式问题是一种让被调查者自由地用自己的语言来回答和解释有关问题的问题类型。它可以让被调查者充分地表达自己的看法和理由,一般比较深入,有时还可获得研究者始料未及的答案。

这种提问方式的优点是设计问题容易,并可以得到被调查者建设性的意见,能为调查研究人员提供大量的、丰富的信息,而且在分析数据的过程中可以成为解释封闭式问题的工具。缺点是在编码方面费时费力,且受被调查者性格、态度等影响,有时可能得不到准确的信息。同时,由于回答费事,可能遭到拒答,或者最后收集到的资料中无用信息较多,难以统计分析。

封闭式问题的答案中包括所有可能的回答,让被调查者从中选择一个答案。这种提问方式的优点是被调查者回答问题容易,所得资料较准确。由于答案标准化,易于进行各种统计处理和分析,极大地简化了编码和录入的过程,因而成为目前进行市场调查的主要提问方式。

这种提问方式的缺点是问卷设计花费的时间较多,且不能得到更多的信息。回答者只能在规定的范围内选择答案,无法提供选项范围之外其他真实的想法。此外,位于前面的项占优势,容易使回答者先入为主。因此需要将选项顺序打乱,准备几种不同的调查表供被调查者作答,以尽量保证回答的客观、真实。注意此种问题的选择项要尽量涵盖全部可能的答案。

混合型问题又称半封闭式问题,指在封闭式问题的后面附上一项或几项开放式问题。同

一个问题中,可将开放式问题与封闭式问题结合起来组成问题。例如:"您家里目前有空调吗? 有( ),无( );若有,是什么牌子的?"在实际的调查问卷设计中常常既有开放式问题,又有封闭式问题,并且以封闭式问题为主,以开放式问题为辅。

(三) 主观性问题与检验性问题

主观性问题是指人们的思想、感情、态度、愿望等主观方面的一切问题。

检验性问题是指为检验回答是否真实、准确而设计的问题。这类问题一般被安排在问卷的不同位置,通过互相检验来判断回答的真实性和准确性。

理想的问题设计应能使调查人员获得所需要的信息,同时又能使被调查者轻松、方便地回答问题。问题题型及问法的设计也是一门学问,调查人员要能依据具体的调查内容要求,选用适当类型的问题进行调查。

### 四、问题回答项目的设计

问题回答项目归纳起来分为两类:一类是封闭式问题的回答项目;另一类是开放式问题的回答项目。封闭式问题的回答项目包括多种类型,如二项选择法、多项选择法、态度量表法、顺位法、评分法、比较法等。不管使用哪种类型,都需要事先对问题的答案进行精心设计。开放式问题的回答大多采用自由问答式,但在市场调查中,为挖掘被调查者潜意识里的动机和态度,还可以采用词语联想法、句子完成法、故事完成法、漫画联想法等更生动、灵活的方式。

(一) 封闭式问题的回答项目的设计

在设计封闭式问题的回答项目时,可以根据具体情况采用不同的设计形式,如图3-3所示。

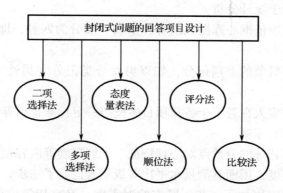

图3-3 封闭式问题的回答项目设计方法图

#### 1. 二项选择法

封闭式问题的回答项目,最简单的就是二项选择法,也称真伪法或二分法。它是多项选择的一个特例,是指仅有两种答案可以选择,即"是"或"否","有"或"无"等。

两种答案是对立的、排斥的,被调查者的回答非此即彼,不能有更多的选择。二项选择题的特点是问题的回答简单明了,调查结果易于统计归类,但所获得的信息量太小,两种极端的回答类型有时往往难以显示被调查者群体意见的程度差别。这种方法适用于互相排斥的两项择一式问题,以及询问较为简单的事实性问题或态度性问题。

（1）事实性问题。

例：您家里现在有热水器吗？　A. 有　B. 无

（2）态度性问题。

例：请问您对黄金搭档广告的态度？　A. 喜欢　B. 不喜欢

### 2. 多项选择法

多项选择法是指为所提出的问题事先预备好两个以上的选项，让被调查者根据实际情况，从中选出一个或几个最符合被调查者情况的选项作为答案。

多项选择法在问卷设计中很常用，它既保留了二项选择法的回答简单、便于编码和统计、结果易整理的优点，又避免了二项选择法的不足，能有效地表现意见的差异程度，是一种应用较为广泛的、灵活的询问形式。其缺点主要是问题的回答项目的排列次序可能引起争议。

值得注意的是，在设计回答项目时，应考虑可能出现的所有答案，不能重复和遗漏回答项目，否则会使得到的信息不够全面、客观。可设"其他"项目，以便被调查者表达自己的看法。

例：请问您在哪一种情况下嚼口香糖？

A. 口渴时　B. 无聊时　C. 看电影时　D. 预防蛀牙时

E. 约会时　F. 看书时　G. 有口臭时　H. 其他（请列明）

### 3. 态度量表法

态度量表法简称量表法。在问卷中，量表法是通过一套事先拟定的用语、记号和数目来测定人们心理活动的度量工具。它常常用来对被调查者的态度、意见、感觉等心理活动方面的问题进行判别和测定，并且在数据分析中可以使用较复杂的统计分析方法。

量表法的主要优点是在对应答者的回答强度进行测量时，许多量表式应答可以转换成数字，这些数字可直接用于统计分析。

量表有许多种分类。依据心理测试内容，量表一般分为四种，即类别量表、等级量表、等距量表和等比量表。

类别量表是以调查对象的类别记分，如以男女分类记分（男性1，女性0）；再如，以身份分类等。

等级量表即要求评定人在若干个备择项目中按照一定标准排出等级次序。该种量表既没有相等单位，也没有绝对零度。

等距量表是在间距相等的分数点对心理特征、了解程度等内容做出测量。等距量表有相等单位，但没有绝对零度，因而其测量水平比等级量表提高了一步。

等比量表比等距量表更进了一步，既有绝对零度，又有相等单位，因而属于最高测量水平。

在四个量表当中，等级量表最为常用。这种量表是利用不同的等级来划分一个人对于某件事情所抱的态度，可显示其同意与否的程度。它在问题之后提供不同等级的答案，以量表的方式让调查对象自己做出选择。量表的两端是极端性的答案，在两个极端之间可以划分为若干阶段，少则3个，多则5个、7个等。

根据量表的层级多少，实践中使用频率比较高的是三级量表、五级量表、七级量表和百分量表。其中五级量表是市场调查中使用最为普遍的一种量表。常用的五级量表有优、良、中、及格、不及格；很好、好、一般、差、很差；强、较强、一般、较弱、很弱；十分重要、重要、有点重要、不重要、很不重要；非常同意、同意、中立、不同意、坚决不同意等。

（1）五级量表。

例：你在学校参加过社团活动吗？

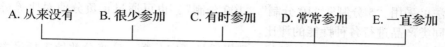

（2）百分量表。

例：你在多大程度上对你目前的学习成绩满意？

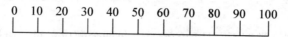

（3）等级量表。

等级量表依据答案对称性分为对称性量表和非对称性量表两种形式。对称性量表是奇数等级项，中间位置必须是中性、中立的间语。非对称性量表应慎重使用，以免对被调查者产生诱导作用。

例：你认为食堂的就餐条件如何？

对称性量表：A. 好  B. 较好  C. 一般  D. 较差  E. 差

非对称性量表：A. 很好  B. 好  C. 较好  D. 一般  E. 差

等级量表依据其表现方式还可分为图解式量表和数字式量表。一般来说，图解式量表比单纯的数字式量表更有利于表现等级意义和评级的心理距离。

例：

你在电脑程序操作过程中：

图解式量表：

数字式量表：

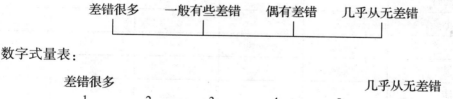

### 4. 顺位法

顺位法又称序列式，是在多项选择式问题的基础上，列出若干项目，项目的具体排列顺序则由回答者根据自己所喜欢的事物和认识事物的程度等来决定。顺位法便于被调查者对自己的意见、动机、感觉等做衡量性和比较性的表达。这种方法较为简单，也便于对调查结果进行统计，但调查项目不宜过多，否则容易分散，很难顺位。其排列顺序也可能对被调查者产生某种暗示影响。同时必须注意避免可供选择的答案的片面化。

例：

选购电视机时，请按照您认为的重要程度以 1，2，3，4 为序对下列各项进行排序：

图像清晰（    ）    音质好（    ）    外形漂亮（    ）    使用寿命长（    ）

## 5. 评分法

评分法又称数值分配法，是指调查人员对所询问的问题列出程度不同的几个答案，并事先按顺序对答案评分，请被调查者选择一个答案。将所有调查表汇总后，通过总分统计，可以了解被调查者的大致态度。

评分法可采用"5分制""10分制""100分制"，也可通过正负分值对比等形式，对不同品牌的同类产品进行各种性能的评比。

例：根据评分标准，给下列品牌的电视机质量评定分数。请将分数填入括号内。

评分标准：很好10分　　较好8分　　一般6分　　较差4分　　差2分

海尔（　　）康佳（　　）三星（　　）东芝（　　）索尼（　　）TCL（　　）

## 6. 比较法

比较法通常是把同一类型不同品种的商品，每两个配成一对，由被调查者进行对比并在调查表的有关栏内填上规定的符号，由此来了解被调查者的态度。为便于了解消费者在对所调查商品态度上的差别，也可以在不同商品品种之间划分若干评价尺度，以利于被调查者评定。

比较法也可用于测定所调查商品间的评价距离。该方式主要用于调查消费者对商品的评价，可用于比较商品质量和效用等方面。根据被调查者喜爱程度的不同来选择产品的品牌、商标、广告等。

应用比较法时要考虑被调查者对所要回答问题中的项目是否熟悉，否则将导致空项或答案缺乏真实性。

例：表3-4　各类牙膏的品牌偏好比较

表3-4　各类牙膏的品牌偏好比较

| 品牌 | 云南白药膏 | 佳洁士 | 黑人 | 冷酸灵 | 高露洁 |
|---|---|---|---|---|---|
| 云南白药膏 |  |  |  |  |  |
| 佳洁士 |  |  |  |  |  |
| 黑人 |  |  |  |  |  |
| 冷酸灵 |  |  |  |  |  |
| 高露洁 |  |  |  |  |  |
| 合计 |  |  |  |  |  |

说明："1"表示被调查者更喜欢这一列的品牌，"0"表示更喜欢这一行的品牌。

还有一种比较方法，即进行试验时，在问卷一旁列出不同品牌的同类产品名称，另一旁列出形容词汇，然后要求被调查者将两组文字做适当配对。

例：将下列两组文字作连线配对

汽车厂牌　　形容词

奔驰　　舒适

别克　　经济

大众　　豪华

本田　　安全

雷诺　　快速

## (二) 开放式问题的回答项目的设计

设计开放式问题的回答项目时只提问题不给具体答案，要求被调查者根据自身实际情况自由作答。

开放式问题允许被调查者用自己的话来回答问题。一般来说，因为被调查的回答不受限制，所以开放式问题常常能透露出更多的信息。开放式问题的回答项目的设计方法可分为自由回答法、词语联想法、句子完成法、故事完成法、漫画完成法5种类型，如图3-4所示。

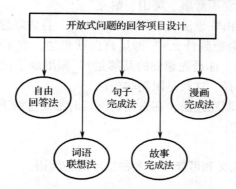

**图 3-4 开放式问题的回答项目设计方法图**

### 1. 自由回答法

自由回答法是指提问后，调查者事先不拟定任何具体答案，被调查者可以自由发表意见。自由回答法比较适用于调查受消费者心理因素影响较大的问题，如消费习惯、购买动机、服务质量、服务态度等，因为这些问题的答案范围一般很难预料或限定。这种询问方式常应用于探测性调查中。

例如，"你觉得这种电器有哪些优缺点？""你认为应该如何改进电视广告？""你对本商场有何意见或建议？"等。

自由问答法的主要优点是被调查者的观点不受限制，便于深入了解被调查者的建设性意见、态度、需求问题等。它涉及的面广，灵活性大，能使被调查者的思维不受束缚，充分发表意见，畅所欲言，可为调查者收集到某些意料之外的资料。

它的缺点是：由于被调查者提供答案时的想法和角度不同，调查者在分类答案时往往会有困难，难以归类统计和分析调查结果。同时，由于时间关系或缺乏心理准备，被调查者往往会放弃回答或答非所问。因此，此种方式应尽量少用。

### 2. 词语联想法

词语联想法是指给被调查者一连串的词语，每给一个词语，都让被调查者回答其最初联想到的词语（叫反应语）。在给出的一连串词语中，会有一些中性的或充数的词语，用于掩盖研究的目的。

被调查者对每一个词的反应被逐字记录并且计时，这样反应犹豫者（要花三秒钟以上的时间来回答）也可以被识别出来。

这种方法的潜在假设是，联想可暴露出反应者或被调查者对有关问题的潜在态度或情感。这种方法可以在被调查者对某个问题不愿回答的情况下使用，用来掩藏调查目的，挖掘被调查者潜意识的动机和态度。在对回答或反应进行分析时可计算如下几个量：

① 每个反应词语出现的频数；
② 被调查者在给出反应词语之前耽搁的时间长度；
③ 在合理的时间段内，对某一试验词语完全无反应的被调查者的数目。

具体操作：先向被调查者提示一个访问词，然后让被调查者就这个词全盘写出自己的感觉或想法。

例：电视——新闻、娱乐、音乐、广告、液晶

噪声鞋——运动、优雅、不舒服、爬山、耐克。

词语联想法可以分为自由联想法及限制联想法两种。自由联想法提供相应的字词让对方随意发挥。"提到面包时你会想到什么？"即属自由联想法。它不做任何限制，受测对象可以任意回答。而"提到面包，你最先想到的品牌是？"则限制了被调查者的选择，被调查者只能在品牌范围之内做出选择，这就是限制联想法。

无论自由联想法还是限制联想法，在选用访问语时都要遵循下列几个原则：
① 符合调查研究的目的；
② 使用简洁的语句；
③ 避免使用具有多重意义和可能产生多种反应的访问语。

### 3. 句子完成法

句子完成法与词语联想法类似，就是给出一些不完整的句子，要求被调查者完成句子。句子完成法按固定顺序和语句提问，可以解决敏感性问题、回答率较低的问题等，但答案的审核、编码、分析比较烦琐，不同研究者对同一答案可能得出不同的结论，因而可靠性较差，主要适用于探索性调查。

与词语联想法相比，句子完成法提供给被调查者的刺激更直接，可能得到的有关被调查者感情方面的信息也更多。不过，句子完成法不如词语联想法那么隐蔽，许多被调查者可能会猜到研究的目的。

例：我喜欢_____洗发精，因为_____。

### 4. 故事完成法

给出故事的一个部分，请被调查者发挥想象，完成一个未完成的故事。在故事完成法中，应将被调查者的注意力引到某一特定的话题，但是不要提示故事的结尾，让被调查者用自己的话来得出结论。

例：星期六我来到一家大型超市，刚进到一楼就发现……（请您完成下面的故事。）

### 5. 漫画完成法

漫画完成法类似于看图说话，提供一幅画请被调查者观看，让被调查者假定自己是画中的某个角色，描述一个故事或一段对话，从而表露出被调查者对事物的态度和意见。

如一幅漫画的背景是某商场里的电视机销售柜台，漫画中有两个人物，一位是售货员，一位是顾客。售货员问："要买彩电吗？喜欢哪一款，我给你介绍一下。"顾客回答处留有空白，要求被调查者填写。这时被调查者将假定自己是顾客，向售货员询问他最关注的问题，而调查者从中获得调查资料。在使用过程中应注意漫画中的人物不要带有任何表情，以防诱导被调查者，产生调查误差。

## 五、调查问卷设计应注意的问题

在调查问卷设计中，科学合理的问题可以提高问卷的回收率和信息的质量。问题设计不

当往往会使被调查者误解题意或拒绝回答，从而直接影响数据质量。事后弥补会非常困难，而且成本太高。

这里主要针对问卷设计中的常见问题提出预防和控制措施，设计者要反复推敲，尽量避免因问题设计不当而引起的不必要误差。

（一）避免出现不易回答的问题

设计问题时应特别重视问题的措辞。如果把主要精力集中在问卷设计的其他方面，很可能导致设计的问题难以被调查者回答，从而降低问卷的质量。应该注意以下几个方面。

**1. 避免提出被调查者能力之外的问题**

比如，"你认为未来10年汽车在科技方面会取得哪些进步？"再比如，"苹果手机是否是最好的？"这样的问题看似非常简单，但被调查者可能从来就没有想过或遭遇过。因此，设计问题时要考虑被调查者，提的问题要在被调查者的知识、经验、能力范围内，不要把问题理论化。

**2. 所提问题必须简短，以免造成对方的混乱**

"你认为在电视机市场已经日趋饱和的今天，政府仍向电视机生产企业征收高额税收，从而阻碍了生产厂家发展的做法，是不是应该受到批评？"这样的长句式提问，让人很难做出回答，因而很难得到满意的回答。

**3. 避免提出因时间久远而依靠被调查者的记忆回答的问题**

遗忘和记忆的差错会导致被调查者无法提供全面和准确的资料。有些市场调查要求被调查者回忆半年前甚至一年前的购买情况，这显然不合理。

因时间久，回忆不起来或回忆不准确是常有的事。如"你去年家庭的生活费支出是多少？用于食品、衣服的费用分别为多少？"除非被调查者记账，否则很难回答这类问题。

一般可问："昨天你在电视上看了哪几则手机广告？"显然，这样缩小时间范围可使问题回忆起来较容易，答案也比较准确。

**4. 避免直接提出窘迫性问题**

在设计调查问卷时，除非有必要，否则不要涉及被调查者的个人隐私。隐私问题往往会引起被调查者的焦虑、窘迫，使被调查者不愿意回答或不愿意如实回答。

如果这类问题实在回避不了，可列出档次区间或用间接的方法提问。例如，不应问："你今年几岁？"不妨问："你是哪一年出生的？"也可列出年龄段，如"20岁以下，20~30岁，30~40岁，40岁以上"，由被调查者挑选。

**5. 避免用词生僻或过于专业**

一般调查中，调查对象文化程度不一，生僻、专业的词语会妨碍被调查者对问题的理解。

如某保险公司调查顾客对本公司业务的印象，询问："请问你对本公司的理赔时效是否满意？""请问你对本公司的展业方式是否满意？"许多被调查者不明白什么是"理赔时效"和"展业方式"，即便给出答案也没有意义。

再如，对于"促销效果""分销渠道"等术语，某些消费者不易理解，必须在使用时进行定义和说明。

（二）避免出现诱导性提问

提问尽量客观，必须保持中立，不能提带有倾向性的问题。

如："某某品牌的手机质优价廉，你是否准备选购？"这种提问不能反映消费者对商品的真实态度和真正的购买意愿，所以产生的结论也缺乏客观性，结果可信度低。

再如："环境保护很重要，你认为有进行环境保护的必要吗？"这种提问要么向被调查者提示答案的方向，要么暗示出调查者自己的观点。被调查者在有外界压力存在的情况下，提供的是符合压力施加方偏好的答案，而不是他自己真正的想法。这是提问的大忌，常常会引出和事实相反的结论。

问题要中性化，避免出现诱导性提问，褒义词、贬义词、否定问题都应尽量避免。带有倾向性的问题有两种：一种是权威倾向性问题，如"大多数教师认为中学生不能抽烟，你是否同意这一观点？"另一种是叙述倾向性问题，如"现在的小学生作业负担太重，你认为是吗？"对于这样的问题可进行中性化的处理，即剔除问题的倾向性。

（三）避免用笼统的、不确切的、一般的词

设计问题时应避免使用含糊不清的句子和语意不清的措辞，以免受测者费解。文字要表达准确，不应使被调查者产生模糊的认识。有些问题含有"偶尔""许多""大致""普通""经常""一些""很多""相当多""几乎"这样的词，以及一些形容词，如"美丽"等，不同的被调查者的理解显然也是不同的。

"你通常喜欢选购什么样的帽子？"这样的提问就是用词不准确，因为对于"通常""什么样"的含义，不同的人有不同的理解，回答各异，调查者无法取得准确的信息。如"你认为目前教师的待遇够好吗？""待遇"和"够好"都属语意不清。

下列都是模糊的问法：

你经常穿T恤衫吗？

你爱穿羽绒服吗？

你经常喝汽水吗？

这样的模糊问法，被调查者也不好回答。

定义不清的问题也会产生歧义，使被调查者无所适从。如"年龄""家庭人口""经济收入"等调查项目，通常会产生歧义，因为"年龄"有"虚岁""周岁"，"家庭人口"有"常住人口"和"生活费开支在一起的人口"，"收入"有时仅指"工资"，有时还包括"奖金""补贴""福利""其他收入"。如果调查者对此没有很明确的界定，调查结果就很难达到预期目标。因此，这些词应用定量描述代替，以做到统一标准。

（四）避免提带有双重或多重含义的问题

要想得到较高的回答率，需要有良好的提问技巧。同一个问题，对于每一个被调查者而言，都应该代表同一主题，只有一种解释、一个含义。

一个问题中如果包含过多的访问内容，会使被调查者无从答起，也会给统计处理带来困难。

例如，"雕牌洗衣粉是否清洁又不伤衣服？"这样提问可能会得到不同的答案。如询问消费者"你对该商场的产品价格和服务质量满意还是不满意？"该问题实际上包括产品价格和服务质量两个方面的问题，"对价格不满意""对服务不满意"或"对价格和服务不满意"的被调查者可能都回答"不满意"，从该结果中显然得不到调查者想了解的信息。

因此，一个问题只能提问一个方面的情况，否则容易使回答者不知如何作答。应该避免提被调查者不易理解、意思模棱两可的问题。

以上是问卷设计中应该注意的一些比较突出的问题。当然，还有其他很多问题存在，有些是调查人员难以预料的。调查人员要反复斟酌，尽量详尽地列出问题，然后对问题进行检查、筛选，以便进行删、补、换等操作。

### 六、深度访谈表的设计

设计深度访谈表的过程与设计问卷的过程大体类似。不同的是，深度访谈表只是一个提纲挈领式的谈话纲要。在实际调查过程中，由于交谈的自由性，可以不按访谈表上所列问题的顺序进行。而且深度访谈表通常无须设计多项式选择的问题，大多都是开放性问题，所以也无须考虑答案的设计。

在访谈过程中，通常无需将深度访谈表交给调查对象，而是保留在调查员自己手上，所以也无须在排版和打印方面花工夫。

深度访谈需要解决的问题是要将需要访谈的问题全部列出来，以免遗忘。深度访谈表最主要的作用是起备忘的作用。深度访谈表的设计步骤见图3-5。

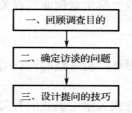

图3-5 深度访谈表的设计步骤

### 七、观察表的设计

观察表的设计通常比问卷的设计要简单，因为观察没有提问的过程。尽管如此，在观察表的设计过程中，仍然有重要的事项需要注意。调研者必须十分清楚观察的类型，以及如何测量。测量的过程可以由观察员和机械辅助完成。

同样，在设计观察表的时候也需要按照前期市场调研设计过程中所列出的信息需求列表，还必须清楚地界定所观察的项目。可以按照以下几个问题的思路来设计观察表：观察谁？观察什么项目？什么时候观察？在什么地方观察？以下是在观察购物者购买奶粉的调研中必须详细描述的项目：

（1）被观察的对象是谁？购买者、旁观者、男性、女性、夫妻、有小孩的夫妻、儿童。

（2）被观察的对象是什么？所购买的品牌、规格、所查看产品的品牌、他人的影响、所查看的产品包装的价格。

（3）观察在何时进行？日期、一周中的天数、小时，以及购买时间。

（4）观察在什么地方进行？商店的种类、位置，如何选择商店。

观察表必须便于使用，观察表的结构必须便于观察员的实际观察，观察的项目应尽量量化，结构简单。观察表的设计步骤见图3-6。

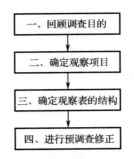

图 3-6 观察表的设计步骤

## 实践演练

### 1. 关于大学生创业的问卷调查

**【实训内容】**

在大众创业、万众创新的时代,国家和各高校都非常重视大学生的创业工作。请设计一份完整的调查问卷,收集你所在学校大学生对创业的有关看法,以帮助你所在的学校更好地指导大学生的创业工作。

**【实训目标】**

运用市场调查问卷设计的方法设计一份完整的调查问卷。

**【实训组织】**

学生分组,可以通过各种方式查找大学生创业的有关资料。

**【实训提示】**

在资料收集的基础上,讨论问卷项目的设置和问卷的具体设计,最终设计一份完整的调查问卷。

**【实训成果】**

各组汇报,教师讲评。

### 2. 案例分析

#### 某服装品牌市场推广的前期市场调查

某服装品牌自 2009 年 1 月在福建省推出以来,资产总额已达到 8000 万元。近几年来,公司在全省各地市投入了相当的资源进行品牌建设和品牌维护工作。为了全面认识品牌发展的现状,较为系统地掌握和量化品牌推广工作的成效以及促销活动、广告宣传、渠道在整个营销工作中的作用,更好地对品牌发展现状进行客观、量化的评估,发现品牌推广中存在的问题和不足,并为下一阶段品牌推广提供依据和思路,进而更加有效地进行品牌的推广工作,公司拟在全省范围内对某服装品牌开展一次全面的市场调查。

通过此次的调查研究,我们将实现以下目标:

(1) 了解某服装品牌消费者的结构状况:年龄、性别、职业、收入等。

(2) 跟踪了解目标消费群的需求变化趋势,为某服装品牌的发展策略提供科学依据。

(3) 评估福建省某服装品牌下列各指标对品牌竞争力的贡献程度:

◇品牌知名度、美誉度和忠诚度;

◇品牌风格:商务女装、商务男装等;

◇产品营销渠道:网上营销、服装展览会、服装城、加盟店、连锁经营等;

◇产品价格；
◇市场策略；
◇品牌推广：广告代言推广、网页新闻推广、公司官网推广、服装比赛推广等；
◇福州消费生活形态与品牌消费形态。

（4）了解客户对自身公司及竞争对手产品使用的满意度状况，发现公司的竞争优势和不足，寻求驱动目标消费者购买和忠诚于品牌的关键因素。

（5）通过量化的品牌监测数据为下阶段各级市场的品牌考核评估提供科学的依据，发现问题并提出建议，以便更合理地分配营销资源，促进和提升各级市场的品牌建设。

**思考：**

根据以上资料，在进行问卷设计时，整个问卷可以划分为哪几个大的项目？

## 拓展阅读

### 某高校学生天翼手机业务调查项目

**一、调查背景**

2008年，某省电信公司进行网络改革，在该省的一所高校首次进行天翼手机推广。经过该省电信公司工作人员在该校的大力推广，该电信公司在该校的市场占有率一度超过90%。2009年，该省电信公司继续在该校向09级学生推出189号段天翼手机。现针对此市场现状进行市场调查。电信公司希望了解该校的通信现状，为适时调整其营销策略提供依据。

**二、调查目的**

通过对全校天翼手机客户的调查，了解他们使用天翼手机的具体状况，了解该校天翼手机用户市场现状、满意度，以及已购买天翼手机但停止使用的具体原因。

**三、调查内容**

（1）该校天翼手机用户市场现状；

（2）该校天翼手机用户满意度；

（3）流失客户停止使用天翼手机的主要原因。

**四、调查对象、调查方法**

（1）对象：该校所有使用天翼手机的学生以及天翼手机流失的客户。

（2）调查方法：①问卷调查；②深度访谈法。

**五、调查表**

（一）调查问卷

### 高校学生天翼手机业务调查问卷

亲爱的同学：

您好！

为了了解大学生的通信需求现状，给客户提供更好的通信服务，特开展此项调查。请您就下列问题提供宝贵的意见。

1. 您的性别是：A. 男　　B. 女
2. 您的班级是：
3. 您能承受的手机购买价格：

A. 600元以下/部　　　　　　　B. 600~899元/部　　　　　　C. 900~1199元/部
D. 1200~1499元/部　　　　　　E. 1500~1800元/部　　　　　　F. 1800元以上/部

4. 您希望手机具有以下哪些附加功能（可多选）：
   A. 手机拍照　　　　　　　　B. MP3音乐　　　　　　　　　C. 收发彩信
   D. 手机上网　　　　　　　　E. MP4播放　　　　　　　　　F. 其他

5. 目前您使用哪种手机业务（可多选）：
   A. 中国移动–动感地带　　　　　　　B. 中国移动–神州行　　　　　　　C. 中国移动–全球通
   D. 中国联通–校园UP新势力　　　　　E. 中国联通–世界风　　　　　　　F. 中国电信–天翼
   G. 中国联通–其他业务　　　　　　　H. 中国移动–其他业务　　　　　　I. 中国电信–其他业务

6. 您当前的手机套餐使用时间是：
   A. 6个月以下　　　　B. 6~12个月　　　　C. 12~18个月　　　　D. 18个月以上

7. 您每月的手机话费是：
   A. 20~39元　　　　　B. 40~59元　　　　　C. 60~79元　　　　　D. 80元以上

8-1. 哪项业务在您缴纳的手机费中占的比例最高：
   A. 短信业务　　　　　　　　B. 市话　　　　　　　　　　C. 长途电话
   D. 手机上网　　　　　　　　E. 基本套餐费

8-2. 费用次高的业务是：
   A. 短信业务　　　　　　　　B. 市话　　　　　　　　　　C. 长途电话
   D. 手机上网　　　　　　　　E. 基本套餐费

9-1. 选择手机业务时，您考虑的最重要的因素是：
   A. 短信价格便宜　　　　　　　　　B. 市话价格便宜
   C. 长话价格便宜　　　　　　　　　D. 网络信号好
   E. 品牌知名度高　　　　　　　　　F. 可供选择的各类包月业务多
   G. 可加入校园集团或班级用户群　　H. 周围同学都在用

9-2. 选择手机业务时，您考虑的次重要因素是：
   A. 短信价格便宜　　　　　　　　　B. 市话价格便宜
   C. 长话价格便宜　　　　　　　　　D. 网络信号好
   E. 品牌知名度高　　　　　　　　　F. 可供选择的各类包月业务多
   G. 可加入校园集团或班级用户群　　H. 周围同学都在用

10. 您是否加入了"校园集团"：
    A. 已经加入　　　　　　　　　　　B. 没有加入
    C. 所在校区没有"校园集团"业务　　D. 根本不知道有该业务

11. 您选择了哪种"套餐包"（多选）：
    A. 短信包　　　　　B. 亲情包　　　　　C. 上网包
    D. 彩信包　　　　　E. 长话包　　　　　F. 家庭包
    G. 其他

12. 您是否关注中国移动、中国电信或中国联通发起的各类促销活动：
    A. 关注且参与　　　　　　　　　　B. 关注，但不参与
    C. 根本不关注　　　　　　　　　　D. 关注，感兴趣的就参与

问卷到此结束，谢谢您的配合！

(二) 深度访谈表

**深度访谈表**

姓名：_____  班级：_____  电话：_____  日期：_____

1. 您在使用电信业务的时候遇到过哪些问题？

2. 您停止使用该项业务的主要原因是什么？

3. 您认为这些问题是否可以得到解决？

4. 您认为解决这些问题的最好的办法是什么？

5. 电信在其他方面还有什么需要改善的？

6. 您为什么会放弃电信业务而选择其他运营商？

7. 您当前选择的运营商吸引你的地方是什么？

8. 您对电信公司有何意见或建议？

## 任务4　设计抽样样本

### 学习目标

**知识目标：**
1. 了解普查与抽样调查的内涵
2. 了解随机抽样调查的含义和主要类型
3. 了解非随机抽样调查的含义和主要类型
4. 了解抽样的决策程序
5. 了解抽样分布与样本容量确定的原理
6. 了解抽样误差和置信的内涵
7. 掌握简单随机样本容量的确定方法

**技能目标：**
1. 区别随机抽样和非随机抽样
2. 根据不同调查项目进行抽样决策
3. 解释抽样误差和样本分布
4. 根据调查项目确定抽样样本

### 任务导入

盖洛普公司是由美国著名的社会科学家乔治·盖洛普博士于1935年创立的一家全球知名的民意测验和商业调查/咨询公司。其在中国也设立了分公司。中国盖洛普公司拥有全国50多个城市和部分农村地区的消费者抽样框。

该公司曾经在中国进行过一次抽样调查，目的是发现中国成年人的一系列特征，其抽样过程如下：

（1）按照地理位置、经济发展水平和非农业人口所占比例将12500个县、城市和城区分成50个层面。

（2）基于相对于研究总体的概率比例，从各层面中筛选出一个由县或者城市组成的基本样本单位（PSU）。

（3）在每个PSU当中，收集所有的邻近社区和村庄的总体，从这个列表中再根据相对于研究总体的概率比例挑选出四个邻近社区或者村庄。

（4）从这四个邻近社区或者村庄中的每一个随机挑选出五个家庭，每个被选中的家庭都会选出一名应答者，程序设计中保证了样本恰当地代表所有性别所有年龄阶段；既定的系统程序挑选出将要采访的人，如果指定的应答者不在家，或者无法联络到，在必要的情形下，将从网格记录上的剩余家庭成员中系统地挑选出第二个甚至第三个家庭成员。

（5）如果三次单独的家庭走访都无法联络到指定的应答者，那么，在相同地区的替代家庭中进行采访是许可的。

（6）依照这个方法，在进行采访的区域，每五个被指定的家庭都应该有两个备份的替代家庭。

从统计学角度来讲，最终数据是精确的，而且它在正负2%的公差内预测了中国全体成年人的特征。

### 任务分析

在市场调研的过程中，抽样在提供准确、有用的数据方面的贡献颇大。事实上，如果没有抽样，今天的市场调查就不会存在了。

每个市场调研都需要选择一些样本。当新产品处在家庭试用阶段，我们必须选择试用的家庭；当我们想在某市场片区监督销售状况时，我们必须选择记录销量的商店；当我们想进行焦点小组的访谈时，也需要选择若干人参加访谈会议。

抽样在市场调研中使用得十分频繁，原因在于它有一些不可替代的优势：

第一，抽样调查更省钱。对于有些调查项目来讲，样本越多，花费越多，甚至导致无法进行下去。比如新产品使用测试，如果样本量过多，则需要生产大量的试用产品，因而企业必须承担高昂的调研费用。特别是一些涉及范围广的项目，如任务导入中提到的案例，如果抽样选择得当，可以有效降低成本。

第二，抽样调查更省时间。由于抽样调查比普查所需要的样本更少，所以花在调查过程、印制问卷、培训采访员、数据录入和分析上面的时间会更少。

第三，抽样调查的数据可能会更加精确。调查的对象越多，在调查的过程中出错的可能性就越大，因此调查面过广反而会降低数据的精确性。

如何抽取合适的样本、确定合适的样本容量是一个值得重点关注的问题。本任务主要探讨抽样的方法，以及如何进行抽样设计。

### 任务知识

#### 一、抽样的概念

在市场调查中，为了取得某一市场的总体情况，可以运用全面调查的方法以取得全面、完整的统计资料，进而了解市场的总体特征。

但是在许多情况下，比如在市场总体非常大、总体单位数非常多的情况下，或者当市场总体的综合特征需经过破坏性测试才能取得时，根本不可能对总体单位进行全面调查，只能调查部分单位，进而推断总体的综合特征。在市场调查工作中，抽样调查作为一种非全面调查方式，已经成为一种非常重要、应用广泛的调查方式。

抽样调查是指按照一定的规则，从研究总体的所有单位中，抽取一部分单位作为样本，然后以样本单位的调查结果对总体的数量特征做出具有一定可靠程度和精确度估计的一种调查方法。

抽样调查分为概率抽样和非概率抽样两类：

（1）概率抽样。

每个抽样单位都有已知的机会被选中作为样本，抽样规则根据概率论的基本理论知识来确定，调研者或实地采访员没有权力决定。

在随机抽样的条件下，给予总体中每一个个体平等的抽取机会，每个个体被抽中或抽不中完全凭机遇，排除了人的主观选择因素。

（2）非概率抽样。

从方便的角度或根据主观判断来抽取样本，不遵循随机原则。非概率抽样主要依赖于研究人员的经验和判断，无法估计和控制抽样误差，无法用样本的定量资料，采用统计方法来推断总体。

非概率抽样的优点在于简单易行，通常适用于那些小规模市场调查或者不方便采用随机抽样方式的调查。其目的是对市场总体做一般探测性了解，而不在于推断总体的情况。这种方法在对共性特别强的群体商业性市场调查中经常应用，也特别适合用于探索性研究。

在实际的市场调查过程中，这两类抽样方法都经常使用。

抽样主要的几种方法如图4-1所示。

#### 二、非概率抽样过程

（一）便利抽样

便利抽样，顾名思义，就是根据便利选择样本，以方便调查者为基础，样本的选择主要由调查员来决定。便利抽样使用广泛，如下例所示：

（1）要求人们自愿测试产品，然后以这些使用人为样本。

（2）在人们购物过程中拦截采访，以获取其信息。

（3）使用学生或相关群体来进行实验。

在以上每个例子中，样本单位都是自我推荐或因为方便获得而被选择，调研人员并不清

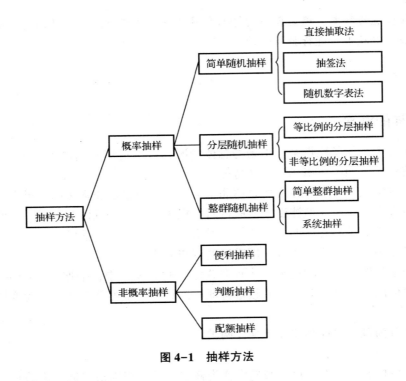

图 4-1 抽样方法

楚实际抽取的样本的总体是什么。

每个调查员都认为自己选择的样本是有代表性的,但实际上,很多样本单位都没有机会被选取。比如在街头拦截访问中,只有刚好那个时间段经过采访地点的人才有可能被选择,那些没在特定时间段通过的样本单位则无法被选中。

在便利抽样中,由于调查对象被抽取的概率是未知的,样本的代表性也比较差,无法知道样本单位是否能够代表总体特征,所以利用调查结果来推断总体的风险也比较大。

便利抽样最大的特点是节省时间和调研费用,主要目的是帮助调研者发现一些问题,常在探索性调查中使用。

(二)判断抽样

判断抽样是调查人员凭自己的主观意愿、经验和知识,从总体中选择具有典型代表性的样本作为调查对象的一种抽样方法。这种方法使用较广泛。

判断抽样一般有三种做法:

(1)精心选择一些经验丰富的专家,由他们来判断和选择样本。例如在新产品试销中,由专家来决定试销的城市和企事业单位,再在工业市场调研中采访这些单位,构成一个判断抽样。判断抽样误差的程度和方向是未知的。如果专家的判断是有效的,比起使用便利抽样,这些样本会相对有代表性一些。

(2)利用总体的全面统计资料,按照一定标准,主观选取样本。例如,要了解某学院学生对于学生会选举的看法,可以根据调研人员的判断,选择学生会干部、班干部、普通学生、课任老师和辅导员等有代表性的成员来进行调查。

(3)选择最能代表普遍情况的调查对象,常以"平均型"或"多数型"为标准。"平均型"是在调查总体中对平均水平具有代表性的单位;"多数型"是在调查总体中占多数的单位。利用此种做法时,应尽量避免选择"极端型"。

判断抽样的优点在于能充分发挥研究人员的主观能动作用,特别是当研究者对所研究的总体情况比较熟悉、判断能力比较强时,采用这种方法往往比较方便。但是它的局限性也很明显,即样本的代表性和抽样误差往往难以判断。

判断抽样多用于总体规模较小,或调查时间、人力等条件有限而难以进行大规模随机抽样的情况。

(三)配额抽样

配额抽样也称"定额抽样",是指调查人员将调查总体样本按一定特征分类或分层,确定各类(层)单位的样本数额,在配额内任意抽选样本的抽样方式。由于在各类抽样时并不需要遵循随机原则,所以它是非随机抽样的方式之一。

配额抽样和分层随机抽样既有相似之处,也有很大区别。相似的地方,即都是事先对总体中所有单位按其属性、特征分类,这些属性、特征我们称之为"控制特性"。例如市场调查中消费者的性别、年龄、收入、职业、文化程度等。然后按各个控制特性分配样本数额。

二者的区别在于,分层随机抽样是按随机原则在层内抽选样本,而配额抽样则是由调查人员在配额内主观判断选定样本。

配额抽样有两种:独立控制配额抽样和相互控制配额抽样。

**1. 独立控制配额抽样**

独立控制配额抽样是指在调查人员只对样本独立规定一种特征(或一种控制特性)的情况下安排样本数额的抽样方式。如在消费者需求调查中,我们按年龄特征分类,分别规定不同年龄段的样本数目,就属于独立控制配额抽样。人们通常把消费者的年龄、性别、收入分别进行配额抽样而不考虑三个控制特性的交叉关系。

**2. 相互控制配额抽样**

相互控制配额抽样是指在按各类控制特性独立分配样本数额的基础上,采用交叉控制安排样本的具体数额的抽样方式,如表 4-1 所示。

表 4-1 相互控制配额抽样

| 收入＼年龄 | 30 岁以下 | 35 岁以下 | 合计 |
| --- | --- | --- | --- |
| 1000 元以下 | 21% | 27% | 48% |
| 1000 元以上 | 12% | 40% | 52% |
| 合计 | 33% | 67% | 100% |

## 三、概率抽样过程

概率抽样又称随机抽样。概率抽样以概率理论为依据,通过随机化的机械操作程序取得样本,所以能避免抽样过程中的人为因素的影响,保证样本的客观性。这种方法还能保证抽样框中的每个抽样单元都具有同等被抽中的可能性。

虽然随机样本一般不会与总体完全一致,但它所依据的是大数定律,而且能计算和控制抽样误差,因此可以正确地说明样本的统计值在多大程度上适合于总体。根据样本调查的结果可以从数量上推断总体,也可在一定程度上说明总体的性质、特征。

概率抽样主要分为简单随机抽样、分层随机抽样、整群随机抽样。

### (一) 简单随机抽样

简单随机抽样是一种广为使用的概率抽样方法。它的适用范围最广，也是理论上最符合随机原则的方法。

简单随机抽样是最完全的概率抽样，它对调查总体不经过任何分组、排队，完全凭着偶然的机会从中抽取个体加以调查。如前面提到的，随机抽样就是使总体中每个单位在抽选时具有相等的被抽中的机会。

在简单随机抽样条件下，抽样概率公式为：抽样概率=样本单位数/总体单位数。

例如：如果总体单位数为10000，样本单位数为500，那么抽样概率为5%：

$$P=样本单位数/总体单位数=500/10000=5\%$$

简单随机抽样的具体抽取方法有直接抽取法、抽签法和随机数字表法。

#### 1. 直接抽取法

直接抽取法是从总体中直接随机抽样本进行调查。这种方法适合对集中在较小空间的总体进行抽样。例如：对存放在仓库中的所有同类产品随机抽出其中若干件产品进行质量检验。

#### 2. 抽签法

抽签法是将总体中每个样本给予名称或号码，然后将有这些名称或号码的数据库打乱次序，从中任意抽出所需要的调查样本。

抽签法有重复抽样和不重复抽样两种方式。例如：从1000名学生中抽取50人进行调查，可以先把1000名学生的姓名填入一张Excel表中，运用随机排序方式排序，然后任意从其中挑选一个学生姓名，并把该学生的姓名从1000名学生样本中排除，则该学生就是样本的第一个单位。依次取出50个不同的学生姓名，就此构成此次抽样样本，这是不重复抽样；如果每一次都不把学生的姓名排除，再任意选择，出现重复的再重新抽取，直至取到50个不同的学生姓名，这就是重复抽样。

#### 3. 随机数字表法

随机数字表法使用随机数表抽取样本单位以组成所需要的样本。随机数表是在抽签法的基础上形成的。例如：对0~9这10个数字进行重复抽样，记录每一次的结果，进行成千上万次后，就形成了一个庞大的数表，且数表中数字的排列是随机的，毫无规律可言，因此随机数表也称为乱数表。

随机数表虽有不同的样式，但其中组成的数字完全是随机的，即每个数字都不会比其他数字有更多出现的机会，完全符合随机原则，所以可以作为随机抽样的工具。表4-2是从随机数字表中抽取的部分内容：

表4-2 随机数表（部分）

| 2718 | 0619 | 5175 | 5464 | 5133 | 3845 | 4496 | 2692 |
| --- | --- | --- | --- | --- | --- | --- | --- |
| 7062 | 1599 | 1480 | 1961 | 1335 | 7899 | 0556 | 0968 |
| 0414 | 8623 | 1456 | 0963 | 8388 | 5455 | 5791 | 8724 |
| 9722 | 2280 | 5906 | 2982 | 3894 | 6749 | 1281 | 6778 |
| 4116 | 7599 | 9461 | 5201 | 9956 | 7883 | 6233 | 0165 |
| 8616 | 9110 | 6374 | 4973 | 5589 | 7397 | 9951 | 2891 |

续表

| 5591 | 8579 | 5547 | 8833 | 8139 | 8056 | 3861 | 9265 |
| --- | --- | --- | --- | --- | --- | --- | --- |
| 0488 | 5052 | 9438 | 2675 | 6079 | 9897 | 7877 | 5025 |
| 8127 | 0332 | 6385 | 9452 | 9429 | 0999 | 1737 | 3179 |
| 2120 | 3805 | 8312 | 9654 | 4916 | 5221 | 2497 | 5494 |
| 8070 | 2886 | 5115 | 6294 | 9040 | 1397 | 2460 | 4106 |
| 6217 | 2035 | 5298 | 3231 | 3221 | 0418 | 9767 | 3427 |
| 4553 | 7614 | 7601 | 0552 | 0823 | 4303 | 8872 | 7933 |
| 9384 | 9725 | 1283 | 8857 | 9802 | 7579 | 2664 | 7410 |
| 3220 | 3399 | 4905 | 9874 | 5379 | 1335 | 8214 | 6488 |
| 2529 | 0366 | 8874 | 7527 | 9537 | 7484 | 6009 | 7947 |
| 3210 | 3090 | 1912 | 8728 | 6705 | 5697 | 9671 | 5824 |
| 5407 | 9512 | 6536 | 4218 | 0077 | 3774 | 6832 | 7442 |
| 4903 | 0767 | 3285 | 2373 | 2905 | 4276 | 5440 | 8563 |
| 6604 | 6700 | 7363 | 1907 | 0312 | 0975 | 7338 | 7990 |
| 5794 | 5995 | 8054 | 1753 | 0358 | 9983 | 6400 | 4812 |
| 4847 | 8036 | 9699 | 6833 | 8496 | 3336 | 5743 | 1006 |

**案例 4-1**

从 100 名学生中抽取 10 名进行调查，用以上的随机数表如何抽取样本？

抽取过程如下：

（1）给这 100 名学生标号。号码的位数要一致，都是三位数（在此随机数表中都选择后两位），不够位的在前面加"0"，总体各单位编号是从 001 至 100；

（2）以随机数表中第 3 行第 2 列的数字作为起点，构成一个与总体所有单位具有相同位数的号码"023"作为起始号码；

（3）从起始号码开始，从左到右依次抽取 10 个不重复的位于 001~100 的号码，分别是：023、056、063、088、055、091、024、022、080、006。这 10 个号码对应的 10 个学生就是抽取的样本。

简单随机抽样的优点在于，它看起来简单，并且满足概率抽样的一切必要的要求，保证每个总体单位在抽选时都有相等的被抽中的机会。

简单随机抽样可以通过电话随机拨号功能完成这个步骤，可以从电脑档案中挑选调查对象。当样本框完整时，使用简单随机抽样对抽样误差的计算和对总体参数值的推断都比较方便。

但是，简单随机抽样法在实际应用中有一定的局限性，主要表现在三个方面：

（1）采用简单随机抽样，一般需要事先对总体各单位进行编号，而实际操作中如果调查总体十分庞大，总体单位非常多时，事先对每个单位一一进行编号几乎是不可能的；

（2）当总体各单位差异较大时，采用简单随机抽样抽出的样本可能会集中于某类单位，

不能做到在各种类型中的单位中较为均匀地分布,其样本的代表性比较差;

(3)采用简单随机样本抽出的样本分布较为分散,实地调查消耗的人力、物力、费用较大。

因此,简单随机抽样比较适用于总体单位数不多,并且总体单位之间差异较小的情况。

(二)分层随机抽样

分层随机抽样是指将调查对象的总体分隔为相互排斥的、完全穷尽的层级。如果一个层级的成员排斥所有其他层级的成员,层就是相互排斥的。例如,对"人"这个总体来讲,按照性别分层可以分成"男"和"女"两个层级,任何一个人都不可能同时属于两层。然后再在每个层中,选择独立的随机样本。

分层随机抽样的方式有等比例的分层抽样和非等比例的分层抽样两种。

**1. 等比例的分层抽样**

等比例的分层抽样是按各个层中个体数量占总体数量的比例来分配各层的样本数量。

### 案例 4-2

某学校有4000名学生,按照四个不同的系别进行分层。其中,移动通信系800名,占总体的20%;通信工程系1400名,占总体的35%;计算机系1200名,占总体的30%;管理系600名,占总体的15%。某次调查需要从该学校抽取400个样本进行学生课余生活的调查,如果按照等比例分层抽样进行的话,各个系应分别抽取的样本数为:

移动通信系的样本数目为:$400 \times 20\% = 80$(人)

通信工程系的样本数目为:$400 \times 35\% = 140$(人)

计算机系的样本数目为: $400 \times 30\% = 120$(人)

管理系的样本数目为: $400 \times 15\% = 60$(人)

这种方法操作简单,分配较合理,计算也非常方便,适合个体之间差异不大的分类抽样调查。如果各个个体之间的差异较大,则适合采用非等比例的分层抽样。

**2. 非等比例的分层抽样**

与等比例的分层抽样不同,非等比例的分层抽样不是按照各层中个体数占总体的比例来分配样本,而是根据其他一些因素(比如各层标志值的变异程度不同、实际的调查过程难易程度等)调整各层的样本个数。这种抽样方法在每层的样本抽取量不同。

### 案例 4-3

著名的国际调研公司A.C.尼尔森市场调研公司在调查零售行业变化趋势的时候采用了非等比例的分层抽样。

尼尔森公司首先在全球范围内根据销售额的不同将零售商店分成四类:连锁店、大型独立商店、中型独立商店、小型独立商店;

其次,在此基础上调查出各个类型的商店在全球范围内所占的比重为:连锁商店占27.5%,大型独立商店占18.2%,中型独立商店占27.5%,小型独立商店占26.8%;

然后,尼尔森根据过去调查的经验发现,较大的商店比较小的商店表现出来更多的易变性,所以在选择样本时,对于中大型商店选择的样本量更多,连锁店占样本总量的40%,

大型独立商店占总样本量的 21.1%，中型独立商店占总样本量的 22.9%，小型独立商店占 16%；

最后，根据此比例，在抽取具体的商店样本的时候，连锁商店每 49 个抽取 1 个，大型独立商店每 52 个抽取 1 个，中型独立商店每 85 个抽取 1 个，小型独立商店每 133 个抽取 1 个。

一般情况下，采用非等比例的分层抽样的原因有：

（1）保证占总体比例小的层有足够的样本单位数，以便从该层中抽取的样本能较好地代表该层；

（2）增加异质性较大的层的样本单位数，使该层的子样本有较小的抽样误差；

（3）某些层对于研究来说非常重要，就要从这样的层中多抽些样本单位。

需要注意的是，非等比例抽样获得的样本主要用于对各层的单独研究，这样的样本并不能作为推断总体情况的依据。

总的来说，分层随机抽样一般比简单随机抽样和系统抽样更为精确，能够通过较小样本量的调查得到较准确的结果。特别是在总体数量大、内部变异程度较大的情况下，分层随机抽样的效果更加理想。

（三）整群随机抽样

整群随机抽样是先将总体按照某一标准划分为若干群，随机抽取部分群，对抽中的群内所有单位进行调查的一种抽样组织方式。

整群抽样示意见图 4-2：

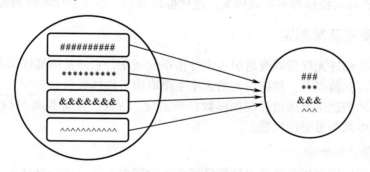

图 4-2 整群抽样示意

1. 简单整群抽样

简单整群抽样即随机抽取多群样本单位，然后研究所有或部分被选中的群体。简单整群抽样适合于各群之间的差异较小，但是群内各个个体之间差异较大的情况。

例如，调查某城市的大学生业余生活情况。在同一个城市的不同大学之间，大学生的业余生活大致相仿，但是每个大学内学生的业余生活有较大的差异。在这种情况下，抽取其中一所大学进行全面调查，所得到的数据即有较大的实用价值。

2. 系统抽样

系统抽样也称等距抽样或机械抽样，是一种有组织地从总体单位中进行抽样的方法。

系统抽样通常将调查总体的各个个体按一定的标志排列起来，然后按照固定顺序和一定的时间间隔来抽取样本。下面是系统抽样的例子：

### 案例 4-4

某电信公司需要从 10000 名语音电话用户中按照系统抽样的方法抽选出 1000 名客户开展客户满意度调研。

（1）先将这 10000 名用户进行编号，从 1 号到 10000 号；
（2）确定抽选的距离：10000÷1000 = 10（人），因此抽选样本时，每隔 10 个人抽选一名用户；
（3）最后确定总调查样本。

在以上的例子中，编号完成后，在每个 10 人的区间内也可以按照简单随机抽样的方法抽选样本。

系统抽样是市场调查中广泛使用的一种方法。系统抽样与简单随机抽样相比，可使中选个体比较均匀地分布在调查总体中。尤其当被研究对象的标志变异程度较大，而在实际工作中又不可能抽选出更多的样本的个体的时候，这种方式更有效。

系统抽样的缺点在于：

第一，运用系统抽样要有调查总体中每个个体的有关资料，特别是按照一定的特征进行编号的时候，需要有要较为详细的相关资料。如果调查总体数量非常庞大，这个工作将非常艰难。

第二，当抽选间隔和被调查对象本身的循环周期相重合的时候，系统抽样的代表性会受到质疑。比如，某些电器销售商店的销量往往到周末会大增，如果抽到了周末，而抽样距离又刚好是 7，那么每次抽样都将抽到周末，这样抽样的销售结果会比实际的偏大。

## 四、抽样误差及其测定

调查结果的准确性无疑是调查组织者十分重视的问题，它通常用抽样误差来确定。在抽样方式和总体既定的前提下，抽样误差的大小主要取决于抽样数目的多少。

对抽样误差的控制主要通过控制抽样数目来实现。因此，抽样误差与抽样数目的确定，是随机抽样调查中两个重要的问题。

### （一）抽样误差的概念

抽样误差是指用样本指标推断总体特征所产生的误差，这是进行抽样市场调查时不可避免的误差。抽样误差的类型如图 4-3 所示：

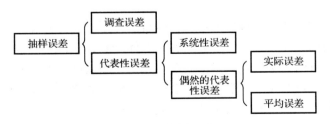

图 4-3　抽样误差

在市场调查工作中，通常所说的误差有两种：

一种是调查误差，即在调查统计工作中，由于工作上的种种原因而产生的误差，也叫技术性误差。如在调查工作中由于登记、汇总、计算、调查方案设计的缺陷、统计方式不够科学等所引起的误差。这种调查工作过程中所产生的误差是在抽样调查和普查中都可能发生的。

另一种是（样本）代表性误差，指由于样本结构和总体结构不一致，以样本综合指标推断总体综合指标所产生的误差。

代表性误差又有两种不同的情况：

一是在抽样过程中违反随机抽样的原则，或抽样方式不妥而造成的系统性误差；二是由于样本不能完全代表总体所产生的误差。后者叫作偶然的代表性误差。

调查误差和系统性误差都可以避免，而偶然的代表性误差则不可避免，只能将其控制在一个有效的范围内。

本书所说的抽样误差，专指抽样平均误差。它反映了样本代表性的大小。平均误差愈大，样本代表性越小。

（二）抽样误差的估算方法

**1. 抽样误差大小的影响因素**

（1）总体各单位之间的差异程度：总体变量存在变异是客观的，差异程度愈大，其分布就愈分散，抽样误差就越大。这种差异程度，在统计上叫作标志变异程度，通常用方差或标准差来表示。

（2）样本数目：在其他条件一定的情况下，样本容量越少，即抽取的样本数目越少，抽样误差就越大。当样本容量达到总体容量时，抽样调查就变成普查了，这时抽样误差就会消失。

（3）抽样方式：一般来说，系统抽样和分层随机抽样的误差要小于简单随机抽样和简单整群抽样的误差，不重复抽样误差要小于重复抽样误差。

**2. 抽样误差的估算方法**

简单随机抽样是抽样法的基础。下面重点介绍简单随机抽样条件下的抽样误差估算方法。

（1）平均数指标抽样误差的估算方法。

① 重复抽样条件下的计算公式：

$$\overline{\mu_x} = \sqrt{\frac{\sigma^2}{n}} = \frac{\sigma}{\sqrt{n}}$$

式中：$\overline{\mu_x}$——抽样误差；

$n$——样本单位数；

$\sigma^2$——总体方差；

$\sigma$——总体标准差。

② 不重复抽样条件下的计算公式：

$$\overline{\mu_x} = \sqrt{\frac{\sigma^2(N-n)}{n(N-1)}}$$

式中：$N$——总体单位数。其他符号的意义同上。

当总体单位数 $N$ 值很大时，也可以用下列公式计算：

$$\overline{\mu_x} = \sqrt{\frac{\sigma^2}{n}\left(1 - \frac{n}{N}\right)}$$

式中符号的意义同上。

(2) 成数指标抽样误差的估算方法。

成数就是在总体中具有所研究标志的样本数所占的比重。成数指标抽样误差的计算方法与平均数指标抽样误差的计算方法的原理是相同的,所不同的是总体方差的计算方法,因为各个样本成数的平均数就是总体成数本身,它既表明在总体中所占的比重,同时又是总体的平均数。

① 重复抽样条件下的计算公式:

$$\mu_p = \sqrt{\frac{P(1-P)}{n}}$$

式中:$\mu_P$——成数的抽样误差;

$P$——总体成数;

$n$——样本数。

② 不重复抽样条件下的计算公式:

$$\mu_p = \sqrt{\frac{P(1-P)(N-n)}{n(N-1)}}$$

式中:$N$——总体单位数。其他符号的意义同上。

当 $N$ 很大时,上式也可以简化为:

$$\mu_p = \sqrt{\frac{P(1-P)}{n}\left(1-\frac{n}{N}\right)}$$

式中各符号的意义同上。

从上述平均数和成数的抽样误差计算公式中可以看出,因为 $1-n/N$ 总是小于1,不重复抽样的误差必定小于重复抽样的误差,所以在实际工作中,通常采用不重复抽样的方法抽取必需的样本。在计算抽样误差时,既可以采用重复抽样的误差计算公式,也可以按不重复抽样的误差公式进行计算,因为当总量很大时,$1-n/N$ 就趋近于1了,用两种计算公式得出的结果相差不大,而市场调查中总体数量通常都非常大。

利用上述公式计算抽样误差,需要解决的首要问题是:如何确定总体方差或总体成数。在市场调查中,总体方差或总体成数一般可以通过以下方法取得:

一是从已有的普查或全部统计资料中取得;

二是采用经验估算的方法取得;

三是事先组织一次小规模的探测性调查,以抽样调查的方法代替;

四是在抽样调查完成后,用样本方差来代替。

其中第四种方法最常用。

至于其他的抽样方法的抽样误差估算,原理同简单随机抽样是一致的,其主要区别是估算公式中的总体方差有所不同。在实际工作中,通常也可以用简单随机抽样的误差公式代替。

## 五、必要抽样数目的确定

对于抽样误差的控制,除了要根据实际问题选择正确的抽样方式之外,还要考虑抽样数目的多少。抽样数目过多,会造成人力、物力、财力和时间上的浪费,使得抽样调查的总成本提高；抽样数目过少，又会使调查结果存在较大的误差，达不到要求的精度。

所谓必要抽样数目是指使抽样调查在给定的误差范围内能够达到调查结果精确度要求的最小样本单位数。影响必要抽样数目的因素包括：

### 1. 总体各单位之间的标志差异程度的大小

在抽样误差范围一定的条件下，总体各单位之间的标志差异程度越大，需要抽取的样本数目就越多。原因是总体单位之间的差异越大，一定数目的总体单位对总体的代表性就越低。当总体单位之间差异小的时候（甚至总体单位的标志值都相等时），一个总体单位的标志值就足以代表总体的平均水平。

### 2. 允许误差的大小

在其他条件一定的情况下，允许的误差越小，抽样数目就要越多。在抽样调查时，应当取多大的允许误差，要根据调查的目的、经费预算、时间要求来确定。

### 3. 不同的抽样组织和抽样方法

一般情况下，简单随机抽样和整群随机抽样两种抽样方式要比分层随机抽样所需的样本单位数多，重复抽样要比不重复抽样的样本单位数多。

## 任务实施

前面介绍了抽样调查的一些基础知识。在 1950 年之前，非概率抽样使用极其广泛，之后随着概率论和数理统计学科的发展，概率抽样才开始在实践中频繁使用。

概率抽样和非概率抽样的选择问题，其实只是设计抽样方案的一个部分。那么，在一个具体的调研项目中，我们该如何设计抽样方案？

下面我们就抽样方案的设计步骤进行探讨。图 4-4 是抽样的流程图。

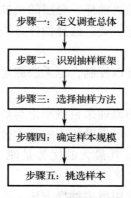

图 4-4　抽样的流程图

### 步骤一：定义调查总体

总体是指在样本选择之前就定义的所有潜在调查元素的总和。在定义调查总体的过程中，需要考虑四个主要的因素：第一个是调查的个体特征；第二个是抽样的基本单位；第三个是抽样的广度，或者说区域；第四是抽样的时间限定。以下两个例子是对总体的定义：

1. 一次消费者调查项目对总体的定义：

（1）抽样的个体特征：18~50 岁的女性；

（2）抽样的基本单位：社区内 18~50 岁的女性消费者；

(3) 抽样的广度：中国湖南省；
(4) 时间：2017年3月1日—6月1日。
2. 监控某新的消费品的销售情况，对总体的定义如下：
(1) 抽样的个体特征：需监控的产品；
(2) 抽样的基本单位：超市、药店、打折店，以上各类店铺里需要监控的产品；
(3) 抽样的广度：中国大陆；
(4) 时间：2017年4月1日—6月1日。

**步骤二：识别抽样框架**

抽样框架是在抽样过程中所有可供选择的抽样单位。在最终阶段，实际样本就从这样的框架中提取。抽样框架可以是电话号码本、调查对象所在的行业单位，也可以是一张地图。如在地图中抽取一块地理区域。城市社区就是一个例子。

一旦总体已经具体化，就可以根据调查总体的特征设计抽样框架。抽样过程通常需要多个阶段，调研设计者所做的工作是在每个阶段具体化抽样单位。

例如，上述例2中的消费品抽样框可以设计为四个阶段：

第一个阶段是销售该消费品的所有城市列表；

第二个阶段是被选中的销售该消费品的城市的社区列表；

第三个阶段是被选中的这些城市社区的家庭列表；

第四个阶段是被选中家庭的成员列表。

随着环境的变化，可能需要更新抽样框。

**步骤三：选择抽样方法**

在选择抽样方法之前，首先要确定运用概率抽样方法还是非概率抽样方法。

如前文所述，概率抽样有简单随机抽样、分层随机抽样、整群随机抽样三类。非概率抽样有便利抽样、判断抽样、配额抽样三类。选择抽样方法时，要考虑调研的经费、时间以及对于调查精度的要求等方面的因素。

一般来说，非概率抽样的误差难以控制，也无法测定其误差到底多大，只能借助于经验和过去的统计资料进行分析判断。

而概率抽样则不同。概率抽样的原理来自概率论与数理统计，相比较而言有较为完善的理论支持，测量抽样误差也较容易，可借助相应的数学公式控制抽样误差。但是不可否认的是，非概率抽样的优势也非常明显，其最大的优势是便于执行，通常费用也比概率抽样要低，操作也简单。

鉴于此，正式的抽样调查通常采用概率抽样方法，而非概率抽样则更多地在探索性调研项目中使用。更常见的做法是在确定了抽样框架后，在不同的阶段采用不同的抽样方法。在某些阶段采用概率抽样，而在其他阶段采用非概率抽样，这样就可以综合利用概率抽样和非概率抽样的优点，以期在保证调研预算的前提下获得更精确的调研结果。

**步骤四：确定样本规模**

前面的任务知识中介绍了简单随机抽样最小样本规模的计算公式。非概率抽样则主要依赖于调研设计者对于预算和调研精确度要求的把握来确定一个合理的调研样本量。

概率抽样中更加复杂的分层随机抽样和整群随机抽样的样本量的计算更加复杂。在条件许可的情况下，也可以利用简单随机抽样的公式来确定最小样本量。

**步骤五：挑选样本**

在确定了抽样框架和样本规模之后，就要根据抽样框架来选择具体的样本。

挑选样本是一项复杂的工作，需要对影响样本量的因素进行分析。影响样本量的因素主要有：

（1）调查的精度：用样本数据对总体进行估计时可以接受的误差水平。

（2）总体的变异程度：在其他条件相同的情况下，总体的变异程度越大，所需要的样本量也越大。

（3）无回答情况。无回答减少了有效样本量，在无回答率较高的调查项目中，样本量要大一些，以减少无回答带来的影响。

（4）可操作性，即样本量的确定要考虑实际调研中的实际操作性，通常涉及调研经费和时间限制的问题。一般来说，样本量越大，经费要求越多，时间也越长。

### 实践演练

1. 某调研机构想就本地区大学生就业现状进行抽样调查，试为此抽样调查设计一份抽样方案。

2. 某卫视台想就全国电视观众进行抽样调查。调查目的是获取全国电视观众群体规模、构成及分布情况，获取这些观众的收视习惯、对电视频道和栏目的选择倾向、收视人数、收视率与喜爱程度，为改进电视频道和栏目、开展电视观众行为研究提供新的依据。

通过以上描述，请你帮助设计一份抽样方案。

### 拓展阅读

**国家卫生服务总调查样本地区和样本个体的抽取方法**

1. 概述

1.1 国家卫生服务总调查抽查的原则

既要兼顾调查设计的科学性，即样本地区和样本个体对全国和不同类型地区有足够的代表性，又不至于因过多增加样本量而加大调查的工作量，即经济有效的原则。

1.2 抽样的方法

多阶段分层整群随机抽样法。第一阶段分层是以县（市或市区）为样本地区；第二阶段分层是以乡镇（街道）为样本地区；第三阶段分层是以村为样本地区。最后以住户为样本个体。

2. 第一阶段分层整群抽样

2.1 第一阶段抽样着重解决的两个基本问题

一是由于全国各县、市差异极大，如何确定第一阶段分层的基准；二是如何确定抽样比例，即多大的县、市样本量能经济有效地代表全国和不同类型的地区。

2.2 第一阶段分层基准的确定

第一阶段分层的指标是通过专家咨询法和逐步回归法筛选的10个与卫生有关的社会经济、文化教育、人口结构和健康指标。

10个指标的主成分分析结果如表1。

表 1  主要社会经济和人口动力学指标的主成分因子模型

| 变量 | 单位 | 主成分1 | 主成分2 | 主成分3 |
|---|---|---|---|---|
| 第一产业就业率 | % | 0.82* | -0.49 | 0.17 |
| 14岁人口比例 | % | 0.80* | -0.10 | -0.49 |
| 文盲率 | % | 0.69* | 0.32 | 0.22 |
| 粗出生率 | ‰ | 0.69* | 0.35 | -0.10 |
| 粗死亡率 | ‰ | 0.67* | 0.51 | 0.33 |
| 婴儿死亡率 | ‰ | 0.67* | 0.60* | -0.02 |
| 人均工农业产值 | (元) | -0.65* | 0.53* | 0.12 |
| 第二产业就业率 | % | -0.84* | 0.45 | -0.10 |
| 初中人口比例 | % | -0.92* | 0.02 | -0.04 |
| 65+人口比例 | % | -0.10 | -0.19 | 0.93* |

从主成分分析中可以看出主成分1与绝大多数变量有十分显著的关联，意义十分明确，而且代表10个变量整体信息的51.22%。其值的大小可以综合反映一个地区社会经济、文化教育、人口及其健康的发展。因此，确定主成分1为分层的基准，称它为分层因子。

### 2.3 第一阶段的聚类分层

在计算各县、市分层因子的得分后，用K-Means聚类分析方法将总体分为组间具有异质性和组内具有同质性的五类地区，即五层。聚类分层的结果是，第一层有201个县（市或市区），占整个县（市或市区）的8.2%；第二层有650个县（市或市区），占26.5%；第三层有698个县（市或市区），占28.5%；第四层有691个县（市或市区），占28.2%；第五层有212，占8.6%。

表2显示了各层因子得分和选择的社会经济等变量的均值，可见各层呈明显的梯度。可以认为，第一层所在的市县，是社会经济、文化教育和卫生事业发展以及人群健康状况好的地区，第二层是比较好的地区，第三层是一般性地区，第四层是比较差的地区，第五层是差的地区。

表 2  主要社会经济和人口动力学指标的主成分因子模型

| 层别 | 市县数 | 因子得分 | | 社会经济和人口动力学指标 | | | | |
|---|---|---|---|---|---|---|---|---|
| | | 均数 | 距离 | GNP | AEP | ILLIT | CDR | IMR |
| 1 | 201 | -2.4354 | 3210.28 | 3330 | 15.7 | 19.7 | 5.1 | 17.5 |
| 2 | 650 | -0.6638 | 2164.66 | 835 | 64.6 | 23.7 | 5.7 | 26.2 |
| 3 | 698 | 0.0692 | 1655.00 | 450 | 83.5 | 32.4 | 6.3 | 31.4 |
| 4 | 691 | 0.5776 | 1264.57 | 341 | 88.1 | 43.6 | 7.4 | 49.1 |
| 5 | 212 | 1.7457 | 539.61 | 319 | 90.0 | 66.8 | 11.7 | 121.4 |

第一层所在的市县是社会经济、文化教育和卫生事业发展以及人群健康状况好的地区，第二层是比较好的地区，第三层是一般性地区，第四层是比较差的地区，第五层是差的

地区。

### 2.4 第一阶段分层等概率多种样本容量的抽样

用经济有效的样本代表总体是抽样调查的精髓。样本量的确定基于以往的经验和其他国家抽样调查样本的设计,首先给定一个样本量大小的范围,确定抽取的样本量为120、90、60、45、30五个大小不等的样本。为了保证各层每一个县(市或市区)都有同等被抽取为样本的概率,必须考虑不同大小样本量的样本在各层的分配,即按比例的分层抽样。见表3。

表3  不同大小样本量样本在各层的分配

| 层数 | 全国 | | 不同大小样本量样本的分配 | | | | |
|---|---|---|---|---|---|---|---|
| | 合计 | (%) | 120 | 90 | 60 | 45 | 30 |
| 第一层 | 201 | (8.2) | 10 | 8 | 5 | 4 | 2 |
| 第二层 | 650 | (26.5) | 32 | 23 | 16 | 11 | 8 |
| 第三层 | 698 | (28.5) | 34 | 26 | 17 | 13 | 9 |
| 第四层 | 691 | (28.2) | 34 | 25 | 17 | 13 | 8 |
| 第五层 | 212 | (8.6) | 10 | 8 | 5 | 4 | 3 |

按系统随机抽样方法,每个不同大小样本量的样本应抽取6次。同一样本量的6次抽样,通过计算每次抽样样本各变量的统计量,分别与总体各变量参数进行比较,从中筛选出与总体参数最为接近的那个样本,作为该样本量的最佳抽取样本。

### 2.5 第一阶段最佳样本量样本的选择与评价

#### 2.5.1 不同样本量样本各变量均值与总体均数的比较

如果将不同样本量样本各变量的均值与总体各变量的均数当作绝对误差,绝对误差与总体均数之比为相对误差,同一样本各变量的相对误差具有可加性,其均数称为该样本各变量的平均相对误差。平均相对误差可作为判断不同大小样本量样本对总体代表性的一个尺度。同时,用"1-平均相对误差"作为精确度。

表4显示了不同样本量样本各变量的均数,与总体各变量比较的相对误差、平均相对误差和精确度。

表4  不同大小样本社会经济和人口动力学指标的均数以及与总体均数的相对误差

| 指标 | 单位 | 全国均数 | 不同大小样本的均数 | | | | |
|---|---|---|---|---|---|---|---|
| | | | 120 | 90 | 60 | 45 | 30 |
| (一)指标均数 | | | | | | | |
| 0~14岁人口比例 | % | 33.6 | 33.3 | 33.6 | 33.5 | 33.0 | 31.9 |
| 岁人口比例 | % | 4.9 | 4.9 | 4.9 | 4.9 | 5.0 | 5.2 |
| 15~49岁妇女比例 | % | 26.2 | 26.6 | 26.9 | 26.7 | 25.8 | 27.6 |
| 人均工农业总产值 | 元 | 806 | 795 | 767 | 702 | 756 | 813 |
| 第一产业就业率 | % | 74.4 | 74.5 | 75.5 | 76.4 | 76.2 | 75.4 |
| 第二产业就业率 | % | 15.4 | 15.5 | 15.2 | 15.0 | 16.1 | 14.0 |

续表

| 指标 | 单位 | 全国均数 | 不同大小样本的均数 | | | | |
|---|---|---|---|---|---|---|---|
| | | | 120 | 90 | 60 | 45 | 30 |
| 文盲和半文盲率 | % | 32.1 | 33.4 | 33.4 | 33.0 | 33.2 | 34.6 |
| 初中学历人口比例 | % | 18.2 | 18.3 | 18.5 | 18.2 | 19.5 | 18.5 |
| 粗出生率 | 每千人口 | 22.5 | 22.7 | 23.3 | 22.5 | 21.3 | 21.4 |
| 粗死亡率 | 每千人口 | 6.3 | 6.3 | 6.3 | 6.3 | 6.0 | 6.2 |
| 婴儿死亡率 | 每千出生 | 32.4 | 30.5 | 30.2 | 30.2 | 26.2 | 26.9 |
| (二)相对误差 | % | | | | | | |
| 0~14岁人口比例 | % | | 0.9 | 0.0 | 0.3 | 1.8 | 5.1 |
| 65+岁人口比例 | % | | 0.0 | 0.0 | 0.0 | 2.0 | 6.1 |
| 15~49岁妇女人口 | % | | 1.5 | 2.7 | 1.9 | 1.5 | 5.3 |
| 人均工农业总产值 | 元 | | 1.4 | 4.8 | 13.0 | 6.2 | 0.9 |
| 第一产业就业率 | % | | 0.1 | 1.5 | 2.7 | 2.4 | 1.3 |
| 第二产业就业率 | % | | 0.6 | 1.3 | 2.6 | 4.6 | 9.1 |
| 文盲和半文盲率 | % | | 4.1 | 4.1 | 2.8 | 3.4 | 7.8 |
| 初中学历人口比例 | % | | 0.6 | 1.9 | 0.1 | 7.1 | 2.1 |
| 粗出生率 | 每千人口 | | 0.9 | 3.6 | 0.0 | 5.3 | 4.9 |
| 粗死亡率 | 每千人口 | | 0.0 | 0.0 | 0.0 | 4.8 | 1.6 |
| 婴儿死亡率 | 每千出生 | | 5.9 | 6.8 | 6.8 | 19.0 | 17.0 |
| 相对误差合计 | % | | 16.1 | 26.5 | 30.0 | 58.2 | 61.2 |
| 平均相对误差 | % | | 1.46 | 2.41 | 2.73 | 5.29 | 5.56 |
| 精确度 | % | | 98.54 | 97.59 | 97.27 | 94.71 | 94.44 |

从不同样本量样本来看,平均相对误差随着样本量的减少而增大。如样本量从120减少到60,平均相对误差就会由1.46%增加到2.73%。而样本量如果从60减少到30,平均相对误差就会从2.73%增加到5.56%,增加了一倍以上。样本量为120、90、60的样本精确度均大于95%,也就是说,样本量大于60就可对总体有较好的代表性。

2.5.2 不同样本量样本各变量的分布与总体分布的比较

样本变量的分布与总体分布是否吻合也是衡量样本对总体代表性的一个尺度。表5列出了不同样本量各变量分布与总体分布卡方检验的结果。从不同样本各变量分布与总体分布的结果看,平均卡方值小于9.49这一差异有显著性水平的样本量为120、90和60。鉴于上述分析,可认为样本量大于60的样本,各变量的分布大多与总体分布相拟合,对总体有较好的代表性。见表5。

表5 不同大小样本量样本社会经济和人口动力学指标的频数分布与总体分布的拟合度检验

| 指标 | 不同大小样本的卡方值 | | | | |
|---|---|---|---|---|---|
| | 120 | 90 | 60 | 45 | 30 |
| 平均人口数/县(市)人口大小 | 0.47 | 1.20 | 2.83 | 5.07 | 14.82** |
| 0~14岁人口数/0~14岁人口比例 | 4.74 | 4.36 | 7.19 | 4.56 | 26.12** |
| 65+岁人口数/65+岁人口比例 | 9.10 | 8.83 | 21.7** | 13.21* | 20.90** |
| 15~49岁妇女数/15~49岁妇女比例 | 3.79 | 3.88 | 5.01 | 10.96* | 32.47** |
| 样本数/人均工农业总产值 | 2.92 | 6.27 | 6.69 | 12.56* | 28.39** |
| 第一产业人数/第一产业就业率 | 2.81 | 7.19 | 9.32 | 8.20 | 25.40** |
| 第二产业人数/第二产业就业率 | 3.21 | 6.06 | 4.26 | 24.24** | 30.38** |
| 文盲半文盲人数/文盲半文盲率 | 4.37 | 4.87 | 8.44 | 7.28 | 32.62** |
| 初中以上人数/初中以上人口比例 | 3.13 | 4.23 | 3.74 | 6.23 | 18.42** |
| 出生人数/粗出生率 | 2.89 | 3.49 | 4.21 | 4.94 | 29.33** |
| 死亡人数/粗死亡人数 | 1.91 | 2.03 | 5.77 | 15.16** | 19.96** |
| 婴儿死亡人数/婴儿死亡率 | 6.77 | 11.6* | 14.8** | 45.45** | 51.02** |
| 卡方值平均数 | 3.61 | 5.02 | 7.26 | 12.30* | 25.39** |
| 与总体分布无显著性差异的指标数 | 13 | 12 | 11 | 7 | 1 |

*$X_{95\%}(4) = 9.49$   **$X_{99\%}(4) = 13.2$

#### 2.5.3 不同样本量样本分散度的评价

样本分散度指样本中各层的变量统计量对总体各层的代表性:在第一层中,样本量为120和90的样本,平均每个指标的精确度均大于95%;样本量为60的样本,精确度为89.4%。从第二层到第四层,样本量为120和90的各个样本,平均每个指标的精确度都大于95%;第五层样本量为120、90和60的各样本,精确度分别为94.1%、92.5%和93.9%,与上述四层相比精确度略差一些。也就是说,要对总体各层有较好的代表性,样本量至少为90。详见表6。

2.6 考虑到经济有效的原则和对全国不同类型的地区和上述每个指标的代表性,国家卫生服务总调查的县(市或市区)样本容量取90。

### 3. 第二阶段整群随机抽样

3.1 在上述抽取的90个"样本县(市或市区)"中,以乡镇(街道)为第二阶段整群系统随机抽样单位。全国每个乡镇(街道)被抽取为"样本乡镇(街道)"的概率是1∶160。第二阶段整群系统随机抽样全国共抽取450个乡镇(街道)。平均每个"样本县(市或市区)"抽5个乡镇(街道)。第二阶段分层整群抽样具体由各样本县(市或市区)按下述方法抽取。

### 3.2 第二阶段整群随机抽样的基准

由于一个县（市或市区）内社会经济、文化教育和卫生状况的差异远小于全国各县、市之间的差异，因而确定县（市或市区）的抽样基准相对容易。根据我国各县（市或市区）的基本特征、实际的可操作性和以往抽样调查常用的指标，确定采用人口数（或人均收入）作为分层基准。

### 3.3 第二阶段整群随机抽样的方法

3.3.1 将样本县（市或市区）所有的乡镇（街道）按人口数的多少（或人均收入的大小）由多到少依次排序；

3.3.2 由多到少依次计算人口数（或人均收入）的累计数；

3.3.3 计算抽样间隔，用累计的人口总数（或人均收入累计总数）除于抽取的样本数（累计总数/5）；

3.3.4 用纸币法（随便拿出一张人民币，看人民币的号码与最初累计数哪一个数接近，取这个数为开始数）随机确定第一个样本乡镇（街道），然后加上抽样距离确定第二个样本乡镇（街道），依次类推确定第三至五个样本乡镇（街道）。

### 3.4 第二阶段整群随机抽样实例

某个样本县共有 18 个乡、镇，要从该样本县抽取 5 个乡镇作为样本。根据抽样方案的要求，第一步，人口数的多少由大到小排序，并计算累计数（该县人口累计数，即人口总数为 248600），见表 6。

第二步，计算抽样间隔，用人口总数除以抽样的样本数，248600/5＝49720，即该县乡镇整群抽样的抽样间隔为 49720。

第三步，确定第一个随机数，取一张人民币，其编号为 **FP59243854**，取后 5 位数 43854，所取的后 5 位数不能大于抽样间隔数，如大于再取一张人民币。该后 5 位随机数接近第 2 编号即平湖镇后面的累计数，因此确定第 2 号平湖镇为第一个样本。

第四步，用第一个样本的累计数加抽样间隔，即 43000＋49720＝92720，该数接近第 5 编号即新龙乡的累计数，即确定第 5 号新龙乡为第二个样本。

第五步，用第二个样本的累计数加抽样间隔，即 100900＋49720＝150620，该数接近第 8 编号新原乡的累计数，确定第 8 号新原乡为第三个样本；同样的方法确定第 12 号和 18 号，即桐连乡和四顶乡。这样，五个样本乡镇就确定了。

表 6　第二阶段整群随机抽样的实例

| 编号乡镇 | 人口数 | 累计 | 编号乡镇 | 人口数 | 累计 | 编号乡镇 | 人口数 | 累计 |
| --- | --- | --- | --- | --- | --- | --- | --- | --- |
| 1. 城关镇 | 22000 | 22000 | 7. 平原乡 | 16400 | 134900 | 13. 新店镇 | 10000 | 205500 |
| 2. 平湖镇 | 21000 | 43000 | *8. 新原乡 | 15000 | 149900 | *14. 定安乡 | 9500 | 215000 |
| 3. 玉阳镇 | 20000 | 63000 | 9. 古农乡 | 14000 | 163900 | 15. 五岖乡 | 8900 | 223900 |
| 4. 五一乡 | 19500 | 82500 | 10. 王店乡 | 11000 | 174900 | 16. 五庙乡 | 8500 | 232400 |
| *5. 新龙乡 | 18400 | 100900 | *11. 双莲乡 | 10500 | 185400 | 17. 双山乡 | 8200 | 240600 |
| 6. 湖泊乡 | 17600 | 118500 | 12. 桐连乡 | 10100 | 195500 | *18. 四顶乡 | 8000 | 248600 |

### 4. 第三阶段随机抽样

### 4.1 第三阶段随机抽样的基准和样本容量

4.1.1 在同一个乡镇（街道）内，各村（居）委会的经济发展和卫生状况基本上变异不大。因此，第三阶段不用分层，直接采用随机整群抽样的方法从"样本乡镇（街道）"中抽取样本村（居）委会。但是，抽样时应按各村人均收入或人口数作为标识进行排序。第三阶段随机抽样由调查指导员负责。

4.1.2 每个"样本乡镇（街道）"整群随机抽取2个村（居）委会，全国共抽取900个村（居）委会，全国每村（居）委会被抽为样本的概率为1：1120。

4.2 第三阶段整群随机抽样的方法

4.2.1 将样本乡镇（街道）所有的村（居）委会按人均收入的多少（或人口数的大小）由多到少依次排序；

4.2.2 由多到少依次计算人均收入（或人口数）的累计数；

4.2.3 计算抽样间隔，用累计总数除于抽取的样本数（累计总数/2）；

4.2.4 用纸币法随机确定第一个样本村（居）委会，然后加上抽样距离确定第二个样本村。

4.3 第三阶段随机整群抽样的实例

第一步，将所有的村按人均收入的多少由大到小排序，并计算累计数；

第二步，计算抽样间隔：7337/2＝3669；

第三步，确定第一个随机数，取一张人民币，其编号的后4位数是2273，这个随机数接近第4编号的累计数，因此确定第4号村为第一个样本；

第四步，用第二位的累计数加抽样间隔（2805+3669＝6474），接近第10编号的累计数，确定为10号为第二个样本。

表7　第三阶段随机整群抽样实例

| 编号 | 村 | 人均收入 | 累计数 | 编号 | 村 | 人均收入 | 累计数 |
| --- | --- | --- | --- | --- | --- | --- | --- |
| 1 | 镇西店村 | 724 | 724 | 7 | 长生庙村 | 589 | 4606 |
| 2 | 唐家铺村 | 721 | 1445 | 8 | 王甸子村 | 574 | 5180 |
| 3 | 镇东村 | 689 | 2134 | 9 | 民生村 | 571 | 5751 |
| *4 | 镇北村 | 671 | 2805 | *10 | 清平村 | 544 | 6295 |
| 5 | 李家店村 | 610 | 3415 | 11 | 老平埠村 | 534 | 6829 |
| 6 | 湖泊村 | 602 | 4017 | 12 | 高坝村 | 508 | 7337 |

*为随机抽取的样本数。

5. 样本个体的抽样

5.1 最终的抽样单位是住户。在每个"样本村（居）委会"中按20%的比例随机抽取住户，平均每个村抽60户，全国共抽取54000户。全国平均每户被抽取为样本的概率为54000/28000万，约5000户中抽1户。如果按每户4个人计算，人口抽样比为1：5000左右。

5.2 抽户方法是由各样本乡镇（街道）的调查指导员按上述抽样比例在样本村（居委会）随机抽取，具体方法：

5.2.1 按人口普查的编码顺序，按门牌号、楼号、单元号、门号从小到大排列。

5.2.2 对同一门牌号，同一个大院和楼号的，按门号从小到大排列；对同一门牌号内没有门号的按从左到右、从外到里、从下到上的原则编码。编码一经确定不许变动。

5.2.3 编好住户码列入住户清单表式中：

| 序号 | 户主姓名 | 家庭住址 | 门牌号码 | 家庭人口数 | 累计人口数 | 抽中住户 |
|---|---|---|---|---|---|---|
| 1 | 张三 | ×村×组 | 东1 | 5 | 5 | |
| 2 | 李四 | ×村×组 | 东2 | 4 | 9 | |
| 3 | 王五 | ×村×组 | 东3 | 4 | 13 | * |
| 4 | 赵六 | ×村×组 | 东4 | 4 | 17 | |
| 5 | 陈七 | ×村×组 | 东5 | 5 | 22 | |
| ⋮ | | | | | | |
| ⋮ | | | | | | |
| 300 | 赵末 | ×村×组 | 北6 | 6 | 1200 | |

5.2.4 根据抽样比例计算应抽的户数（一般平均每个样本村60户），然后系统随机抽取。方法同上：

第一步，计算所有住户的人口累计数、本村的平均人口数（1200/300＝4）和本村应抽取的住户数（300×20%＝60）；

第二步，计算抽样距离（1200/60＝20）；

第三步，确定第一个随机数（如取一张人民币，其编号的后两位数是12，这个随机数接近第3编号的累计数，因此确定第3号住户为第一个样本）；

第四步，用第3号的累计数加抽样距离（13+20＝33），看33最接近第几编号住户，并确定这家住户为第二个样本。同理用第二个样本住户对应的累计数加抽样距离确定第三个样本。用同样方法确定以后各样本住户。

5.2.5 抽样时可多抽取6户，作为备用。抽取方法是在上述抽取完毕以后，按上述步骤再从未抽取的住户中抽取6户。

表8 国家卫生服务总调查样本容量和抽样概率

| 单位名称 | 全国总数 | 抽样样本数 | 抽样概率 |
|---|---|---|---|
| 县/市区 | 2450 | 90 | 1∶27 |
| 乡镇/街道 | 70000 | 450 | 1∶160 |
| 村/居委会 | 1000000 | 900 | 1∶1120 |
| 户 | 280000000 | 54000 | 1∶5000 |
| 人 | 1200000000 | 216000 | 1∶5000 |

此案例来自于国家卫生和计划生育委员会网站http：//www.moh.gov.cn/。

## 任务5　制定调研方案

### 学习目标

**知识目标：**
1. 了解市场调研方案的含义
2. 理解市场调研方案的意义
3. 掌握市场调研方案的结构与内容
4. 了解市场调研方案的可行性研究

**技能目标：**
1. 明确制定调研方案在市场调查与预测中的作用
2. 能掌握制定市场调研方案的步骤与方法
3. 能根据调研目标制定市场调研方案
4. 能对市场调研方案进行可行性评价

### 任务导入

20世纪70年代中期以前，可口可乐一直是美国饮料市场的霸主，市场占有率一度达到80%。然而，70年代中后期，它的老对手百事可乐迅速崛起。1975年，可口可乐的市场份额仅比百事可乐多7%。9年后，这个差距更是缩小到3%。双方差距微乎其微。

百事可乐的营销策略是：一、针对饮料市场的最大消费群体——年轻人，以"百事新一代"为主题推出一系列青春、时尚、激情的广告，让百事可乐成为"年轻人的可乐"；二、进行口味对比。请毫不知情的消费者分别品尝没有贴任何标志的可口可乐与百事可乐，将这一对比实况进行现场直播。结果是，有八成的消费者回答百事可乐的口感优于可口可乐，此举马上使百事可乐的销量激增。

对手的步步紧逼让可口可乐感到了极大的威胁，它试图尽快摆脱这种尴尬的境地。1982年，为找出可口可乐衰退的真正原因，可口可乐公司决定在全国10个主要城市进行一次深入的消费者调查。

可口可乐设计了"你认为可口可乐的口味如何？""你想试一试新饮料吗？""可口可乐的口味变得更柔和一些，您是否满意？"等问题，希望了解消费者对可口可乐口味的评价并征询对新可乐口味的意见。调查结果显示，大多数消费者愿意尝试新口味的可乐。

可口可乐的决策层以此为依据，决定结束可口可乐传统配方的历史使命，同时开发新口味可乐。没过多久，比老可乐口感更柔和、口味更甜的新可口可乐样品便出现在世人面前。

为确保万无一失，在新可口可乐正式推向市场之前，可口可乐公司又花费数百万美元在13个城市进行了口味测试，邀请了近20万人品尝无标签的新/老可口可乐。结果让决策者们更加放心，六成的消费者回答说新可口可乐味道比老可口可乐要好，认为新可口可乐味道胜过百事可乐的也超过半数。至此，推出新可乐似乎是顺理成章的事了。

可口可乐不惜血本协助瓶装商改造了生产线。而且，为配合新可乐上市，可口可乐公司还进行了大量的广告宣传。1985年4月，可口可乐公司在纽约举办了一次盛大的新闻发布会，邀请200多家新闻媒体参加，依靠传媒的巨大影响力，新可乐一举成名。

看起来一切顺利。刚上市那段时间，有一半以上的美国人品尝了新可乐。但让可口可乐的决策者们始料未及的是，噩梦正向他们逼近——很快，越来越多的老可口可乐的忠实消费者开始抵制新可乐。

对于这些消费者来说，传统配方的可口可乐意味着一种传统的美国精神，放弃传统配方就等于背叛美国精神，"只有老可口可乐才是真正的可乐"。有的顾客甚至扬言再也不买可口可乐。每天，可口可乐公司都会收到来自愤怒的消费者的成袋信件和上千个批评电话。尽管可口可乐公司竭尽全力平息消费者的不满，但他们的愤怒情绪犹如火山爆发般难以控制。迫于巨大的压力，决策者们不得不做出让步，在保留新可乐生产线的同时，再次启用近100年历史的传统配方，生产让美国人视为骄傲的"老可口可乐"。

仅仅3个月的时间，可口可乐的新可乐计划就以失败告终。尽管公司前期花费了2年时间和数百万美元进行市场调研，但他们忽略了最重要的一点——对于可口可乐的消费者而言，口味并不是最主要的购买动机。可口可乐的失败与它的市场调研方案设计的不合理不无关系。市场调研方案的设计有利于得出正确的决策信息，那么，怎样才能设计最优的市场调研方案呢？

## 任务分析

现在越来越多的企业开始重视市场调查，可往往是投入了很大的财力和人力，却没收到很好的效果。这其中除了具体环节实施效果不佳之外，一个最基本的原因就是整个调查方案不合理。市场调研方案是否科学可行，关系到整个市场调查与预测的成败。制定市场调研方案主要考虑的问题有：

◇ 为什么要进行调研？
◇ 通过调研可获得什么信息？
◇ 通过什么方法可以搜集这些信息？
◇ 最迟到什么时候才可以得到信息？
◇ 从搜集的信息中要得到什么样的结果？
◇ 这些结果是给谁做参考的？

市场调研工作具有复杂、严肃、技术性较强等特点。为了顺利、有效地开展并完成整个市场调研工作，必须事先制定出一个科学、严密、可行的市场调研方案。制定市场调研方案的目的是制定整个市场调研工作的行动计划和纲领，以便所有参加调研的工作人员都依照执行。

## 任务知识

### 一、市场调研方案制定的含义

凡事预则立，不预则废。要进行科学的社会调查，就必须制定详细、周密的调查方案，就像经济建设要制定规划、工程施工要设计蓝图一样。市场调研方案制定是指根据调查研究的目的和调查对象的性质，在进行实际调查之前，对调查工作总任务的各个方面和各个阶段进行通盘考虑和安排，提出相应的调查实施方案，制定出合理的工作程序。

市场调研的范围可大可小，但无论是大范围的调查，还是小规模的调查，都会涉及相互联系的各个方面和各个阶段。这里所讲的调查工作的各个方面是指对调研工作的横向设计，即调查所要涉及的各个组成项目。例如，对某市商业企业竞争能力进行调研，就应将该市所有商业企业的经营品种、质量、价格、服务、信誉等方面作为一个整体，对各种相互区别又有密切联系的调研项目进行整体考虑，避免调研内容上出现重复和遗漏。

这里所说的各个阶段，则是指对调查工作的纵向设计，即调查工作所需经历的各个阶段和环节，包括调查资料的搜集、调查资料的整理和分析等。只有对此事先统一考虑和安排，才能保证调查工作有秩序、有步骤地进行，减少调查误差，提高调查质量。

## 二、市场调研方案的准备

一般来讲，决策者不应匆忙开展市场调研，而应首先确定是否需要开展调研。在下列情况下，企业最好不要做调研：

（一）资金缺乏

由于资金缺乏而不宜进行营销调研的情况有两种：

第一种：企业缺乏开展调研活动所需的必要资金。如果一个项目要求被调查者的样本达到 200 个人，但预算只允许调查 40 个人，那么就很难保证调研信息的真实性和可靠性。

第二种：企业或许能够提供调研的资金，但是如果没有足够的后续资金去实施由调研分析报告所形成的决策，那么调研活动也没有意义。

（二）错过市场时机

如果企业已经错过将产品成功打入某一市场的最佳时机，那么就不必再开展营销调研活动。对于已经处在产品生命周期的衰退期或成熟期末期的产品，比如 DVD 机、MP3 机，还去做产品打入市场的调研活动是得不偿失的。

（三）管理者还未对制定决策所需信息达成一致

如果管理者之间存在认识上的分歧，不能对决策者所需信息达成一致，认识与意志不统一，那么，调研是不可能得以成功实施的。

（四）已对制定决策所需信息充分掌握

有些企业对某个市场已经研究了很多年，充分了解了目标顾客的特征，以及目标顾客对现有产品的好恶态度。在这种情况下再做进一步的调研是多余的，很难获取新的、更多的、更好的支持决策的市场信息。

（五）调研成本超过受益

如果与待定决策相关的信息可以随时免费得到，相信每位管理者都会乐意接受这些信息。不过，这种情况几乎是不存在的。在一般情况下，收集的信息越完整、越充分，决策的准确程度就会越高，相应地，支付的费用也会越大。总之，只有当信息的预期价值大于成本时，调研活动才有意义。

## 三、制定市场调研方案的意义

调研方案制定是通过对一项调查的程序和实施进程中的各种问题进行全面、详细的考虑之后，制定出的调研总体计划和切实可行的调研指导性大纲。它是整个市场调研工作的行动指南，又是研究计划的说明书，还是对研究过程、方法的详细规定。具体来讲，制定市场调研方案的意义有以下三点：

第一，从认识上讲，制定市场调研方案是从定性认识过渡到定量认识的开始阶段。虽然市场调查所搜集的许多资料都是定量资料，但应该看到，任何调研工作都是先从对调研对象的定性认识开始的。没有定性认识，就不知道应该调查什么和怎样调查，也不知道要解决什么问题和如何解决问题。

第二，从实践要求上讲，现代市场调研已由单纯的搜集资料活动发展到把调研对象作为整体来反映的调研活动。与此相适应，市场调研过程也应被视为市场调研制定、资料搜集、资料整理和资料分析的一个完整的工作过程。制定调研方案正是这个全过程的第一步。

第三，从发展趋势上讲，制定市场调研方案能够适应现代市场调研发展的需要。

### 四、市场调研方案的类型

从市场调研的性质来划分，市场调研方案设计可以分为探索性调研设计、描述性调研设计、因果关系调研设计。

（一）探索性调研设计

探索性调研指在定义问题和确定研究目标之后，组织精通市场调研的专家和具有调研经验的调研员对前期所收集的资料，包括企业内部的有关生产、销售的记录与预测数据，咨询部门的相关信息，尤其是关于产品的目标消费者的信息以及来自竞争者的消息进行阅读，并从中摘录有关事项，进行深入研究和分析。

探索性调研的目标是通过对一个问题的探索或研究，提供对问题的理解和认识，以及解决问题的途径。所采取的途径一般有二手数据分析、个案研究、专家咨询或调研、试验性研究、其他定性研究方法等。

探索性调查的资料来源主要有三方面：

（1）现成资料，这是主要来源；

（2）向专家、产品设计者、技术人员和有识之士请教，对用户、顾客做调查；

（3）参考以往类似案例，从中找出一些启发。

（二）描述性调研设计

描述性调研通常用来实证地描述市场功能或特征，它的设计非常细致。实际上探索性调研和描述性调研的一个关键区别就在于描述性调研提前形成了具体的假设。这样，就非常清楚需要哪些信息。描述性调研要求明确调研的六个要素：

a. 谁——谁是品牌的消费者和潜在的消费者。

b. 什么——从被调研者那里，我们应该得到什么信息。

c. 何时——什么时候从被调研者那里获取信息。

d. 何地——应该在什么地方与被调研者接触以获得信息。

e. 为什么——为什么要进行这次调研。

f. 什么方式——以什么方式获取信息，采取什么样的调研方法。

（三）因果关系调研设计

因果关系调研通常要利用各种统计技术去了解与说明各种市场问题与环境因素之间的关

系。它的目的是找到因果关系的证据。营销经理总是根据假设的因果关系不停地做出决策，但这些假设可能不正确，必须通过正式的调研对它进行检验。例如，通常假设价格上升会导致销售的减少和市场份额的萎缩，但在特定的竞争状况下，这个假设并不能成立。

因果关系调研的方法和其他方法有一定的差异。考虑因果关系时要将有可能影响结果的变量控制起来，这样自变量的影响才能测试出来。因果关系的主要调研方法是实验法。

## 五、市场调研方案制定的原则

科学地制定调研方案，必须遵循以下几条基本原则：

### （一）实用性原则

制定调研方案时必须着眼于实际应用。只有实用性强的调研方案才能真正成为市场调研工作的行动纲领。例如，调查目标的设计在很大程度上取决于调研人员的素质。如果调研人员主要是缺乏实践经验的大学生，那么解决实际问题方面的调研目标就不能定得太高。总之，调研方案各项内容的制定，都必须从实际出发。实用性是评价调研方案优劣的首要标准。

### （二）时效性原则

设计调查方案时必须充分考虑时间效果，特别是一些应用性的调查课题，它们往往有很强的时间性。例如，要调查市场需求变化，就必须赶在市场需求发生重大变化之前拿出成果来，否则调查成果就会失去指导意义，起码其社会价值会大大降低。

### （三）经济性原则

设计调查方案时必须努力节约人力、物力、财力和时间，力争投入最少的人力、财力、物力和时间，取得最大的调查效果。例如，在调查类型的选择上，能够选抽样调查就不选普遍调查，能够选典型调查就不选抽样调查。

### （四）弹性原则

任何调查方案都是一种事前的设想和安排，它与客观现实之间总会存在或大或小的差距。在实际调查过程中，又常常会遇到一些意想不到的新情况、新问题。因此，设计调查方案时，对于调查工作的具体安排和要求，应有一个上下滑动的幅度，保持一定的弹性。

## 六、市场调研方案的论证与评价

市场调研方案的制定往往不是一次性完成的，要经过必要的可行性研究。可行性研究是科学决策的必经阶段，也是制定调研方案的重要工作。从可行性研究的角度来看，确定市场调研方案时需要综合考虑各种影响因素，先设计多种有价值的调研方案，再通过比较分析，从中选优。

### （一）市场调研方案的可行性研究

对调研方案进行可行性研究的方法主要有三种：逻辑分析法、经验判断法和试点调研法。

#### 1. 逻辑分析法

逻辑分析的作用是检查所制定的调研方案的各部分内容是否符合逻辑和情理。逻辑分析法主要用于对调研方案中的调研项目设计进行可行性研究。

例如，要调查某共享单车的消费者结构，如果设计的调研对象以学生群体或女性居多，那么，按此设计所得到的结果将无法满足调研的要求，因为一般情况下共享单车的主要消费群体是成年男性。

**2. 经验判断法**

经验判断法是指组织一些具有丰富调研经验的人士，或结合以往成功的调研案例，对制定出的调研方案进行初步的研究和判断，以证明方案的可行性。经验判断法的优点是省时省力，在比较短的时间内得出结论。但这种方法也有缺点。人们认识的局限性、差异性、时限性，以及各种主客观因素都会对人们判断的准确性产生影响。

根据以往的经验，在调查方法的设计上，对文化程度较低的调查对象，不宜采用书面问卷调查的方法；在调查时间的设计上，到农村做调查，一般不应选择在农忙季节进行；在调查地域的设计上，如果人力、财力、物力不足，则不宜选点过远、分布过广等。

**3. 试点调研法**

对大规模的市场调研而言，在大规模展开调研之前进行小范围测试是整个调研方案可行性研究的重要环节。通过小范围测试可以检验调研方案的可行性并可根据试验调研的结果来修改和完善原来设计的调研方案。具体来说，试点的任务主要有以下两个：

（1）对调查方案进行实地检验。检查目标制定得是否恰当，调查指标设计得是否正确，哪些需要增加，哪些需要减少，哪些说明和规定需要修改和补充。

（2）作为实战前的演习，可以了解调查工作安排是否合理，哪些是薄弱环节。

逻辑分析法和经验判断法这两种方法简便、易行，且有实效，因此，它们是对调查方案进行可行性研究的最常用的方法。但是，这两种方法也有很大的局限性。

逻辑分析法主要适用于对调查项目的设计进行可行性研究，对其他方面的设计则不适用。另外，有些操作的设计在逻辑上是正确的，但在实际调查中往往行不通。如，闲暇时间=24小时-睡眠时间-家务劳动时间。这一设计在逻辑上是没有错误的，但在农村做调查时就很难将各类时间划分清楚。比如，农村妇女一边照顾孩子一边做手工活，一边做饭一边喂猪喂鸡，应该怎样计算她们的闲暇时间呢？

经验判断法的局限性就更为明显，因为人们的实践经验、判断能力不同。即使经验丰富、判断力强的人，也只能判断那些比较熟悉的东西，而对新事物、新情况、新问题很难单凭过去的经验去判断。这说明，仅仅使用逻辑分析法和经验判断法这两种方法还不能最终说明调查方案的可行性。实践是检验真理的最终标准，只有试点调研法才是对调查方案进行可行性研究的最基本、最重要的方法。

**（二）市场调研方案的评价标准**

对于一个调查方案的优劣，可以从不同角度加以评价。主要有如下标准：

（1）方案制定是否满足了市场调查与预测的目的和要求，调研结果能否对解决问题提供有益的帮助。这是大方向的问题。

（2）方案制定是否科学、完整和适用，能否使调研数据的质量有所提高。例如，抽样框架是否合理、分析方法是否科学、能否降低各种误差等。

当然，最终还是要通过调研实效来检验一项调研方案的合理性和科学性。

**任务实施**

制定市场调研方案，就是根据调查研究的目的和调研对象的性质，在进行实际调研之前,对调研工作总任务的各个方面和各个阶段进行通盘考虑和安排,提出相应的调研实施方案,制定出合理的工作程序。其基本程序如图 5-1 所示:

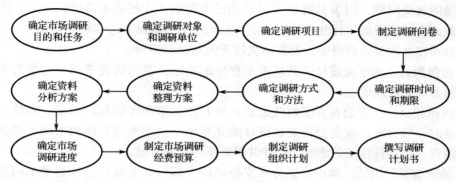

图 5-1　制定市场调研方案的基本程序

下面结合一个调研案例来说明制定市场调研方案的基本程序。案例的背景是:

长沙市为湖南省省会,位于长江中下游。在全国省会城市中,它的经济实力居于前列,居民收入水平较高,市民环保意识较强。2016 年,长沙市经济总量(GDP)达 9323 亿元左右,在全国省会城市中排名在广州、成都、武汉、杭州、南京之后,居第 6 位。市区人口 743 万,人均 GDP 超过 125000 元,跻身国内具有一流影响和极具发展潜力的城市之列。

近年来,长沙加快了城市改造和扩建步伐,市区规模不断扩大,导致市民上班的路途延长。随着城区道路的改扩建,特别是十二条地铁的建设,许多公交车不能按正常线路行驶或不能及时开辟。受客观条件限制,长沙市公交运营能力在一段时期内难有大的改观。汽车牌照难拿且价格较高,油价逐年攀升,车辆停放困难,各种养车费用高,一般工薪阶层难以接受。摩托车已经在城区被禁,超标电动自行车也不准上街,这部分消费者势必选择新的交通工具。还有就是,长沙四面环山,地处丘陵地带,城区面积大,环保意识日益提高的市民需要的是绿色出行、健康出行、方便出行。2016 年,移动互联网与创新创业继续激活经济新元素。在二者的交汇地带,共享单车横空出世,成为 2016 年的科技热词和创新创业热门领域。在解决出行的"最后一公里"、创造清洁城市的过程中,自行车有着无可比拟的优势。共享单车乘着共享经济之风,以其随用随骑、网上支付的便捷性,迅速"俘获人心",正在成为很多人短距离出行和解决最后一公里难题的新选择。

常州永安公共自行车系统股份有限公司(下称"永安公司")是一家公共自行车系统生产商和专业的运营服务商,致力于公共自行车系列产品的研发设计、生产制造和安装集成,为客户提供全方位、立体化的公共自行车系统运营方案和服务。为了开拓长沙市场,永安公司急需了解长沙地区共享单车的市场规模和市场需求潜力;了解政府政策对长沙共享单车市场的影响;了解居民对共享单车的租用欲望、动机和行为;了解现有共享单车用户有关自行车使用方面的各种信息;了解长沙共享单车市场的竞争状况,为研制共享单车和开发共享单车市场提供决策依据。为此,永安公司策划了一次关于长沙市共享单车市场需求状况的市场调查。

## 一、确定市场调研目的和任务

确定调研目的,就是明确在调研中要解决哪些问题,主要包括:为什么要做此次调研,通过调研要取得什么样的资料，取得这些资料有什么用途等。确定调研任务是指在调研目的既定的条件下，应获取什么样的信息才能满足市场调研的要求。明确调研的目的和任务是制定调研方案的首要问题，因为只有调研目的和任务明确，才能确定调研的对象、内容和方法，才能保证市场调研的可行性。

永安公司在此次市场调研中，需要解决以下问题：

（1）为何调研。为了使设计的共享单车更好地满足长沙市场需求并与竞争对手保持差异化竞争而开展此次调研。

（2）调研什么。永安公司要了解政府政策对长沙共享单车市场的影响、长沙市场共享单车使用者的一般情况、永安公司准备设计的共享单车应改善的方向和市场可能接受的程度、长沙消费者租用自行车的意愿、长沙共享单车的市场容量。

（3）调研结果的用处。调研结果为永安公司研发部门开发新产品和营销部门进行营销决策提供依据。

## 二、确定调研对象和调研单位

确定调研对象和调研单位是为了明确向谁调研和由谁来提供资料的问题。调研对象是根据调研目的和任务确定的一定时空范围内所要调研的总体，它是由客观存在的具有某一共同性质的许多个体单位所组成的整体。调研单位就是调研总体中的各个个体单位，它是调研项目的承担者或信息源。

调研对象与调研单位的关系：

①它们是总体与个体的关系。调研对象是由调研目的决定的，是应搜集其资料的许多单位的总体；调研单位也就是个体单位，是调研对象所包含的具体单位；

②调研对象和调研单位的概念不是固定不变的，随着调查目的的不同，两者可以互换。

永安公司在此次市场调研中，为了了解居民对共享单车的购买欲望、动机和行为，调研对象是全市区共享单车用户，调研单位是每一个共享单车用户。为了研究长沙市各共享单车公司的竞争状况，需要对全市共享单车公司进行全面调研，那么该市所有共享单车公司就是调研对象，每一个共享单车公司就是调研单位。

## 三、确定调研项目

调研项目是市场调研的具体内容，它的确定是由调研目的和任务所决定的。调研项目就是要调查的内容，也就是被调查单位的特征，即标志。例如，在消费者调查中，消费者的性别、民族、文化程度、年龄、收入等标志就是调研项目。这些标志可分为品质标志和数量标志。品质标志用来说明事物质的特征，不能用数量表示，只能用文字表示，如消费者的性别、民族和文化程度；数量标志用来表明事物的数量特征，它可以用数量来表示，如消费者的年龄和收入。

（一）确定调研项目时应注意的事项

调研项目所要解决的问题是向被调研者调研什么，也就是需要被调研者回答什么问题。在确定所要登记的标志，即调研项目时，要注意以下几点：

（1）各调研项目必须是可行的，是能够取得的确切资料。即必须从实际出发，只列出能够取得资料的项目，不可能取得资料的项目就不应列入提纲。

（2）要有科学的理论依据和统一的解释，即列入调研提纲的内容含义要明确、具体，不能有两种或两种以上的解释，以免调研人员按照各自不同的理解填写，使调研结果无法汇总。

（3）调研项目要少而精，即只列出调研目的所必需的项目，登记与问题本质有关的标志，以免内容庞杂，增加工作量，造成调研工作的浪费。

（4）各调研项目之间尽可能做到相互联系，彼此衔接，以便于相互核对和分析。

（二）永安公司的调研内容

永安公司本次调研主要包括以下内容：

（1）长沙共享单车市场的市场规模和市场需求潜力。

（2）长沙消费者对新设计的共享单车在价格、速度、外观及其性能方面的要求有哪些。

（3）影响长沙消费者租用共享单车的主要因素有哪些。

（4）长沙共享单车市场的竞争状况如何。

## 四、制定调研问卷

调研问卷是根据调研项目设计的对被调研者进行调查和询问、让被调查者进行填答的测试试卷，它是市场调研的重要工具，用以记载和反映调查内容和调查项目。

（一）调研问卷的结构

一份正式的调查问卷一般包括以下四个组成部分：标题、导语（前言）、正文和结束语。

第一部分：标题。问卷的标题概括地说明了调研主题，使被访者对所要回答的问题有一个大致的了解。问卷标题要简明扼要，但必须点明调研对象或调研主题。

第二部分：导语（前言）。问卷导语（前言）主要是对调查目的、意义及填表要求等的说明。导语部分文字须简明易懂，能激发被调查者的兴趣。

第三部分：正文。将调查的若干问题及相应的选择项目有限度地排列，要求被调查者回答。

第四部分：结束语。一般是一段短语。内容是对被调查者的再次感谢，以及关于不要漏填与复核的请求。结束语要简短明了，有的问卷也可以省略。

（二）制定调研问卷的原则

**1. 有明确的主题**

根据调查主题，从实际出发拟题，问题目的明确，重点突出，没有可有可无的问题。

**2. 结构合理、逻辑性强**

问题的排列应有一定的逻辑顺序，符合应答者的思维顺序。一般是先易后难，先简后繁，先具体后抽象。

**3. 通俗易懂**

问卷应使应答者一目了然，并愿意如实回答。问卷中语气要亲切，符合应答者的理解能力和认识能力，避免使用专业术语。对敏感性问题采取一定的调查技巧，使问卷具有合理性和可答性，避免主观性和暗示性，以免答案失真。

**4. 控制问卷的长度**

回答问卷的时间控制在 20 分钟左右。问卷中既不浪费一个问题，也不遗漏一个问题。

**5. 便于资料的校验、整理和统计**

制定问卷时要考虑后面的流程,要有利于后期资料的校验、整理和统计。

## 五、确定调研时间和期限

调研计划的时间安排要合理,要确定一个开始日期,限定一个结束日期,否则项目可能会无限拖延下去。这就要求我们确定好调研时间和期限。

调研时间是指调研资料所需时间。调研时期现象(收入、支出、产量、产值、销售额、利润额等流量指标)时,应确定数据或指标的起止时间;调研时点现象(期末人口、存货、设备、资产、负债等存量指标)时,应明确规定统一的标准时点(期初、期末或其他时点)。

调研期限即规定调查工作的开始时间和结束时间,包括从制定调研方案到提交调研报告的整个工作时间,也包括各个阶段的起始时间,其目的是使调研工作能及时开展、按时完成。为了提高信息资料的时效性,一般应将调研期限适当缩短。

## 六、确定调研方式和方法

市场调研方式是指市场调查的组织形式,通常包括市场普查、重点市场调查、典型市场调查、抽样市场调查等。调研方式应根据调研的目的和任务、调研对象的特点、调研费用的多少、调研的精度要求进行选择。

市场调研方法是指在调研方式既定的情况下搜集资料的具体方法,通常包括观察法、访问法、实验法、资料调查法、问卷调查法等。确定市场调研方法时应考虑调研资料搜集的难易程度、调研对象的特点、数据取得的源头、数据的质量要求等因素。

## 七、确定资料整理方案

通过问卷调查得到的大量原始资料只是研究分析的基础。因为这些资料反映的总体单位(个体)的状况是分散凌乱的,不能完整系统地反映总体的情况,无法深入研究事物的本质和规律性。这就要求对大量原始资料进行加工汇总,使之系统化、条理化。

调研资料整理的基本内容包括以下三个方面:

**1. 资料确认**

对原始数据或二手资料进行审核,查找问题,采取补救措施,确保数据质量。

**2. 资料处理**

对问卷或调查表提供的原始数据进行分类和汇总,或者对二手数据进行再分类和调整。

**3. 资料陈示**

对加工整理后的数据用统计表、统计图、数据库、数据报告等形式表现出来。

## 八、确定资料分析方案

分析资料的主要任务是在全面拥有调研资料的基础上,对资料进行系统分析。主要包括定性分析和定量分析。其目的在于从数据导向结论,从结论导向对策研究。随着经济理论的发展和计算机的运用,越来越多的现代统计分析手段可供我们选择,如回归分析、相关分析、聚类分析等。每种分析技术都有其自身的特点和适用性。因此,应根据调查的要求,选择最佳的分析方法并在方案中加以规定。

## 九、确定市场调研进度

一项调研从题目的选定到完成调研报告的撰写,往往有时间上的限定或要求。为了在规定的时间范围内保质保量地完成调研任务,顺利达到预定的调研目标,在调研项目正式启动之前,要对整个调研工作的时间分配和进度进行安排。

市场调研进度一般可分为以下几个小阶段:
(1) 总体方案的论证、设计;
(2) 抽样方案的设计、调研实施的各种具体细节的规定;
(3) 问卷的设计、测试、修改、定稿、印刷;
(4) 调研员的挑选和培训;
(5) 调研的组织和实施;
(6) 调研数据的整理(计算机录入、汇总与制表);
(7) 调研数据的统计、分析、研究;
(8) 调查报告的撰写、修订与定稿。

## 十、制定市场调研经费预算

制定市场调研经费预算的宗旨在于保证项目在可能的财力要求下如期完成。为了做好成本控制,需要对成本项目做好预算。预算一般和时间进度表密切关联,两者应一起考虑。通常在一次市场调研中,前期计划准备阶段的经费安排占总预算的20%,实施调研阶段的经费安排占40%,后期分析报告阶段的经费安排占40%。

## 十一、制定调研组织计划

调研的组织计划是指为确保实施调查制定的具体工作计划。它主要是指调查的组织领导、调研机构的设置、调研员的挑选和培训、课题负责人及成员、各项调研工作的分工等。必要的时候,还必须明确规定调研的组织方式。企业委托外部市场调查机构进行市场调查时,还应对双方的责任人、联系人、联系方式做出规定。

## 十二、撰写调研计划书

以上市场调研方案设计的内容确定之后,市场调研策划人员就可以撰写市场调研计划书了,一方面供企业领导审批,或作为调研项目委托人与承担人之间的合同或协议的主体;另一方面用来作为市场调研者实施执行的纲领和依据。

市场调研计划书的构成要素包括标题、导语(或前言)、主体和附录等。其中,主体部分主要包括以上11个方面的内容。附录部分开列出调研项目负责人及主要参与者的名单,并可扼要介绍团队成员的专长与分工情况,指明抽样方案的技术说明和细节说明、调研问卷设计中有关的技术参数、数据处理办法、所采用的软件等。

永安公司撰写的调研计划书如下:

### 长沙共享单车市场调研计划书

**一、前言**

常州永安公共自行车系统股份有限公司是一家公共自行车系统生产商和专业的运营服务

商,致力于公共自行车系列产品的研发设计、生产制造和安装集成,为客户提供全方位、立体化的公共自行车系统运营方案和服务。公司主打产品永安行系列共享单车覆盖全国,并具有出口能力。

长沙共享单车市场目前还没有完全饱和。共享单车是目前很多人短距离出行和解决最后一公里难题的新选择。为了开拓长沙市场,设计既符合国家规定,又受消费者青睐的共享单车,掌握长沙共享单车市场的市场规模和竞争状况,制定适宜的营销策略和广告策略,在竞争激烈的长沙共享单车市场中立于不败之地,永安公司拟进行一次市场调研,以供公司决策层参考。

### 二、调研目的

针对长沙共享单车市场的基本情况,本次市场调研须本着科学严谨、真实可靠、调研和论证相结合的原则,进行深入的研究。本次市场调研的目的和任务包括:

(1) 如何使设计的共享单车更好地满足长沙市场需求;
(2) 如何与竞争对手开展差异化竞争;
(3) 了解政府政策对长沙共享单车市场的影响;
(4) 了解长沙市场共享单车使用者的一般情况;
(5) 了解永安公司准备设计的共享单车应改善的方向和市场可能接受的程度;
(6) 了解长沙消费者租用共享单车的意愿;
(7) 了解长沙共享单车的市场容量;
(8) 调研结果能为永安公司研发部门开发新产品和营销部门进行营销决策提供依据。

### 三、调研对象

1. 本次调研将在长沙市全市开展,调查范围包括天心区、芙蓉区、雨花区、岳麓区、开福区中心城区和长沙县、星沙区。

2. 本次调研的调研对象为16岁以上的长沙消费者、各自行车专卖店、超市、自行车维修点。拟在每个区抽取调查者300人,按年龄层次和性别分配名额。年龄分层为:16～20岁、21～25岁、26～30岁、31岁～35岁,各层比例近似为1∶1;性别比例也为1∶1;样本总数为2400人。各共享单车投放点和自行车维修点每区抽取10个作为样本。

### 四、调研项目

本次调研主要包括以下内容:

1. 各共享单车品牌的认知与竞争情况
(1) 各共享单车品牌的认知度;
(2) 各共享单车品牌的租用频率;
(3) 不同档次共享单车的租用频率;
(4) 各共享单车品牌的租用意向;
(5) 各共享单车品牌的市场份额。

2. 消费者的消费行为与需求
(1) 消费者对各共享单车产品质量的评价;
(2) 消费者对各共享单车产品款式的认知与要求;
(3) 不同层次消费者对共享单车产品价格的接受程度;

(4) 影响消费者租用共享单车产品的主要因素；
　　(5) 消费者对共享单车产品功能的要求；
　　(6) 不同层次消费者租用共享单车产品的场所。
　3. 投放点各共享单车品牌的租用状况
　　(1) 各投放点租用不同共享单车品牌的数量与月租用总量；
　　(2) 各投放点租用各共享单车品牌的喜好程度；
　　(3) 各投放点租用各共享单车品牌的价格；
　　(4) 各投放点对各共享单车品牌质量、款式、功效的评价与要求；
　　(5) 各投放点不同品牌共享单车产品的促销与推广方式；
　　(6) 各投放点对本公司共享单车产品的评价以及本公司共享单车产品与其他品牌相比的优缺点；
　　(7) 各投放点提出的本公司共享单车存在的问题（质量、价格、包装、客户服务、促销）及建议。
　4. 维修点各共享单车品牌的维修状况
　　(1) 各品牌共享单车的维修频率；
　　(2) 各品牌共享单车易出现的问题；
　　(3) 每月的共享单车维修费用情况；
　　(4) 各品牌共享单车使用的损耗情况；
　　(5) 各品牌共享单车的消费者使用情况；
　　(6) 维修点提出的共享单车产品改进建议。

## 五、调研问卷

　　本次调研针对消费者、投放点、维修点等不同调研对象设计了三份内容不同的调查问卷，详见附录。

## 六、调研时间和期限

　　本次调研的时间是2016年1—5月，本次调研的期限是2016年4月1日—5月25日。

## 七、调研方式和方法

　　本次调研采取的方式是：消费者共享单车需求与用户调研采用抽样调研方式，样本量为2400户。

　　本次调研采取的方法有：消费者共享单车需求与用户调研采用问卷调查法；居民的消费收支情况及社会经济发展状况采用资料调查法；共享单车的社会拥有量和普及率通过走访统计局、交通大队来了解；竞争对手调研采用现场暗访调查及用户测评法；消费者对新设计的共享单车外观和价格的接受程度采用实验调查法。

## 八、资料整理方案

　　永安公司资料整理的方案主要包括：
　　(1) 对调研问卷进行审核、校订。
　　(2) 对调研数据进行分类和分组，主要包括编制用户特征分布数列、共享单车类型品种分布数列、价位及租用时间分布数列、用户使用满意度测评数列等；编制需求者特征、购买欲望、购买动机、购买行为、购买时间、购买选择、信息获取等分布数列等；编制竞争对手的分类统计数列；编制共享单车品牌层次划分数列。

（3）对调研数据进行汇总。

（4）绘制调研数据报告。

## 九、资料分析方案

永安公司资料分析的方案采用回归分析、相关分析的方法进行以下资料分析：

（1）用户分布及满意度分析：重点揭示用户的特征，为调整营销目标提供信息支持；用户满意与否的分析可以为改进营销工作提供依据。

（2）需求潜力、需求特征、需求分布、需求决定因素研究：这些是为市场营销策略的制定、调整和完善提供信息支持的，应重点揭示向谁营销、营销什么、怎样营销的问题。

（3）永安公司竞争优势与劣势研究、提高市场竞争力的策略分析：编写市场调研报告，重点揭示本次调研得到的启示，并提出相应的对策建议。

## 十、市场调研进度

此次调研的进度安排如表1所示。

表1　永安公司市场调研进度安排

| 工作与活动内容 | 时间 |
| --- | --- |
| 总体方案的论证、设计 | 4月1—5日 |
| 抽样方案的设计 | 4月6—10日 |
| 问卷设计、测试、修订、印刷 | 4月11—15日 |
| 调研员的挑选与培训 | 4月16—20日 |
| 调研访问 | 4月21—5月10日 |
| 调研数据的整理 | 5月11—15日 |
| 调研数据的分析 | 5月16—20日 |
| 调研报告的撰写、修订与提交 | 5月21—25日 |

## 十一、市场调研经费预算

此次调研的经费预算如表2所示。

表2　永安公司市场调研经费预算

| 经费支出项目 | 数量 | 单价/元 | 金额/元 |
| --- | --- | --- | --- |
| 方案设计策划费 | 1（份） | 8000 | 8000 |
| 抽样设计实施费 | — | — | 2000 |
| 问卷设计费 | 1（份） | 1000元 | 1000 |
| 问卷印刷装订费 | 5000（份） | 1.2 | 6000 |
| 调研员劳务费 | 100（人） | 800 | 80000 |
| 资料整理费 | — | — | 5000 |
| 调研报告撰写费 | 1（份） | 20000 | 20000 |
| 合计 | | | 122000 |

## 十二、调研组织计划

永安公司为此次调研建立了临时的共享单车调研组,由主管市场的副总李云龙任组长。成员主要从本企业市场部、研发部、财务部、办公室抽调,又从外部临时聘用一些学生。在工作任务分配上,市场部和研发部的骨干力量对投放点进行访问调研,其他人员和外聘人员经过培训后对消费者进行访问调研。

## 十三、附录

1. 项目负责人:李云龙
2. 参与人员:刘伟、吴强、陈娟、王军、朱国卓、胡三红、曲光辉、许朋乐、赵智江、汪天云、方俊、周义军。
3. 调研问卷

A. 针对消费者的调查问卷

### 长沙共享单车市场调查问卷

先生/女士:

您好!我是常州永安公共自行车系统股份有限公司的调查人员。为了给长沙市民提供更好、更安全、更便捷的共享单车服务,我们正在进行一项有关长沙共享单车的市场调查。能不能耽误您几分钟的时间,请教您几个问题?希望得到您的支持与合作。谢谢!

1. 请问您的性别是?(   )

A. 男　　　　　　　B. 女

2. 请问您的年龄是?(   )

A. 16 岁以下　　　B. 16~20 岁　　　C. 21~25 岁　　　D. 26~30 岁
E. 31~35 岁　　　F. 35 岁以上

3. 请问您的职业是?(   )

A. 学生　　　　　　B. 公务员　　　　C. 事业单位干部　　D. 公司职员
E. 企业管理人员　　F. 企业工人　　　G. 个体经营者　　　H. 进城务工人员
I. 服务业人员　　　J. 离退休人员　　K. 其他

4. 请问您的月收入是?(   )

A. 2500 元以下　　B. 2500~3000 元　C. 3000~3500 元　D. 3500 元以上

5. 您是否使用过共享单车?(   )

A. 使用过　　　　　　　　　　　　　B. 没有

6. 您是否会考虑使用共享单车?(   )

A. 会　　　　　　　　　　　　　　　B. 不会

7. 您在什么情况下会使用共享单车?(   )【请选择 1~5 项】

A. 特意去找来使用　　　　　　　　　B. 作为家用单车的替代品
C. 看见想尝试使用　　　　　　　　　D. 作为交通工具使用
E. 其他

8. 您为何不考虑使用共享单车?(   )【请选择 1~6 项】

A. 不会骑　　　　　　　　　　　　　B. 平常使用其他交通工具
C. 不想交押金　　　　　　　　　　　D. 对安全有顾虑
E. 不会使用共享单车 APP　　　　　　F. 其他

9. 您使用过什么牌子的共享单车？（　　）【请选择1~7项】
   A. ofo　　　　　　B. 摩拜　　　　　　C. 永安行　　　　　D. 小铭
   E. 小蓝　　　　　　F. 骑呗　　　　　　G. 其他
10. 为什么使用这个牌子？（　　）【请选择1~8项】
    A. 了解过该品牌　　B. 车子好看　　　　C. 车子停靠点在附近　D. 价格低
    E. 车子好骑　　　　F. 车子安全　　　　G. 随意选择　　　　H. 其他
11. 请问您对目前共享单车的使用状况的感觉是？（　　）
    A. 非常满意　　　　B. 满意　　　　　　C. 不满意　　　　　D. 非常不满意
    E. 无意见　　　　　F. 不知道
12. 您使用共享单车的次数为（　　）
    A. 1次　　　　　　B. 2~3次　　　　　C. 3次以上
13. 您能接受的共享单车押金是（　　）
    A. 100元以下　　　B. 100~190元　　　C. 200~299元　　　D. 300元及以上
14. 您是否了解共享单车？（　　）
    A. 初步了解（大致知道功能、品牌、价钱等基本信息）
    B. 比较了解
    C. 不了解
15. 您不了解共享单车的原因是？（　　）【请选择1~5项】
    A. 生活中用不到　　B. 不会骑单车　　　C. 身边也没有朋友了解
    D. 没注意过　　　　E. 其他
16. 您是否愿意了解共享单车的相关信息？（　　）
    A. 愿意　　　　　　B. 不排斥　　　　　C. 不愿意
17. 请问您倾向于从什么渠道了解共享单车的相关信息？（　　）【请选择1~9项】
    A. 微博　　　　　　B. 微信　　　　　　C. 网络媒体广告　　D. 科技产品论坛
    E. 电视、纸媒广告　F. 户外广告　　　　G. 产品体验店
    H. 亲朋好友的推荐　I. 其他
18. 您听过什么牌子的共享单车？（　　）【请选择1~7项】
    A. ofo　　　　　　B. 摩拜　　　　　　C. 永安行　　　　　D. 小铭
    E. 小蓝　　　　　　F. 骑呗　　　　　　G. 其他
19. 您选择共享单车的原因是？（　　）【请选择1~9项】
    A. 品牌　　　　　　B. 押金便宜　　　　C. 租金便宜　　　　D. 单车外观
    E. 单车舒适度　　　F. 单车安全程度　　G. 单车停车点多
    H. 单车停车点近　　I. 其他
20. 您对共享单车有什么建议或意见？

再次感谢您的配合与支持！您提供的资料，我们决不对外公开！

常州永安公共自行车系统股份有限公司

2016年5月

B. 针对投放点的调研问卷

## 长沙共享单车市场调查问卷

尊敬的经销商：

您好！非常感谢您经销共享单车产品，您的大力支持是我们不断前进、发展的动力。本次调查的主要目的是为了更好地了解长沙共享单车市场的经营状况，了解您的需求和顾客的满意情况，为今后"如何对经销商进行策略扶持"提供依据。只需占用您10分钟时间，非常感谢！

访问内容：

1. 目前为止您经销的共享单车的总量达到多少？_____。
2. 目前经销的共享单车有哪几个品牌？
   A. ofo　　　　　　　B. 摩拜　　　　　　C. 永安行　　　　　　D. 小铭
   E. 小蓝　　　　　　F. 骑呗　　　　　　G. _____（其他品牌请填写）
3. 上述品牌哪些租用得比较好？_____。
4. 您每个月的租用量能达到多少？_____。
5. 您认为该品牌租用量好的原因有哪些？
   A. 大量的广告宣传　B. 品质优良　　　　C. 车子好看　　　　D. 车子停靠点在附近
   E. 价格低　　　　　F. 车子好骑　　　　G. 车子安全
6. 在这个区域内，与您竞争的经销商有哪几家？他们经销的品牌是什么？
   _____
7. 如果您计划在这个区域内扩大市场份额，增加销售网点，您希望厂家提供哪些扶持？
   A. 协助渠道开拓　　B. 贷款支持　　　　C. 广告促销　　　　D. 终端管理
   E. 维修服务　　　　F. _____（其他请填写）
8. 您对共享单车产品的系列开发有何意见和建议？
   _____
9. 您认为共享单车产品包装需要怎样改进？
   _____
10. 您认为代理的共享单车品牌有哪些方面急需改进？
    _____
11. 您希望和厂商建立怎样的合作关系？
    _____

被访者姓名：_____　　　联系电话：_____
店　　　名：_____　　　地　　址：_____
访问员姓名：_____
访问时间：_____

常州永安公共自行车系统股份有限公司
2016年5月

C. 针对维修点的调研问卷

## 长沙共享单车市场调查问卷

尊敬的师傅：

您好！非常感谢您维修共享单车产品，您的大力支持是我们不断前进、发展的动力。本次调查主要目的是为了更好地了解长沙共享单车各品牌的使用状况，了解您的需求和顾客的满意情况，同时为今后设计生产优质共享单车提供依据。只需占用您 10 分钟时间，非常感谢！

1. 你维修过的共享单车有哪几个品牌？（　　　）
   A. ofo　　　　　　B. 摩拜　　　　　　C. 永安行　　　　　　D. 小铭
   E. 小蓝　　　　　　F. 骑呗　　　　　　G. _____（其他品牌请填写）
2. 上述品牌哪些维修率较少？_____。
3. 上述品牌哪些维修率较高？_____。
4. 共享单车每月维修费用大致是（　　　）
   A. 30 元　　　　　　B. 30~50 元　　　　　　C. 50~80 元
   D. 80~100 元　　　E. _____（其他请填写）
5. 共享单车最容易出的问题是（　　　）
   A. 刹车失灵　　　　B. 车爆胎　　　　　　C. 电池不经用
   D. 控制系统出问题　　E. _____（其他请填写）
6. 共享单车一般多久更新一次？（　　　）
   A. 6 个月　　　　　B. 9 个月　　　　　　C. 12 个月
   D. 15 个月　　　　E. _____（其他请填写）
7. 您对共享单车产品的系列开发有何意见和建议？

_____

8. 您认为共享单车有哪些方面急需改进？

_____

9. 您希望和厂商建立怎样的合作关系？

_____

被访者姓名：_____　　　联系电话：_____
店　　　名：_____　　　地　　址：_____
访问员姓名：_____
访问时间：_____

常州永安公共自行车系统股份有限公司<br>2016 年 5 月

### 实践演练

1. 联想公司为提高其笔记本电脑在大学校园内的市场占有率，评估营销环境，制定相应的营销策略，拟委托长沙鸟鸣市场调查公司在长沙河西大学城的大学校园内开展一次有关大学生笔记本电脑消费现状的市场调查。

联想公司要求本次调查从 6 月 1 日开始到 6 月 18 日停止，共计 18 天，应全部完成调查任务，并及时向公司提交市场调查报告。公司还要求鸟鸣市场调查公司不仅要保证本次调查的方案具有一定的建设性与可操作性，而且要求市场调查的经费控制在10000元以内。

试根据联想公司的要求，为长沙鸟鸣公司制定一份大学生笔记本电脑消费现状的市场调研方案。

2. 以共享单车为调研对象，编制几种调研方案并对它们进行比较、评价。

**拓展阅读**

市场调查玄机：调查方案决定结果

同样是对楼宇电视广告份额的调查，同样是有影响力的咨询公司的结论，时间只间隔几个月，结果却有非常大的差别。国内最大的调查公司央视市场研究（CTR）得出了分众传媒遥遥领先的结论；而全球最大的市场调查公司AC尼尔森却认为，在这个新兴市场上，分众、聚众平分天下。为什么会造成这么大的差别呢？

看双方的解释。

两家调查公司负责人称，调查时间、范围和方法不同，导致调查结果不同，这很正常。但两份调查报告都是真实客观的，只是委托公司在发布时对内容有所选择才出现矛盾。

AC尼尔森大中国区市场销售总监陈丽洁在接受采访时称，媒体上刊登的这份调查报告并不是AC尼尔森发布的。AC尼尔森只是受聚众的委托做了一次市场调查，数据结果也只供聚众作内部参考所用。由于AC尼尔森与CTR采用了不同的调查方法，而且楼宇广告市场变化非常大，所以调查结果不同，这是可以接受的。应当说两份报告都是客观真实的，调查方法也是科学的。

调查地点不同，调查范围不同，抽样方法不同，调查时间不同，调查结果就不一样。

下面我们看一看AC尼尔森和CTR的两个调查方案的差异。

一、调查地点选择

CTR：13个城市。

AC尼尔森：12个城市。

差异：

CTR的调查地点里有青岛、西安。在青岛，分众占76%，领先聚众的24%；在西安，分众占94%，领先聚众的2%（西安、青岛的调查结果列在了调查结果的前两位，它们是分众市场占有率最高的两个城市）。

AC尼尔森的调查地点里有大连。在大连，聚众占55%，领先分众的45%。

二、调查范围选择

CTR：所有写字楼、宾馆、银行、商场、医院（分众在写字楼、银行等地绝对领先）。

AC尼尔森：写字楼、宾馆、商场、商住公寓楼、医院等7个楼宇市场（聚众更看重商住公寓市场）。

三、抽样方法选择

CTR：以市中心为核心选街道"扫街"建立样本库，抽样后"扫楼"。

AC尼尔森：把每个城市分成以1平方千米为单位的若干网格，根据一定的比例，在各城市随机抽取网格进行调研。

在繁华街道旁边的"楼"，分众处于明显的领先地位（CTR调查结果）。

划分方块，可包含更多的居民楼、便利店等，这是聚众的优势所在（AC 尼尔森调查结果）。

### 四、时间差异

相差时间并不长，虽然会造成一定影响，但不会太大。

也就是说，实际在调查过程中，调查公司就已经根据客户的要求，做了有倾向性的选择。虽然调查公司在调查报告中用大量的篇幅讲述了调查选择的基础，但客户在最终的宣传中故意加以掩盖，尽可能只说对自己有利的内容。

同样的调查分歧也出现在以下领域：

曾经的长虹和 TCL 的彩色电视市场占有率第一之争；恒基伟业和名人的 pda 第一之争；用友、金碟、速达的市场占有率之争；联想、DELL 的台式电脑市场占有率之争；新浪、搜狐之争；可口可乐、百事可乐的口味之争；等等。

这就要求消费者在接触厂家宣传时，不能仅看表面的数字，还要看其背后隐藏的信息。对于竞争情报工作者来说，对手做的调查，实际已经向你提供了大量有价值的情报，关键在于不被表面的宣传迷惑，而应全面掌握其包含的各种信息。

注：可以从调查目的将调查分为两种，一是为了宣传、融资等外部目的的调查，二是为了了解市场、确定公司战略或战术的调查。这里只讲前一种，一般说来，外界能看到结论的也大都是前一种。

# 学习情境二

# 市场调查实施

## 学习情境描述

在市场调研方案完成后,接下来就是方案的实施,这是市场调研的核心环节。在这一阶段,首要的任务就是组建调研团队。同时,要了解不同市场调研机构的类型并能够进行选择;要了解市场调查的具体从业人员,即团队成员的构成;要熟练掌握市场调查人员的基本素质要求。团队组建完成后,培训市场调查人员就成为非常重要的任务。培训采取什么形式?具体培训些什么内容?如何利用相关激励理论对团队成员进行激励?这些都是本情境将为大家解答的问题。

调研团队组建完成后,对调研过程的管控就成了影响调研结果至关重要的因素。

市场调研过程的管控目标主要有三个:确保数据质量、控制成本和时间管理。

确保数据质量是指管理者必须有适宜的政策和程序来减少误差来源。

控制成本是针对市场调研实施过程中所发生的费用,通过进行有效的计划、组织、控制和协调等活动实现预定的成本目标。

时间管理则是为了确保项目按预定计划时间进行。整个市场调研过程要遵循严密组织、统一指挥、预先调查、严格执行、调查到位、准确统计、检讨结果、调查总结的管控原则。

在调研的过程中,企业要保持对全过程的控制与沟通,即企业在确定了具体调研执行机构后,必须为其提供帮助、及时反馈和沟通、进行督促与检查。调研机构也必须保持对市场调研员的管控,对访问员的管理要规范化、制度化、科学化、全面化,要能够应对常见问题,对访问员队伍要定期休整、定期筛选、定期补充,同时也要做好访问员的日常管理工作。对于调研现场也要按项目实施的流程进行管控,要从调查进度、调查质量两个方面对市场调查项目进度进行管控。

本学习情境通过对任务6组建调研团队、任务7管控调研过程的介绍,帮助大家对以上问题有个较好的把握。

## 任务6　组建调研团队

### 学习目标

**知识目标：**
1. 了解市场调查机构的类型
2. 熟悉市场调查团队的构成人员
3. 掌握对市场调查人员的培训
4. 掌握激励市场调查人员的基本理论

**技能目标：**
1. 明确市场调查人员的基本素质要求
2. 能进行市场调查团队的组建
3. 能利用基本理论对市场调查人员进行激励

### 任务导入

保健食品是指具有特定保健功能的食品，即适宜于特定人群食用，具有调节机体功能，不以治疗疾病为目的的食品。2014年，中国保健品行业规模为1610亿元，预计到2020年有望突破5000亿元。

如此大的市场和人们对保健品需求的不断增长，使得国内保健食品市场前景一片大好，各种保健品风起云涌，此起彼伏。整个保健品市场一片繁荣，但往往是"你方唱罢我登台，各领风骚两三年"。

其实，国际上没有保健品，只有食品和药品。保健品是具有中国特色的食品。自古以来，我国就有"药补不如食补"的说法。随着生活水平的提高，人们愈加关注营养保健问题。商家抓住消费者的这种需求，为市场开发了琳琅满目的营养保健品。各大商场、超市和药店均设立保健品专柜，广告等各种宣传媒体也纷纷亮相助战。营养保健品市场就这样如火如荼地发展起来了。在此情况之下，A保健品公司准备进军保健品市场，推出该企业最新的保健产品。

为了能一炮而红，公司决定进行前期的市场调研。那么，A保健品公司要如何组建其市场调研团队呢？

### 任务分析

A保健品公司要进行保健品市场的调研，就必须认识保健品市场的现状、历史和未来，了解同行业其他企业的生产和经营情况，搞清楚不同地区消费者的购买偏好。如：

◇消费者选择保健品时考虑什么因素？
◇家里的营养保健品从哪来？
◇最常服用的种类以及服用习惯如何？
◇最常服用的保健品品牌是什么？
◇……

而构建一个合适的调研团队是了解上述信息的关键。同其他工作一样，具体承担市场调研这项工作的人员素质会对工作的效果产生直接的影响。在团队构建的过程中，A保健品公司的市场调研设计人员必须认真考虑如下问题：

◇一般的市场调研机构有哪些类型？
◇调研团队由哪些人构成？
◇对市场调查人员有何基本素质要求？
◇该采取什么形式对市场调查人员进行培训？
◇该对市场调查人员培训什么内容？
◇该如何对市场调查团队成员进行激励？

选择和组建优秀的市场调研团队是进行有效市场调研的组织保证，有利于市场调研以较低的成本在规定的时间内获得较高信度和效度的调研成果。

市场调研团队成员的思想修养、工作作风、文化程度、专业知识水平和实际工作能力直接影响资料的搜集、整理、分析和处理，是关系到市场调查成败的关键。

### 任务知识

#### 一、组建市场调研团队

（一）市场调查机构的概念与类型

市场调查是一种规范的、有条不紊的活动，包括一系列烦琐、复杂的操作步骤，依靠个别人的工作是难以完成的。市场调查与预测通常是一种组织行为，必须由一定形式的组织机构来完成。

市场调查机构是指专门或主要从事市场调查活动的单位或部门。与市场调查与预测相关的组织机构一般分为三种：提供者、使用者、提供+使用者。

1. **提供者**

提供者是指受部门或其他企业委托，从事市场调查与预测的企业或者组织。它们进行市场调查与预测的主要目的是为其他企业或组织提供信息。提供者可以再分为专业性市场调研公司、企业内部的调研部门、大学和科研机构、政府部门的调研机构等四种类型，如图6-1所示：

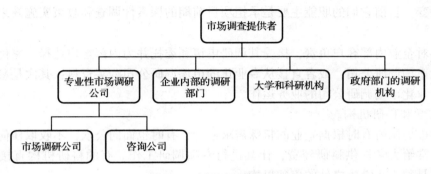

图6-1 市场调研机构分类

(1) 专业性市场调研公司。

专业性市场调研公司包括市场调研公司和咨询公司。这类机构专门负责搜集、整理、分析和提供各种市场信息。它们提供的服务有两种形式，一种是完全式服务，一种是有限式服务。提供完全服务的公司负责市场调查程序中的每一项工作，而提供有限服务的公司则只负责其中的一项或几项工作。

市场调研公司为个别客户的特殊问题制订市场研究计划，提供的调查服务包括设计调查、分析结果、向客户提建议等。当企业有新产品、新服务、新包装、新广告概念、新价格策略、产品改造或其他相关的市场问题时，它们可以提供服务。这类公司在接受委托后，必须针对客户所提出的调查原则制定调查方案，然后根据客户确认的调查方案实施调查并汇总调查结果，提交调查报告。

咨询公司又称为专门服务公司，如数据加工公司（完成问卷的编辑、编码、计算机录入和统计分析）、调查抽样公司（收集大量的家庭和商业机构的抽样资料，可以随时提供抽样服务）、二手资料公司（通过计算机网络提供诸如美国各地区的人口普查资料等资料）、统计分析公司（提供各种统计分析技术服务）等。

咨询公司的主要任务是为企业的生产与经营活动提供技术、管理方面的咨询服务。咨询公司一般由专家、学者和富有实践经验的人员组成。前者侧重于咨询的前期设计及最终研究报告的撰写，后者侧重于涉及咨询目标的具体调研工作。

从我国目前情况看，咨询公司的规模差别很大。小的仅有几名员工，咨询内容范围亦相对狭窄；大的则有数百名员工，其专业人员的数量较多、质量较高，业务范围较广泛，内部的组织与管理也较正规。广州的华南市场研究有限公司、达门信息产业有限公司，上海的海信市场研究公司、大正市场调查公司，北京的华通现代市场信息咨询有限公司、零点调查公司等，均属于这种类型。

(2) 企业内部的调研部门。

目前国内外许多企业都根据需要设立了自己的市场调查与预测部门，使市场调研成为企业日常性的工作。该部门一般隶属于企业市场部或企划部，经常被命名为"市场调查处"或"市场研究室"，专门全面地负责企业各项市场调查任务。但是，作为市场部的一个辅助性部门，其人员的配备、技术条件都无法与专业性的调查公司相媲美，所以这类机构与专业化的市场研究机构在职能上还是有所不同。

20世纪90年代以来，随着专业化市场调查公司的不断增多，企业内部的调研部门的职能发生了转变。目前它们的职能主要是承担项目前期的探索性调查和政策实施效果调查两大任务。

首先是对企业内部客户负责，接受其调研申请和委托并为内部客户选择一家优秀的、合适的专业化市场调研公司，或者直接从专业化的市场调研公司购买资料；其次是参与、监控所委托的专业化市场调研公司的业务运作。

(3) 大学和科研机构。

大学的市场调研有时根据企业的特殊需求进行，有时也面向公众，不收取任何费用。政府机构也常常给大学提供科研经费，让其进行专项调研工作。有的科研机构直接被学校管理，有的则是独立于学校之外的单独机构。

（4）政府部门的调研机构。

这类有政府背景的机构具有其独特的优势：

一是能发挥其城市调查队、农村调查队的网络优势，且办公场所、人员工资等支出普遍较低，项目成本很低；

二是拥有政府信息资源，能够容易地获得很多行业的背景数据；

三是依靠其成本低和拥有行业数据的优势，在市场调查之外的信息咨询业务有较广泛的客户群。

政府背景机构的劣势也同样明显：

一是国有企业的管理体制不畅，个人工作绩效与回报得不到保障；

二是市场压力不明显，企业营销取向不明显；

三是由于受政府部门管理，缺乏独立性；

四是省市一级的城调队等系统的实地调研工作的质量得不到保证，数据误差较大。

目前，它们中的佼佼者亦有与外资合二为一的趋势。如国家统计局下属的华通现代市场信息咨询有限公司已与美国的 Market Fact 公司合资，中央电视台旗下的央视调查公司已与法国最大的收视率调研公司合资。它们如果能将外资的管理、技术与政府部门的行业优势、数据资源结合起来，在细分市场上很容易形成行业垄断。

中国国内市场调查机构主要分为两类，一类主要集中于高校，另一类是信息统计部门、专业的市场调查公司。它们在各自的领域各有所长，比较著名的有以下几家：

明思产业研究：专长于行业研究、竞争对手调研、产业研究、营销咨询；

新华信：专长于汽车市场研究；

AC 尼尔森：专长于零售研究；

GFK：专长于家电、通信行业的零售数据监测；

CTR：专长于电视收视率监测；

益普索：专长于个案研究；

慧聪：专长于平面媒体监测。

此外，国内最大的市场调查机构是国家统计部门，包括国家统计局、各级主管部门和地方统计机构。

国外有美国人口统计、CIA 全球指南、美国统计摘要、贸易统计等数据统计发布机构，它们负责管理和发布统一的市场调查信息，以便于企业了解市场环境的发展和变化，从而指导企业的生产经营活动。

除统计机构外，中央和地方的各级财政、计划、银行、工商、税务等职能部门也都有各种形式的市场调研机构。

2. 使用者

生产型企业、销售型企业、物流交通型等各类型的企业和行业协会，包括政府机构等是市场调研信息的使用者。

这些企业或组织都面临某种形式的营销管理决策问题，所以它们都需要市场调研为其提供决策信息，以降低不确定性和风险。其中有些企业自己不做市场调研，完全依靠外部的研究机构为自己提供信息；还有一些企业自己也做市场调研，但是主要使用外部机构提供的信息。

### 3. 提供者+使用者

广告公司和广告媒体机构既是市场调查与预测信息的使用者，也是市场调查与预测信息的采集和提供者。

广告公司一方面针对自己的决策问题进行市场调查与预测，另一方面为其客户进行市场调查与预测工作。后者的费用由作为客户的组织或企业提供。大部分广告公司都设有自己的调查或者市场研究部门，但是它们也会利用外部机构的信息。

广告媒体机构需要向其客户提供有关观众、听众、读者的数量和构成的信息，因此需要对这些信息进行分析和预测。有时为了增加可信度，广告媒体机构也会聘请外部的市场调查机构进行调查。

### （二）市场调查从业人员

不同的市场调查机构，其组织机构的形式可能不同，但人员的构成大同小异。与市场调查与预测有关的工作职位一般包括：调研主管、分析师、技术专家、实地调研人员、办公人员五种类型。

#### 1. 调研主管

这些人负责对部门中所有的人进行管理，他们的职责是组织、控制整个调研运作；协调下属各部门之间的关系；制定公司的管理制度、人员职责等。

大多数大公司的调研主管至少有本科学历，很大一部分有硕士学位，还有少部分有博士学位。大多数调研主管是从事过市场调研工作或者其他市场营销方面的工作后成为调研主管的，他们往往具备较强的组织管理能力。

#### 2. 分析师

这些人从事大量的实际市场调研的设计和监督工作。他们有时候被当作研究通才，因为他们是市场营销经理和技术人员之间的中介人。

分析师有不同的级别。大公司中的高级分析师通常要监管其他进行主要工作的分析师。而这些低一级的分析师也会有新的分析师来协助他们。分析师这一职位可以成为工商管理学士或者硕士的入门工作。大多数大公司通过支付有竞争力的工资来吸引新的毕业生。

从长期来看，市场调研中成功的专职人员通常比市场营销中成功的专职人员的报酬少。然而，许多人发现，市场调查与预测工作的本质值得这种牺牲。大多数的经理都要求他们的新分析师具有硕士或者学士学位，跨学科学位，专业为市场营销、统计、经济学、心理学。大多数的经理会聘请学校之外的分析师。分析师要聪明、分析能力强、想象力丰富、擅长人际沟通、好奇心强、精通写作和具有上进心。

#### 3. 技术专家

这些人用来解决市场调研中非常专业的问题。他们包括：问卷设计专家、抽样专家、数据分析专家以及计算机专家。他们的职责是制定调研方案和制订数据处理计划，进行抽样设计、问卷设计、数据分析以及撰写调研报告等。分析师在分析的时候需要使用到他们的专业知识。

#### 4. 实地调研人员

实地调研人员包括督导和调查员。

督导是调查员的管理者，负责对调查员的工作进行指导、监督和检查。调查员的工作是采集资料，对指定的受调查者进行调查访问，以获取原始数据资料。调查员包括专职和兼职两种。专职的调查员是指公司聘用的全日制工作人员,他们的职责除了进行调查访问外,还要协助督导对新招聘的调查员进行培训,执行一般调查员难以胜任的调查访问,对某些被抽到的受访者进行复访或回访。兼职调查员是公司临时聘用的调查员,他们在公司需要实施调查时执行调查访问。

目前国内的兼职调查员大多数是在校大学生,也有居委会工作人员。招聘大学生做兼职调查员比较方便。这些人素质较高,容易培训,但不便于管理,而且访问的质量深受责任心的影响。一个调查公司一般招聘一两个专职的调查员即可,但兼职调查员有时则要几十个,甚至几百个。

**5. 办公人员**

这些人直接由分析师领导,负责对搜集到的问卷资料进行编码,将数据输入电脑,分类、整理、打印相关资料,以及负责日常办公所需要的其他准备工作等。

(三) 市场调查人员的基本素质要求

市场调查是一项复杂且综合性很强的工作,它需要各方面的调查人员通力配合来共同完成。调查人员的素质直接影响着整个市场调查工作的成败。在组建市场调研团队的过程中,要注意对市场调查人员的基本素质进行把关和甄别。总的来说,一名优秀的市场调查人员应该满足如下要求:

**1. 知识要求**

市场调查人员应具备从事市场调查工作的基本知识,主要包括市场营销学、经济学、心理学、计算机应用基础、社会学、统计学、管理学等学科的基本知识。承担某些技术性较强的市场调查项目的候选人还要掌握一些专门技能,如工程技术知识、有关商品的专业知识等。从事国际市场调查的人员还要具备国际贸易理论、世界地理和历史知识,并且具有熟练的外语技能。

**2. 能力要求**

(1) 善于发掘各种资料信息的能力。

市场调查人员要善于收集各种资料,并从中挖掘与市场调查有关的信息。收集的资料要尽可能全面、准确、及时、具体。

(2) 分析问题的能力。

市场调查人员要具备敏锐的发现问题、分析问题和判断问题的能力,经过定性和定量分析,能够从复杂的资料中找出问题所在;能够识别各种资料的真伪,鉴别各种信息的价值,将信息综合并加工整理成对决策有一定价值的意见。

(3) 协调能力。

市场调查工作需要各个部门协同合作,每个部门的工作人员都要与其他部门的人员搞好协作,做到相互支持、相互帮助,这样才能更有效地完成市场调查任务。因此,协调能力是市场调查人员的必备能力。

(4) 文字表达能力。

市场调查活动的最终结果通常要以文字材料的形式呈现出来。材料撰写得好与差,是否有观点、有深度、有说服力,都与市场调查人员的写作能力密切相关。因此,市场调查人员须具备一定的写作能力。

**3. 品德要求**

市场调查人员应有强烈的责任感和吃苦耐劳的精神。对于所接受的工作,要绝对按照指示一丝不苟地完成；不论遇到任何困难，都不做虚假填报，不欺骗委托者，工作要实事求是，公正无私。

**4. 身心健康要求**

市场调查人员应有健康的体魄和开朗的性格。性格外向，成熟稳重，善于和陌生人交谈，头脑灵活，善于随机应变，勤勉耐劳，忠实笃厚。

## 二、培训市场调查人员

在市场调查实施过程中，调查人员作为信息的收集者会直接影响调研质量。因此，为保证调研工作的质量，提高调查人员的工作效率，对市场调查人员进行培训是非常必要的。

（一）确定培训形式

**1. 自学**

认真学习市场调查人员手册并完成相应的书面作业和训练。

**2. 课堂培训**

通过课堂讲授的形式学习如何与被调查者建立良好的关系。

**3. 模拟访问**

采取情境模拟的形式进行访问培训。

**4. 实习访问**

通过实地实习的形式，让调查人员体会实地调查所面临的情况，熟悉调查中出现的意外情况并做出正确的反应。

（二）设计培训内容

**1. 基础培训**

（1）学习政策法规和规章制度。

随着市场调查活动的发展，国际和国内相继出台了与之相关的政策法规。例如，国际商会、欧洲民意和市场营销调查学会于1977年联合制定和颁布了有关准则，并于1986年做了修改。颁布这一准则的主要目的是使被调查者的权利得到充分的保障。又如，我国国家统计局为规范涉外调查服务制定了《涉外社会调查活动管理暂行办法》。此外，各个市场调查机构也有自己的一套内部管理方法，如保密制度、访问工作协议等。因此，操作实施人员对于和市场调查相关的准则与惯例、政策规定与管理要求，必须有明确的了解，并能在实际调查活动中自觉遵守。

（2）学会使用随机表。

一般的研究要求在一个抽样地址中只确定并实施一个具体的访问对象。而实际项目操作过程中，一个抽样地址可能同时存在若干名符合项目要求的潜在被访者。为避免人为因素的影响，需要使用随机表按随机原则确定该抽样地址中唯一的、最终的被访者。采用一般的随机表即可，参见表6-1。

表 6-1 随机表

| 年龄在 18~55 周岁的家庭成员 | | | | 请顺着已圈好的号码向下找,并在与最小成员相对应的号码上划圈 | | | | | | | | | |
|---|---|---|---|---|---|---|---|---|---|---|---|---|---|
| 编号 | 与本人关系 | 年龄 | 性别 | 1 | 2 | 3 | ④ | 5 | 6 | 7 | 8 | 9 | 10 |
| 1 | 父亲 | 55 | 男 | 1 | 1 | 1 | 1 | 1 | 1 | 1 | 1 | 1 | 1 |
| 2 | 母亲 | 50 | 女 | 2 | 1 | 1 | 2 | 1 | 2 | 2 | 1 | 2 | 1 |
| ③ | 本人 | 27 | 男 | 3 | 2 | 1 | 2 | 1 | 3 | 1 | 3 | 2 | 3 |
| 4 | 妹妹 | 20 | 女 | 4 | 1 | 2 | 3 | 3 | 4 | 1 | 2 | 4 | 2 |
| 5 |  |  |  | 5 | 4 | 3 | 1 | 2 | 2 | 3 | 4 | 5 | 1 |
| 6 |  |  |  | 6 | 5 | 1 | 2 | 4 | 3 | 1 | 4 | 5 | 6 |
| 7 |  |  |  | 7 | 1 | 4 | 3 | 6 | 2 | 5 | 3 | 1 | 2 |
| 8 |  |  |  | 8 | 4 | 5 | 7 | 1 | 2 | 6 | 2 | 6 | 3 |
| 9 |  |  |  | 5 | 9 | 3 | 1 | 6 | 7 | 3 | 4 | 8 | 9 |
| 10 |  |  |  | 3 | 2 | 6 | 9 | 7 | 8 | 10 | 4 | 5 | 1 |

① 确定随机号。

对于有随机表的问卷,需事先在随机表第一行的数字中选定一个数字,并划上一个圈。被圈定的数字就是这份问卷的随机号,如上表的④。随机号一般由小到大或循环给出。最简便的方法是用问卷编号的最后一个尾数作为随机号。

② 选出被访者。

将所有符合基本要求的家庭成员按年龄从大到小的顺序列入随机表中,以事先选定的随机号所在列为纵坐标轴,以最小家庭成员所在行为横坐标轴,交叉处的对应数字即为最终被访者的编号,如上表的③号,27 岁的男性为被访者。

③ 注意事项。

并非每位选中者都可以访问,如遇到以下人员则应终止访问:盲人、聋哑人、重病患者、精神病患者;语言不通、无法沟通的人;不识字的人;住户雇用的保姆;不在该地址居住的家庭成员。

(3) 接近被调查者。

访问员很害怕被拒绝,所以对访问员,尤其是那些内向型访问员来说,"接近被访者的技巧"是一项很受欢迎的培训内容。在掌握了技巧以后,访问员在自我介绍时的神态、见面后的语言和行动以及如何应付拒访等方面的专业感马上会体现出来。

① 自信、准确的自我介绍。

自我介绍要按规范的形式进行。这是访问员和被调查者的首次沟通,对是否能顺利入户非常关键。通常在问卷设计中已精心编写了开场白(自我介绍词)。

访问员在进行自我介绍时,应该开朗、自信,如实表明访问目的,出示身份证明。有效的开场白可增强潜在的被调查者的信任感和参与意愿。

### 案例 6-1　访问员在首次面对被调查者时所使用的开场白

**开场白**

您好！我叫李刚，是某某大学管理学院市场营销专业的学生。这是我的学生证。我们正在做一项有关市民交通出行习惯的调研。您正好是这次调研中经过科学抽样设计选中的被访者之一。您的观点对我们的研究非常重要。我们希望您能回答如下几个问题。

② 倾听技巧。

调查员在受访者回答问题时应注意两个方面。一是不要随便打断受访者的话题，即使受访者答非所问或说话啰唆。如果记录中有不清楚的地方，要等受访者讲完以后再询问。二是要集中精力、保持专注，注意用体态语言来表现自己对受访者的高度重视。

③ 语言的表达。

询问问题时要注意用问卷中的语句来询问。大多数受访者出于礼貌，或者为图省事，喜欢按调查人员所期望的方向回答问题。因此，调查人员绝不能通过自己的面部表情或声音提示受访者的答案"正确"或"错误"，或表示"我赞同"或"我反对"等。

④ 访问员的仪表。

为了给被调查者留下好的第一视觉印象，访问员要重视对自身仪表的修饰，如在开始访问前应注意发型是否整齐，衣着是否整洁大方，随身携带的留置问卷、提问卡、礼品袋是否合适等。

⑤ 选择适当的访问时间。

为了能顺利地实施入户访问，减少或避免拒访尴尬现象的发生，访问员还应当选择适当的入户访问时间。

一般工作日，访问可选择在晚上7：00～9：00进行；双休日，可选择在上午9：00～晚上9：00进行，但应避开吃饭和午休时间。

⑥ 如何应付拒访。

a. 拒访原因。

拒绝访问是市场调研资料收集中很常见的事，也是市场调研过程中应努力解决的问题。受访者拒访的情况一般有两种，一种是访问开始时拒访；另一种是访问中途拒访。拒访的原因有主观和客观两个方面，见表6-2。

表6-2　拒访的原因分析

| 拒访的情况 | 主观原因 | 客观原因 |
| --- | --- | --- |
| 开始时拒访 | 怕麻烦<br>怕露底<br>感到调查对自己没意义<br>对访问员不信任 | 调查员行为不当<br>家中有客人<br>有事需要处理<br>身体不适 |
| 中途拒访 | 怕问卷较长、需花费较长时间来完成<br>问题不好或不便回答（如开放性问题、个人隐私问题等） | 有人（或电话）拜访，需要接待<br>突然有急事需要处理等 |

b. 应付拒访的技巧。

在多数情况下，被调查者如果拒绝访问，通常会找出许多借口。因此，访问员要想降低拒访的可能性，就要熟悉被调查者可能提出的各种各样的拒访借口，并采取不同的对策。如表6-3所示：

表6-3　对被访者不同表现的基本应对措施

| 被访者表现 | 访问员应变 | 把握重点 |
| --- | --- | --- |
| 无所谓 | 解释完来意后，马上说："为了方便记录您的意见，我进去跟您聊一聊吧。" | 主动出示证件，说明身份后，立即请求入户 |
| 非常怀疑 | "这是我自己的证件。这是我们公司的介绍信和电话。我们只是想了解一下您个人的日常消费习惯。" | 及时出示充分的证件，再次明确来意 |
| 家有客人 | "我们的访问可能会耽误您一些时间，如果您暂时没有时间，我们可以另外预约一个时间。" | 为避免中途拒访现象的发生，另约合适时间是最有礼貌的做法 |
| 忙于做事 | | |
| 有顾虑 | 解释此次访问只供公司统计分析用，对所有被访者的资料会绝对保密 | 解释清楚 |
| 怕时间长 | "只是想了解一下您的日常消费习惯和意见，只需要一点时间。因为我们是随机抽样，在这幢楼内只抽了几户，其中就包括您，您看，您多幸运。真的只耽误您一点点时间。您看，要不是我们说这么多，可能访问都做完了。" | 强调时间不长，如果被访者真的没有时间，则预约下次访问时间 |
| 许多疑问 | "您的这些问题，我进去慢慢跟您解释好吗？" | 直接请求入户 |
| "我的文化水平不高" | "我们只是想了解您的日常消费情况，您的答案没有对错之分，很简单的，而且不少消费者的情况也和您一样。" | 强调问题的答案没有对错之分，很简单 |
| "另换一个地址" | "这是我们的电脑随机选取出来的，电脑不能随意更改。电脑在这幢楼内只选了几户，其中就包括您，看您多幸运。" | 电脑抽出的不能改，强调被选中很幸运 |
| "我不买东西" | "我们不是推销员，只是想了解一下您或您家人的日常消费习惯。" | 打消被访者的顾虑 |
| "有没有礼品送" | "我们会以各种方式感谢您的。我们会在访问完成后送您一份小小的纪念品。" | 表示会感谢，但不说明具体的礼品 |

(4) 控制环境。

理想的访问应该在没有第三者的环境下进行，但访问员总会受到各种干扰，所以要学会控制环境的技巧。例如：

◇如果访问时有其他人插话，应该有礼貌地说："您的观点很对，我希望待会儿能请教您,但此时我需要先记录被访者的观点"。

◇ 访问员应该尽力使访问在脱离其他家庭成员的情况下进行。如果访问时由于其他家庭成员的插话,访问员得不到被调查者自己的回答,则应该中止访问。

◇ 如果周围的收音机或电视机发出很大的噪声,而访问员又不便建议把声音关小,访问员可逐渐降低说话音量,这样被调查者就会注意到噪声,并主动关掉声源。

(5) 保持中立。

没有经过培训的访问员,在访问实施过程中很难保持中立。访问员明显的表情或对某个回答的鲜明态度,都会影响到被调查者。

访问员在访问中,除表现出礼节性兴趣外,不要做出任何其他反应。即使被访者提问,访问员也不能说出自己的观点,要向被访者解释,他们的观点才是真正有用的。

访问员还要避免谈及自己的背景情况。有的被调查者好奇心强,一会儿问访问员的家庭情况,一会儿问工作情况。即使是对小问题的回答,也会影响访问的结果。实际上,访问员应该给出一个模糊的回答,并鼓励被调查者谈他们自己的见解。

(6) 提问和追问。

访问员在访问过程中应按问卷设计的问题排列顺序及提问措词进行提问。

对于开放题,一般要求充分追问。追问时,不能引导,也不能用新的词汇追问,要使被访者的回答尽可能地具体。熟练的访问员能帮助被调查者充分表达他们自己的意见。追问技巧不仅会给调研提供充分的信息,而且会使访问更加有趣。

① 提问的技巧。

访问过程是由一系列的提问组成的,因此成功访问的一个重要因素就是掌握和灵活运用提问技巧。

a. 提问用词。调查问卷上的提问用词往往都是经过仔细推敲的。因此,访问员对于每个问题都要严格按照调查问卷上的用词进行提问。如果提问或用词有误,就可能影响调查结果。

b. 提问顺序。由于问题的先后顺序会对问卷整体的准确性及能否顺利进行访问有重要影响,因此,调查问卷中每个问题的顺序都是经过精心编排的。访问员在提问时,要严格按照问卷上的问题顺序提问,不要随意改变问题的顺序。

c. 严格按要求询问。当被调查者不能理解题意时,访问员可重复提问,但不能擅自做解释或加上自己的意见而影响被调查者的独立思考。

d. 调查问卷上的每个问题都应问到。访问员在访问中要注意不可因为访问次数多、同样的问题重复遍数多或认为某些提问不重要而自作主张放弃应该询问的问题。

e. 某些问卷上有一些划横线的关键词,在提问时应加重语气或重复。

f. 提问时的音量应控制在被调查者能听清的范围内,语速应不快不慢。

g. 提问过程应随时根据被调查者的情绪予以调节和控制。

② 追问的技巧。

在访问中,有时被调查者不能全面地回答提问,有时问卷本身就设定了追问的问题,这时就需要访问者运用追问技巧来达到预期的目的。追问不应该存在任何误导倾向。常用的追问技巧如下:

a. 重复问题。用同样的措词重复问题能够有效地引出回答。

## （二）X 理论和 Y 理论

道格拉斯·麦格雷戈提出了有关人性的两种截然不同的观点：一种是基本上消极的 X 理论；另一种是基本上积极的 Y 理论。通过观察管理者处理员工关系的方式，麦格雷戈发现，管理者关于人性的观点是建立在一些假设基础之上的，而管理者又根据这些假设来塑造他们自己对下属的行为方式。

（1）X 理论以下面 4 种假设为基础：

① 员工天生不喜欢工作，只要有可能，他们就会逃避工作。
② 由于员工不喜欢工作，因此必须采取强制措施或惩罚办法，迫使他们实现组织目标。
③ 只要有可能，员工就会逃避责任，安于现状。
④ 大多数员工喜欢安逸，没有雄心壮志。

（2）Y 理论以下面 4 种假设为基础：

① 员工都是喜欢工作的，愿意为工作付出。
② 如果员工对某项工作做出承诺，他们会进行自我指导和自我控制，以完成任务。
③ 一般而言，每个人不仅能够承担责任，而且会主动寻求和承担责任。
④ 绝大多数人都具备做出正确决策的能力，而不是只有管理者才具备这一能力。

在马斯洛的需要层次的框架基础上对麦格雷戈的人性观点进行解释效果最佳：X 理论假设较低层次的需要支配着个人的行为；Y 理论则假设较高层次的需要支配着个人的行为。

麦格雷戈本人认为，Y 理论相比 X 理论更实际有效。因此，他建议让员工参与决策，为员工提供富有挑战性和责任感的工作，建立良好的群体关系，这样会极大地调动员工的工作积极性。

## （三）激励—保健双因素理论

激励—保健双因素理论是美国心理学家弗雷德里克·赫兹伯格提出的。

他认为个人与工作的关系是一个最基本的方面，而个人对工作的态度在很大程度上决定着任务的成功与失败。

在 20 世纪 50 年代，他通过调查发现，"满意—不满意"不是传统观点认为的那样，是一个单独连续体相对的两端。实际上存在两类明显不同的因素，它们是两个不同的连续统一体：满意的对立面是没有满意，不满意的对立面是没有不满意。

赫兹伯格把从"不满意"到"没有不满意"的这类因素称为保健因素，它们是和工作环境相关联的外在因素；而把在"满意"和"没有满意"这个连续体之间的这类因素称为激励因素，它们是和工作内容相关联的内在因素。

赫兹伯格认为激励一个职工的过程分为两个步骤：首先，管理人员要确保保健因素是适当的，即有适当的收入和安全保障；其次，管理人员应创造机会为职工提供激励因素，诸如能取得成就和认可等。

## （四）ERG 理论

在马斯洛提出需要层次理论之后，耶鲁大学的著名学者奥尔德弗又提出了另一种需要层次论，被称作 ERG 理论。E、R、G 分别代表生存（Existence）、关系（Relatedness）、成长（Growth）三个词。ERG 理论将马斯洛的需要层次压缩为 3 个层次。ERG 理论假设激励行为是遵循一定的等级层次的。

理论类似于马斯洛理论,但二者又有两个重要的区别:第一,ERG 理论认为在任里,多种层次的需要会同时发生激励作用;第二,ERG 理论明确提出了"气馁性回归"的概念。它认为,如果高层次的需要长时间得不到满足的话,个人就会感到沮丧,然后回归到对低层次需要的追求上。ERG 理论较马斯洛理论相对更新,更有效地解释了组织中的激励问题。

(五)三种需要理论

三种需要理论是由美国心理学家大卫·麦克莱兰等人提出的,他们认为个体在工作情境中有三种主要的动机或需要:

① 成就需要:达到标准、追求卓越、争取成功的需要。
② 权力需要:影响或控制他人且不受他人控制的欲望。
③ 归属需要:建立友好亲密的人际关系的愿望。

一般人都会有以上三种需要,只是各种需要的强弱程度因人而异。麦克莱兰提出了四种方法来增进个人的成就需要:以成功人士为楷模;有意识地进行一些成就反馈;改变自我观念;控制遐想。麦克莱兰的研究还发现,权力需要对管理人员来说是最重要的。

## 任务实施

### 一、选择合适的调研机构

(一)初步选择

各个市场调研机构所承办的调研类型和所能提供的服务性质各不相同。有些机构专门从事某些产业范围内的调研,有些机构则专门从事消费者、广告动机方面的调研,在各领域都很擅长的机构是很少的。

因此,企业在选择调研机构时,必须对目标调研机构进行多方位的了解。企业可以向每个目标机构发出征询,先略述调研的项目,并请求每个调研机构提供便于企业进行选择的内容,这些内容通常包括以下六个方面:

(1)调研机构的声誉:在同行业中的声誉,哪些方面比较突出,突出的方面是否是企业所需要的;在勇于创新、运用新技术新方法以及坚持原则方面的声誉;在职业道德上的表现。

(2)调研机构的业务能力和专业人员的水平:公司管理人员的资历、实践经验和学识水平;承接代办过的业务数量、质量;过去客户的反映、满意程度;是否发生过其他方面的法律纠纷;公司业务情况的发展前景和规划;有哪些方面的专业调研人员,调研的经验如何;调研技术有无新的突破和发展。

(3)调研机构的资历:公司成立的时间,开展调研和咨询业务的时间;主要职员的任职期;承接项目的范围和特点,所擅长的领域;客户对象主要有哪些,主要目标客户的类型。

(4)调研机构的营业方式与财力:公司采用什么方式来吸引客户,招揽业务的难易程度;公司的营业项目分类和估价是否详细和准确;公司代理业务的收费估价是否合理;常用的支付条件;公司的资金信用状况及经费保证程度。

（5）调研机构的资源配置：工作人员的数量，特约调研人员的配置情况；办公室设备是否现代化；统计、汇总资料采用的是什么软件程序；外勤服务情况。

（6）调研机构对委托人的调研项目的适应性：在同类项目方面的经验；在特定领域方面的专长；受派担任本项目的工作人员的适应情况；为委托人进行工作的经历；目前为委托人做的工作。

（二）比较选择

通过对市场调研机构各项目的分析、评估，委托企业便可以把目标锁定到最符合要求的两三个调研机构上。接着就应该分别安排会晤。在会晤中可以比较深入地讨论委托企业的调研需求和调研机构满足这些需求的方法。初步会晤以后，企业可要求各家调研机构提供书面的调研建议书，通过对调研建议书的比较分析，进一步了解各家调研机构的项目适应性。建议书应该包括如下内容：

◇工作人员的配备、专业水平、实际工作经验和能力；

◇抽样调研的方法与技巧；

◇拟订问卷的构思与问卷的样本；

◇实地采访中，专职访问员和管理人员的配备情况，专职调研员、特约调研员和临时调研员的配备情况；

◇选择访问员的标准与培训计划；

◇对问卷有效性的监督、管理措施；

◇制作图表的设备与技术；

◇项目完成所需时间的估计；项目的费用预算情况。

（三）签订委托业务合同

企业经过慎重而周密的选择确定了调研机构以后，便可以委托调研机构进行调研活动。市场调研机构是一个营利性组织，因而，这种委托代理关系就是一种商业关系。为了双方的利益都能得到有效的保障，就必须通过签订委托合约来明确双方应承担的义务、责任和享有的权利。合约一般包括如下内容：

**1. 调研范围及方式**

在合约中，首先要说明的是调研的范围，以此来要求调研机构围绕调研目标进行策划和设计。调研方式由调研机构根据调研的主题和对象来确定，并写在合约中。此外，可以规定调研对象、走访次数和形式、企业应向调研机构提供的资料及双方联系的方式与时间等内容。

**2. 调研经费**

调研经费可以是调研机构根据项目所需的各项费用支出的估计向企业提出应付的款项和数额，在双方同意后，写入合约中；也可以是企业提供的数额，调研机构认为在此数额范围内完成调研是可行的而接受委托，在合约中写明应付数额。必须注意，合约中的经费预算必须注明每个调研项目的开支情况。另外，要尽量避免"按日结算"的预算方法，因为这对委托企业极为不利。预算中还可以注明对于超过预算的追加款项的处理办法，一般企业可接受的追加款项数额均在总预算的10%内。

**3. 付款方式**

调研费用的预算必然牵涉到付款方式的问题。通常情况下委托企业都采用分期付款的办法，即根据调研的展开和完成的情况分批支付，待调研全部结束后结清余款。如果代理双方有过多次合作，信任程度较高，也可以采用事先付款和事后付款的方式。若是涉及两个国家的调研项目，双方还必须确定付款的货币种类及汇率结算等问题。

#### 4. 人员配备

调研机构指派的全体调研人员的名单及各自的职责应在合约中明确规定。这既有利于委托企业对调研项目的完成情况进行了解，也有利于调研机构对承担工作的职员及其工作情况进行指导和监督。若调研机构将其中的部分项目再分包给其他调研机构，也必须将人员的配备情况列明。不过，在这种情况下，原则上不能改变费用预算。

#### 5. 期限

必须在合约中规定调研项目执行的时间和完成的期限。只有按时完成调研项目，才能保证调研结果的时效性。对超时未能完成调查任务的处理办法也应同时注明。通常，如果调研机构超期违约，在费用结算时会被扣除一定的调研经费。

#### 6. 调研成果的形式

调研结果以书面形式记录和呈现出来，就成为调研报告。调研报告分中期报告和最终报告两种。除了大型的调研项目以外，一般的调研成果都以最终的调研报告来体现。因此，对最终报告的内容必须有具体要求，可包含调研结果、分析、营销策略、趋势预测等内容或其中的部分内容。

### 二、组建调研团队

#### （一）明确调研团队的构成人员

调研团队的构成人员一般包括调研主管、分析师、技术专家、实地调研人员、办公人员五种类型的人员，要大致注明团队中应包含的各种类型人员的数量和素质要求。

#### （二）招募团队成员

##### 1. 刊登招聘启事

通常由督导到大学、中专职校和居委会张贴和分发招聘启事，或到各求职中心填写招聘要求。也可以在求职报上刊登招聘广告。一般在启事上需要交代以下内容：

◇招聘访问员的目的；
◇访问员工作的简单描述；
◇应聘访问员的基本要求；
◇应聘方式；
◇联系方式、联系时间和联系人。

##### 2. 电话预约

通常让应聘者电话预约面试时间。

##### 3. 访问员报名和面试

让应聘者在规定的时间到公司面试。面试是筛选应聘者的第一道程序。首先让应聘者亲自填写应聘登记表，通过填写可以了解应聘者的基本情况以及书写能力。然后由访问员督导与其进行交谈，通过交谈可以了解其基本素质。最后由面试的督导填写面试记录表。确认应聘者初步合格后，通知其参加基础培训的时间，进入下一轮的基础培训。

##### 4. 试用访问

基础考核通过者可编号录用，但是这批访问员必须经过试用期后才能成为正式访问员。

在试用期里，如果发现有的访问员不能胜任访问工作，必须让其重新接受基础培训和考试。

## 三、培训市场调查员

### （一）基础培训

基础培训是指调查员被录用后所接受的入门培训。它是建立调查员队伍的重点，需要投入大量的时间和精力。一般基础培训的课程不应少于7个小时。培训的主要内容包括行业的基本知识、工作准则、访问的基本知识及技巧等方面。基础培训的重点在于访问的基本知识及技巧，尤其是沟通技巧（一个访问是否成功，沟通技巧很重要；一个访问员能否过好访问心理关，沟通技巧的训练很重要）。

### （二）调查员筛选

调查员筛选是指调查员在经过基础培训后，调研机构运用不同的考核手段来判断该调查员是否能够初步胜任访问的工作。通常的考核手段有问卷考试、访问模拟考试和试访等。

问卷考试是通过试题考卷的形式来检验访问员对应掌握和了解的基本知识、基本原则、基本技巧等的理解程度。其重要性在于，可以大概了解基础培训的效果，也可以针对基础培训中访问员不太理解的部分再进行重点培训。

访问模拟考试是指在基础访问技能讲解结束后，让访问员在办公室内进行的试验性访问。其意义在于，通过模拟不但可以发现访问员存在的主要问题以及基础培训中的不足，也可以当众指导并纠正访问员的不规范操作或错误理解。模拟考试的操作方法主要有两种：

① 培训人员充当被访者，每个访问员轮流发问，及时总结。此种方法的好处是，可以让每个参加模拟的访问员看到全过程，并能够当场提问和总结。

② 访问员分成几组，每一组由一名督导充当被访者。此种方法的好处是，每个访问员都得到了锻炼的机会，同时能发现自身的不足之处。

试访是指新的访问员在正式开展访问工作之前，在已拟定好的项目的要求下，由督导陪同对一些被访者进行试验性质的实地访问。其重要性在于，访问员可在与正式访问环境完全相同的条件下，进行真实的访问。这样一方面可以检查访问员在各个环节的表现，另一方面可以考查该访问员能否胜任访问的工作。

## 四、激励调研团队

通过对需要层次理论、X理论和Y理论、激励—保健双因素理论、ERG理论、三种需要理论等激励理论的灵活运用，使调研团队能够做到以下几点：

### （一）拥有积极的访问心态：访问是有意义的工作

市场研究是通过收集消费者的意见，使企业可以不断改良产品和服务，从而能更好地为广大消费者服务的工作。调研团队成员是主要资料的直接收集者，是市场研究最关键的环节，因此他们承担的是一项极富意义的工作。

### （二）树立规范的访问态度：真实的信息才是有用的；质量第一

实行标准规范的访问可以保证访问质量，保证所取得的信息是消费者本人意见的真实反映。真实的才是有用的。

### (三) 树立整体观念：互相沟通，共同进步

调研团队的每一个成员都是整个项目的有机组成部分，其工作的质量直接影响到整体的工作水准。团队成员在工作中要服从安排，多多沟通，共同克服困难，以便做好每一次访问。

本次任务实施的整个过程可以用图 6-2 来表示：

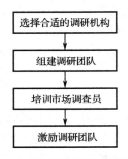

图 6-2 市场调研团队组建过程

## 实践演练

随着网络时代的来临以及生活方式的转换，书籍阅读在不同的人群中呈现出不同的状态。某市一家连锁书店想要调研书店的发展趋势以及如何在大学生中扩展市场。

(1) 该连锁书店应采取什么样的步骤和方式来挑选调研机构？

(2) 调研机构根据该连锁书店的调研目的和需求，如何组建和激励调研团队？

## 拓展阅读

### 宝洁公司的市场调查

宝洁公司早在 1925 年便成立了市场调查部门，投入了大量的时间与金钱以获取有关消费者需求的资料。

这个部门的形象迄今未改：极为量化的取向；拥有实力雄厚的广告媒体；为更快、更精确地取得资料，不惜投入大量的时间与金钱；可独立于业务部门的客观性；神秘的色彩。

1. 组织成员

1934 年，宝洁的市场调查部门已有 34 名市场调查员，而市场调查的基础，就在于实地的现场问卷调查。市场调查部经理史梅塞在 20 世纪 20 年代末期就开始储备市场调查人才。她们是清一色的具大专学历的年轻女性，需要到辛辛那提受训 4 个月后才能被分派工作；随后，她们以小组为单位，搭乘火车或汽车展开挨家挨户的市场调查实务工作。男性则需多实习两年。

唐玲是优秀的领导人才。因此史梅塞指派她招训员工。后来担任经理职务的薛普德强调："我们之所以招训大专毕业的女性，是因为她们深思熟虑，足堪大任，且能单独旅行。当然机智也是考虑条件之一。"

史梅赛及唐玲按照研究的市场调查技巧，要求市场调查员熟记所有的指示、问题和答案。调研时不带任何笔记本、笔或问卷，因为这些东西都有碍于自然及公开坦诚的对话。访谈结束后，市场调查员立即躲进汽车，记下顾客的反应，如此便完成一次访问。

20世纪60年代中期，由于挨家挨户拜访的成本越来越高，而宝洁也装配了一套长途电话系统，因此市调部门开始减少市场调查员，并训练年轻女性进行电话访问，以降低成本。

2. 遍及全球的市场调查部门

在史梅赛的领导下，柯普开始到国外分公司招募人员成立市场调查部。这是一项艰巨的工作。历经11年，直至1961年，柯普才完成在26个国家招聘调查人员的工作。

在柯普众多的故事中，最让人津津乐道的，便是他于20世纪50年代在委内瑞拉首都加拉加斯指挥的一次挨家挨户的收音机听众调查。这个构想是以最快的速度沿街观察每一户人家所收听的电台。只用15分钟就能有效观察这么多户人家，宝洁是如何做到的呢？据了解，它雇用了一些斗牛士，这些人有足够的速度与体力，能在预定的时间内绕完整个街道。有趣的是，这种方法居然奏效了。通过这种方式，宝洁的市场调查部能够比电台更了解听众群的规模，并以此研究结果与电台谈判协商，以购得最佳的广告时段。而这种从广告媒体及听众方面着手的工作方针，使宝洁市调部在公司的媒体决策中扮演了举足轻重的角色。

3. 有效整理庞大资料的组织

宝洁市调部门组织的严谨，表现在它能有效地整合各种资料来源，供决策层参考。

## 任务7　管控调研过程

### 学习目标

**知识目标：**
1. 了解市场调研过程管控目标
2. 熟悉市场调研管控的原则
3. 熟悉对调研项目进度的控制

**技能目标：**
1. 掌握对调研过程的控制与沟通
2. 掌握对市场调查员的管控
3. 掌握对督导的管控
4. 能进行调研现场管控

### 任务导入

某白酒企业欲推出一种浓香型高档白酒，目标消费对象是企业家、高级经理、创业者、银行职员等商务人士。公司决定委托一家专业公司调研评估该项目的可行性。

有5家专业公司参与了投标，最低报价是20万。该白酒企业选择了报价最低的公司，并强行把价格拦腰砍到了一半。由于预算太低，这家研究公司没有去找执行公司合作这个项目，而是临时招聘了一些大学生做访问员，几乎没对他们进行培训就把他们派到市场上去调研，并且省略了一些控制程序。一个月的规定时间到后，白酒企业市场部拿到调研报告后对其中200份问卷进行了抽查调查，才发现一些问卷存在严重的质量问题，双方闹得不欢而散。最后该白酒企业只得以更高的价钱委托另外一家公司继续调研，而推出该白酒的最好时间似乎已过。

那企业到底应该怎样对调研过程进行管控,才能保证达到相应目标呢?

### 任务分析

在市场竞争日益激烈的情况下,市场机会转瞬即逝。企业花费了大量时间和精力开展的市场调研,到底能不能及时为企业决策提供依据呢?企业要规范调研过程,提高项目执行能力,必须要考虑以下问题:

◇ 市场调研过程管控到底要达成什么目标?
◇ 市场调研管控应该遵循什么原则?
◇ 企业该如何对调研过程进行控制与沟通?
◇ 如何对调研团队成员进行管控?
◇ 如何对调研项目进度进行控制?
◇ 如何进行调研现场管控?

只有实现了调研过程的严格管控,才能够在规定的时限内取得满意的调研成果,从而帮助企业抓住市场机会,扩大市场份额。

### 任务知识

## 一、市场调研过程管控目标

市场调研过程管控有三个重要的目标:确保数据质量、控制成本和时间管理。

### (一)确保数据质量

市场调查管理者可以通过减少误差来源确保数据的高质量。管理者必须仔细核查所有以书面报告形式提供给客户的文本、图表和曲线。这些方面的错误很可能导致客户做出错误的决定。

基本的原则是:在完成仔细核对之前,不向客户提交任何信息。管理者必须有适宜的政策和程序来减少误差来源。只有达到这些要求,管理者才能基本确保数据的质量。

**案例 7-1**　　　　　**成都普莱特市场研究中心的调研过程控制**

成都普莱特市场研究中心为了保证市场调研数据的客观性和准确性,制定了严格的项目流程控制与管理方法,包括调查全程控制、访问过程控制和拒访率控制等。

**1. 全程控制**

实施严格的全程质量控制措施。为确保高质量地完成调查项目,公司设有专业的质量审核员负责质量检查工作。一般消费者调查的复核比例为总样本量的10%~30%,集团消费者的复核比例为30%~50%。

公司对调查质量的控制是全程性的,对如下环节中的每个步骤都有严格的管理制度:调查设计—问卷设计—调查记录—调查数据—数据审核—数据接收—数据复核—数据汇总与录入—数据分析—报告大纲—报告撰写—客户报告会—客户接收。

**2. 访问过程控制**

普莱特市场研究中心的项目管理实行项目经理负责制。项目经理接到部门经理转发下来

(11) 归档资料。

按项目完成情况对访问员进行评价，评价后的访问员表现必须输入访问员管理库中。

### 3. 拒访率控制

通常来讲，该公司采用如下方法降低拒访率：

◇ 良好的访问条件；
◇ 合理的抽样设计；
◇ 特定的访问程序；
◇ 完备的培训体系；
◇ 专业人员的访问经验。

## （二）控制成本

市场调研的成本是指从事市场调研的企业以市场调研的整体费用作为成本核算的对象，在市场调研过程中所发生的全部费用的总和。

按成本的经济性质，市场调研成本可以分为直接成本和间接成本。

直接成本指市场调研过程中耗费的实体成本，包括人工费用、材料费用、其他直接费用；间接成本指企业内部为组织和管理市场调研项目顺利进行所发生的全部支出，包括管理人员的职工福利费、固定资产折旧费、固定资产修理费、水电费、保险费等。

市场调研成本控制是在保证满足市场调研数据的真实性、工期等合同要求的前提下，对市场调研实施过程中所发生的费用，通过进行有效的计划、组织、控制和协调等活动实现预定的成本目标，并尽可能地降低成本费用、实现目标利润、创造良好经济效益的一种科学的管理活动。

市场调研阶段成本控制的方法有：

### 1. 强化成本控制理念，完善成本控制体系

成本控制的各项指标都有综合性。项目经理作为项目的直接负责人，负责项目的一切经济活动，包括成本的控制。

首先，公司应该明确项目成本控制和质量控制等责任和相应的奖励措施，做到奖罚分明，以提高项目经理和项目组人员的积极性。

其次，项目经理应该领导项目小组制定成本控制的具体措施，对项目小组的成员进行培训，强化成本控制的理念，建立适合项目的成本核算岗位责任制，规定项目小组成员在核算中的作用、地位和所负的责任及考核奖励的办法。

最后，还要对成本控制的实施情况进行定期检查，找出成本控制中的问题，及时总结经验和工作中的不足，并使之与项目组人员绩效挂钩，制定项目组内部的奖罚措施，对项目进行全过程的成本控制。

### 2. 按照市场调研的阶段进行分段成本控制

（1）确定调研目的、调研地点和调研人员阶段的成本控制。

针对企业实际给市场调研确定调研目的、调研地点、调研人员。调研地点的确定要尽量有代表性，不要进行重复性调研；兼职调研人员数量的确定要合理，以尽可能地减少人工费用。

（2）问卷设计阶段的成本控制。

调研问卷成本在调研总成本中占有非常大的比率，要首先从问卷设计源头节省成本，问卷设计纸张在1~2页为宜。

（3）调研计划执行阶段的成本控制。

在问卷的打印、运输、收发、保管等环节，应尽量减少损耗，明确各环节责任人。问卷用量的控制包括：①坚持按定额领取问卷数量，对问卷数量回收数量有误的，要明确责任。②制定措施，杜绝在问卷发放过程中的损耗。③提高问卷的有效率。

（4）调研汇总分析阶段的成本控制。

调研数据的汇总可以在问卷回收工作开始的时候同步进行，因为节省了数据汇总时间就节省了公司的各种间接成本。

如果一个项目超过预算，并且其原因是依赖客户提供的信息，而这些信息已经被证明是错误的（例如发生率和访问长度），那么必须在过程之初就提供给客户以下选择：更高成本的预算、允许小样本、设计简短的访问计划或是以上几种的组合。

（三）时间管理

时间管理就是确保项目按预定时间计划进行。

首先，项目经理必须尽早知道项目是否会如期完成。如果存在问题，经理必须判断是否可以加快项目进程，包括是否可以额外增加对访谈员的培训来加速调查的某个环节，或者是否投入更多的调查员到此项目中去。

其次，当项目看起来要延期时，调查者必须与客户沟通，通知客户。这样调查者可以与客户一起探索可否延长时间或者客户愿意做些什么改变使项目如期完成。例如，客户可能会愿意通过减少调查的问题数，或缩短采访时间长度这种非议不大的途径来减少总体样本的规模。重要的是，系统的结构必须确保调查者和客户在项目开始的前几天能敏锐地发觉潜在的问题。

### 案例7-2　　过度自信的心理倾向

大量的心理学实证研究发现，多数人都有对问题过度自信的心理倾向。自信当然是好的，否则人类很容易抑郁而死。但经常过度自信，也难免会带来大问题，在时间管理问题上经常犯错误便是一例。

曾经有过一项研究，研究者问大学生他们预计完成课程论文需要多长时间。他们预计，在一切顺利的情况下，平均完成时间是28天；在一般情况下，平均完成时间是39天；在可能出现各种困难的情况下，平均完成时间是48天。而实际结果呢？他们实际完成论文的平均时间是56天！

在进行调研项目的时间管理上，案例中的错误也非常常见。一个典型的失败的时间管理就是在制订项目进度计划时，凭主观感觉制订一个过度自信地的时间计划，而在执行过程前期，也凭主观感觉过度自信地估计后期完成工作的速度，导致工作前松后紧，并最终可能导致失败。于是，一个失败的时间管理造就一个失败的项目。

做项目的时间，不是靠主观努力就能控制的，它受到很多客观条件的限制。无论是时间计划的制订，还是执行过程中的进度控制，都应基于一个量化的计算。时间管理的步骤如下：

1. 计划阶段

我们在制订时间计划时，要通过过往的经验对调研项目每个步骤所需的时间进行细化的、量化的估计。例如，在制定实地访问的时间计划时，要根据问卷的长度、拦截的难易程度，计算大概一个访问员一天能完成多少。在保证质量的情况下，估计访问员人数有多少，进而量化出一个完成的时间。其他环节如数据处理、写报告也是同样的道理，要根据过往经验和项目实际难度，细化还原每个环节的完成时间，对完成时间有一个量化的把握。而且，制订时间计划的标准不是"一切顺利的话"，而是"一般情况下""有可能遇到某些困难时"，对每个环节应该预留一定的机动时间，预防意外情况的发生。

2. 实施阶段

当项目没有遇到太大的意外，能基本按照流程进行时，无论整个项目后面还有多少时间，对于每一个环节，都必须牢牢把握住，在计划时间内必须完成。不能觉得后面来日方长，拖一拖也没关系。每个环节拖一拖，后面整个计划就会越来越乱。而且，这种做法会彻底打破你对项目时间原有的量化计算，只能又回到主观估计的路子去。

当然，计划往往难以覆盖实际的所有情况。当项目出现计划外的情况时，对整个项目的进度把握也必须要量化，不能一句"应该可以吧"了事。

**案例 7-3　　　　　　　　实地访问中的安排**

在调研的实地访问过程中，往往会出现意想不到的难题，执行计划就要随之做出调整。如果要在计划时间内完成，我们就要重新计算人员的数量，分析要做什么调整。如果一个访问员一天顶多只能做 2 份问卷，而我们一天必须完成 30 份问卷，目前访问员却只有 10 个，那么把访问员增加到 15 名就是最基本的了。

在项目管理中，要根据实际情况对调研项目进行量化解释，并重新量化计算合理的实际完成时间。在制订时间计划时，应对实际进度等做出主观估计。

## 二、市场调研管控原则

### （一）严密组织

调研方案、调研计划、调研问卷、调研方法、调研组织、调研实施、调研分析和调研报告都必须由专门的部门和专业的人员负责制定、监督、检查和控制，其他人员无权干涉和阻挠。

### （二）统一指挥

调研行动必须做到统一指挥、统一部署、统一行动，任何部门和任何人员都不能擅自行动，或是更改、变动调研计划和调研方案。如有特别需要修改或变动的问题，应提前向上级申请，获批准后方可做出修改，并及时通知有关部门和人员。

### （三）预先调查

对于重要课题的调查和预测，应当做好预先调查工作。预先调查是一种有针对性的先期调查工作，目的在于为调查计划、调查方案、调查实施、问卷措词、问题排列、编码等提供检验资料。所以，我们应该针对重大调查课题得出预先调查的结果。也就是说，如果发现原来设计的方案与预先调查有出入，就要进行修改、调整。不过，调查事项各方面的调整要有根据。

#### (四) 严格执行

调研人员一定要严格执行调研计划和行动要求,在实地调研时必须直接见到所规定的调查对象,亲自与之问答。假如被调查者不在,可另外约定时间或重新选取和他/她有相同代表性的调查对象。调查之后,由督导检查调查人员是否真正见到了被调查者本人,并根据被调查者本人的答复确定调查资料的取舍。

#### (五) 调查到位

调研人员要按照调研操作要求执行调研操作,对每个调查课题都要详细而慎重地发出提问。提问要完整,次序要清晰,问题要明确,使被调查者容易回答,并能够准确回答。同时还要照顾整体布局和局部的个别问题,因为提问明确与否对被调查者回答的质量有很大的影响。

#### (六) 准确统计

调研课题和调查问卷搞好之后,就要复核检查,对每个问题、每张问卷、每个数据仔细核对,不要出现逻辑错误。经过核对后,在统计数据过程中,要做到认真仔细,尤其是在进行各种层次分析或进行各种问题的交叉统计时,更需要缜密的复核和分析。

#### (七) 检讨结果

从调研目的、调研方案、调研课题、调研问卷等方面,对调研所得数据和资料进行检讨,如调研资料与当前实际是否相符,调研数据与市场、企业实际状况是否相吻合,调研分析与调研目的是否相符,只有这样才能在没有误导的前提下最终得出调研结论。

#### (八) 调查总结

调查员进行市场调研时,应争取每天或每三天总结一次实地调查情况。调查负责人应该十分清楚调查员的情况,对出现的问题应及时发现、及时解决,不留隐患。当整个调查工作结束后,应要求调查人员写出书面调查总结报告。

### 三、企业对调研过程的控制与沟通

为了确保调研项目的顺利完成,企业在确定了具体的调研执行机构后,还必须参与到委托机构的整个调研项目的实施过程中,起到监督和沟通的作用。作为一种互相合作的关系,双方必须完全信任,充分合作。

#### (一) 提供帮助

企业应该明确,它将自始至终提供调研机构所需的任何帮助,以便于调研机构充分了解和掌握企业的实际情况和要解决的问题,确定调研的主题、范围、方式和技巧。特别是在有些专业性的问题和调研对象的选择方面,调研机构还要借助于企业的关系网络。

#### (二) 及时反馈和沟通

调研机构要及时地将调研中发现的问题,例如,企业目标与市场实际情况矛盾之处等通报给企业。双方要定期或不定期地交换意见,以便企业掌握调查的进展情况。在彼此沟通后,调研机构要及时修改、调整、充实调研工作。

的项目任务书即表明该项目正式确立。项目任务书是整个项目最主要和最具效力的书面文件，项目经理将会参照项目任务书严格执行项目的操作流程。

（1）计划书。

内容包括抽样计划、进度计划、访问员计划、可能问题预估报告。计划书相关人员必须人手一份，进度计划必须交市场研究中心备案。

（2）抽样。

抽样由项目经理负责。每个被调查地区的抽样由地区访问督导（或抽样员）根据抽样原则来完成，最终由项目经理确认。

（3）访问员的召集和确认。

在接到任务书当天即开始组织访问员，并进行技术培训。

（4）工具准备。

各种项目所需工具须在培训前全部准备好。所需工具包括：文件夹、问卷、项目进度计划表、调查样本框等。

（5）模拟访问。

模拟访问安排在培训后进行，主持模拟访问的督导必须参加培训并熟悉问卷的细节。

模拟访问必须合理安排时间，访问时长不得短于正常问卷访问时间。

模拟访问结束后必须把不合格的访问员剔除掉，并将模拟访问中出现的问题及时反馈给部门经理。

（6）问卷移交。

每天收回的问卷必须在第二天上午10：30前（一审后）移交市场研究中心负责督导。移卷必须由专人负责，移卷时双方签名确认，不可由他人代收签名。

（7）项目控制。

项目进行过程中，项目经理负有严密控制项目按计划进行的主要责任。发现偏差，必须马上追查偏差产生的原因。如果偏差会影响到项目的进度及质量，必须马上采取应急措施，并告知部门经理。

（8）复核工作。

由项目督导随机抽取30%做电话复核，结果汇交总部市场研究中心。委托方可随时要求进行抽样复核。

当市场研究中心发现有人作弊时，必须立即通知该访问员停止作业，并尽快回公司与市场研究中心督导对质。

当项目由于各种原因必须延迟时，必须立即报知部门经理，由部门经理做出决定。

（9）审卷。

一审应在访问员交卷时马上进行，必须补问的问卷应立即交访问员进行补问。

审卷时必须认真、仔细，审卷的准确率应不低于95%。

审卷中发现不能解决的问题，必须立即报知部门经理，由部门经理协助解决。

（10）项目结束。

收卷后一天内，项目督导必须完成各项目的收尾工作，召开访问员小结会，召开督导小结会，最后将所有资料归档，结束项目。

### （三）督促和检查

在整个调研项目的实施过程中，企业的调研部门还应时刻担当起监督的职责。一方面要督促调研机构按进度完成调研项目，以免影响企业后续工作的开展。例如，企业要开发新产品，委托调研机构调查市场的需求潜力，但是调研项目延长了一段时间才完成，这时其他企业或许早已抢先一步，这种损失是无法估量的。另一方面，在调研项目的实施过程中还要时刻检查调研的质量。虽然调研机构也会重视过程控制，但其检查的角度有所不同。

## 四、调研机构对市场调查员的管控

市场调研现场实施的实质是在规范的程序控制下进行数据采集工作。数据采集的主体是访问员。访问员工作的好坏直接影响现场实施的质量，因此访问员的规范管理对现场实施的质量至关重要，也是决定市场调查研究公司现场执行能力高低的重要因素。

如何才能做好访问员的管理工作，访问员管理工作的重点是什么，做好访问员管理工作应该从哪些方面入手，这些问题是在进行访问员管理前必须明了的。我们从以下几个角度来讨论：访问员管理目标、常见问题、访问员队伍管理要点、监控的手段、访问员日常管理。

### （一）访问员管理目标

要做好访问员管理工作，就要明确管理目标，这样才能有的放矢地展开工作，取得成效。一般来讲，访问员管理目标应该包括以下几个方面：

**1. 管理规范化**

访问员的管理必须规范。只有管理规范，访问员的现场调查才会具有规范性。管理规范化是指在管理时必须有招有式，按照一定的模式和要求展开。比如，培训材料必须按照统一的格式制作，督导培训时必须衣着整齐，培训的语言必须严谨和职业化等。

**2. 管理制度化**

因为有的访问员是公司的兼职人员，工作有一定的弹性，所以要管理好他们就必须推行制度化的管理。比如，规定培训必须按时到达，过时只能参加下一次培训；规定劳务费必须在特定的时间发放，而不能由访问员随意领取；对访问员在项目执行时或日常工作中什么应该知道，什么不应该了解，必须给予明确规定。只有制度化的管理才能极大地提高访问员的现场执行能力。

**3. 管理科学化**

管理科学化是提高管理效率的重要保证。管理科学化包含两层含义：首先是指具有科学化的管理思想。比如，在访问员评估中使用连续性评估和诊断性评估，这就是一种科学化管理思想的体现。其次是指管理手段必须科学化。比如，在招聘访问员时，使用一些科学化的测量工具，访问员培训时使用多媒体技术等。

**4. 管理全面化**

访问员的管理不是简单地招聘访问员、通知访问员做项目或通知访问员领取劳务费，而是一个系统性极强的工作。在访问员管理中，我们必须时刻用全局化的眼光来观察管理中出现的问题，用全面化的思想来考虑管理中需要解决的问题。比如，利用访问员评估结果作为一个指标来对访问员进行分类，擅长入户的放一起，定点做得好的归在一类，这样在每次项目开始挑选访问员时就能够人尽其才，充分发挥访问员的特长，提高工作效率。

## (二) 常见问题

调查员在调查过程中容易出现以下问题：

◇ 调查员自填问卷，而不是按要求去调查被访者；
◇ 没有对指定的调查对象进行调查，而是对非指定的调查对象进行调查；
◇ 调查员自行修改已完成的问卷；
◇ 调查员没有按要求向被访者提供礼品或礼金；
◇ 调查过程没有按调查要求进行，比如，调查员将本该由调查员一边问一边记录的问卷交由被访者自填；
◇ 调查员在调查过程中带有倾向性；
◇ 有些问题的答案选择太多，不符合要求；
◇ 有些问题漏记或没有记录；
◇ 调查员为了获取更多报酬，片面追求问卷完成的份数，而放弃有些地址不太好找的调查对象，或放弃第一次碰巧没有找到的调查对象；
◇ 对于家庭成员的抽样没有按抽样要求进行。

## (三) 访问员队伍管理要点

### 1. 定期休整

访问员经验的积累需要时间，但访问员长期操作访问项目容易因厌倦而降低热情，因过熟而发生钝化，即常说的"新人技术生涩，老人容易钝化"。两者都无法保证项目的质量。

因此，调研机构需要注意合理安排访问员连续参加项目的时期，尤其是同一项目或是同一类型项目。由合格访问员跟进项目是保证质量的基础。通常，访问员的生命周期是1~3年，而连续参加同一类型项目的时期不宜超过6个月。当然，每位访问员因自身条件不同，工作生命周期或参加同一类型项目的时期会不同，上述生命周期和适合工作时期只是一般情况的陈述。

访问员资源始终是宝贵的资源，有丰富经验的访问员更应加以珍惜。因此，对于定期休整的访问员应建立回流机制，即正常休整的访问员可以在休息1~2个月后，重新安排加入项目工作。督导应有资源回流使用的观念，在日常工作中应有意识地培养访问员在这方面的意愿。

### 2. 定期筛选

一般每隔半年，需要对现有访问员进行定期筛选，即通过对访问员的综合评价来区分优劣，从而将不符合要求的访问员从访问员队伍中筛选出去。

### 3. 定期补充

访问员队伍的建立是一项长期的工作。要切实保证每一项目的访问员的质量和数量，就要做好定期的补充，尤其需要对各时期可能出现的人手不足的情况事先做好安排。

## (四) 监控的手段

对调查员的监督管理，主要在于保证调查的真实性，同时也是衡量调查员的工作业绩、实行奖优罚劣的需要。比如，每天按15%的比例，由督导采取公开与隐蔽结合的方法，监督调查员每天的工作。如果发现操作问题，要及时纠正，必要时可对调查员进行进一步的培训。对问卷质量的监控由督导完成。督导每天回收当天完成的问卷，并且每天对每份问卷做检查，看是否所有该回答的问题都回答了，字迹是否清楚，跳答的问题是否按要求跳答了等。对检查中发现的问题，督导应及时进行正面反馈。

（五）访问员日常管理

访问员日常管理工作主要包括以下几个方面：

**1. 访问员资格证书管理**

访问员资格证书是用以证明访问员是否具有从事市场调查访问资格的证书。访问员资格证书管理包括以下几个方面的工作：

（1）明确证书发放的条件和时间。在通常情况下，访问员在认真听取基础培训并且通过考试后即可获得此证书。一般在考试合格后两周内进行发放。

（2）规定访问员资格证书的有效日期。一般访问员资格证书的有效期为一年。在有效期满后，访问员必须在重新考核通过后，才能获得新的访问员资格证书。对于特别优秀的访问员，可以延长有效期限。另外，对于有严重违纪行为的访问员，应立即收回其访问员资格证书，不需要等到有效期满。

（3）应明确禁止利用访问员资格证书从事与访问无关的活动。

（4）访问员资格证书遗失者，需要提出书面申请。在书面申请中，应详细说明申请理由。

**2. 访问员协议管理**

访问员协议是在访问员经过基础培训并通过考核后，公司与访问员签署的协议，主要包括访问员守则、访问员基本协议和访问项目协议。

（1）访问员守则。

访问员守则是对访问员素质的一些最基本的要求。它主要包括如下要素：

① 踏实的工作态度。

访问是一项十分艰苦的工作。由于市场研究讲求时效性，因此访问工作常常具有突击性，工作节奏有时候十分紧张。另外，市场研究的访问样本是特定的，有时为了取得一个合格的样本，要走街串巷付出艰辛的劳动；有时在实地收集资料时要排除各种干扰才能取得真实的样本。因此，为了完成任务，访问员应该能吃苦，具有踏实的工作态度。

② 严格的求实精神。

在访问过程中，绝不允许采集任何有虚假成分的资料。每位访问员应该有严格的求实精神，这是每位访问员必须具有的职业道德。在市场访问开展之前，公司要求每位访问员做出保证：问卷的各项资料都按规定程序填写，绝无虚假。另外，还必须规定纪律，如发现虚假问卷，问卷全部作废，访问员应承担责任并赔偿损失。

③ 熟练的访问技巧。

访问是否成功与访问员是否熟练地掌握访问技巧有很大关系。问卷所需的答案只有在访问员的正确引导下才能完整地取得。访问技巧需经专门的培训和实践的积累才能得到。

④ 较强的沟通和表达能力。

访问员是采用直接面访的形式向被访者征询意见的，因此，访问员应具有与陌生人沟通的能力。在访问时，应该注意访问的语气和态度，应该善于表达自己的意图和要求，循循善诱，以达到访问目的。

⑤ 保守公司秘密。

客户非常关心其商业信息的保密性。他们通常要求市场研究公司为其保守商业秘密，尤其不要向竞争对手泄露信息。因此，在访问员守则上必须严格规定访问员不能在访问实施过程之外谈论与访问有关的内容。另外，还应要求访问员为被访者的个人背景资料保密。

⑥ 遵守纪律。

访问员应尊重督导，服从管理和项目安排，如区域分配等，准时到会，认真理解培训及问卷要求，按时开展项目，准时交卷，服从陪访安排，尽快回复督导的电话及留言等。

（2）访问员基本协议。

访问员基本协议是指访问员在成为公司正式访问员后，需与公司签署的、用以表示遵守公司的各项规章制度的文件。内容通常包括：

① 总则。

此部分一般是对访问员的一些基本要求，是人人必须遵守的规章制度，如上面提到的保密原则、纪律要求等。

② 访问员处罚条例。

此部分详细规定访问员若违反规章制度的哪一条，处理结果是怎样的。各公司一般根据本公司访问及质量控制积累的经验，总结出一些适合本公司的约束访问员的条款。

③ 访问员奖励条例。

此部分是关于如何奖励访问员的条例，也需明文规定，如访问员达到什么要求应给予什么奖励。

④ 访问员投诉条例。

为了保证基本协议的公平性，应设立此部分内容，以便于在严格规范访问员各项行为的基础上保护访问员的切身利益。

（3）访问项目协议。

访问项目协议是访问员在做每个正式项目之前需签署的关于该项目的一些特殊规定的协议。项目协议需经协议双方共同签署方有效。内容通常包括：

◇ 工作时间（项目执行时间）；
◇ 工作定额（需完成的最低工作量）；
◇ 劳务费标准；
◇ 项目押金金额（可根据项目类型来定）；
◇ 对访问员的要求（可将前面提到的访问员守则和访问员基本协议作为附加协议）。

**3. 访问员档案的管理**

访问员档案是记录访问员进入公司后工作经历的必要记载，一般包括个人资料、参加项目的情况和评估情况等。

**4. 访问员证的管理**

访问员证是访问员在进行访问时需佩戴的、用以证明访问员身份的证件。通常在访问员参加基础培训并通过考核后签发给访问员。

## 五、调研机构对督导的管控

督导在把握市场调查实施工作的经济性、准确性、及时性等方面起着至关重要的作用。

他们通常要负责培训和管理访问员；检查问卷是否有漏答、错误、作弊的现象；根据调查时间安排，及时检查访问进度，抽查问卷的真实性；编辑整理所有的情报资料；评价访问员的工作业绩；对于不能胜任的访问员，还要及时提出撤换的建议。

由于市场调研工作的绝大部分经费都用在市场调研实施阶段，因此，要想提高市场调研工作的经济性，就必须提高调研实施阶段的资金使用效率，提高资金使用的科学性，减少任何不必要的浪费，尤其是市场调研人员的故意行为导致的浪费。市场调研机构必须重视对督导的管控。

### （一）在不同的工作周期对督导的管理

对督导的管理应配合其不同时期的感受和需要进行，如表7-1所示：

**表7-1 在不同的工作周期对督导的管理**

| 状态 | 经历时间 | 总体情况 | 工作态度 | 工作技术 | 管理措施 |
|---|---|---|---|---|---|
| 兴奋 | 头半年 | 初来乍到，对工作细节没有太多的了解 | 渴望多方面的尝试 | 处于学习、练习阶段 | 对培训的期望高，这时需要系统的入门培训和实际操作 |
| 疑惑 | 0.5~2年 | 通过不断实践逐渐成熟 | 工作态度认真、细致 | 工作基本自如，可以运用基本的技术，对更高的技术不清楚 | 需要对其强调要在工作中学习、在实践中积累，需要定期做深层次的培训 |
| 无聊 | 1.5~2.5年 | 操作熟练 | 满足于用现有的技术完成任务 | 技术上无长足进步 | 需要让其在工作中得到认同，对培训的迫切感稍微转淡，可加强对其工作的检查和跟进 |
| 消沉 | 2.0~2.5年 | 自认为发挥不完全 | 有些惰性 | 工作态度开始松懈，技术水平开始下降 | 注意其情绪，适时给予积极引导，鼓励其开始自我学习，包括阅读相关书籍等；重视对其工作结果的考核 |
| 习惯 | 2.5~3.0年 | 接受工作本身的要求和做法 | 作为一项职业认真对待 | 开始新的积累和发挥高峰 | 已学会自我学习，此时对公司的培训要求在精而不在多；工作已形成一种基本模式，鼓励其在工作中进步 |
| 进步 | 2.5~3.0年之后 | 认同行业性质 | 谋求工作中的进步和满足 | 保持持续的进步 | 公司为其制定长期的提高目标，适时加以引导 |

### （二）对督导的评估

对督导的评估主要集中在项目完成情况、项目操作能力等方面。一般先由督导自评，再由公司结合项目完成情况核评。一般评估时应考虑如下因素：

◇与客户/上司/同事的沟通、协调、合作情况；

◇抽样的质量：包括抽样质量、使用质量、统计数据显示；

◇访问员质量：包括整体队伍素质、陪访质量、流失率、作弊率、问卷的平均分布；
◇质量的控制：包括审核问卷、复核问题率、数据有无波动或明显错误；
◇进度的控制：包括进度是否准时、是否平均，对突发问题的处理；
◇督导的综合技术：包括培训、陪访、访问员沟通管理、复核问题处理。

每项可规定一定的分值，并规定不同分值所代表的水平。经过一段时间的试用后，判定其所属的级别是基本的合格水平、良好水平还是优秀水平。评估结果可连同项目情况小结归入督导的项目档案。

### （三）对兼职督导的管理

在现场实施的各环节中，有很多具体的工作可以引进兼职督导来进行。可成立专门的兼职督导体系，以统一的技术规范、灵活机动的组织方式承担部分具体实施及项目管理工作；促使整个督导队伍具有因项目量的大小、项目要求的不同快速调整、迅速扩张的能力，以适应各个不同时段工作量和工作重点的要求。目前，国内有很多机构已经尝试采用"全职督导+兼职督导"的运作模式来开展项目工作。但是，兼职督导的管理与全职督导的管理有所不同，见表7-2：

表7-2 兼职与全职督导的管理比较

| 描述 | 兼职督导 | 全职督导 |
| --- | --- | --- |
| 来源 | 主要来源于本公司的访问员队伍，也有的来源于直接招聘；要求业余时间充裕，工作态度认真、负责、细心（事实上，兼职督导在选拔时能成为兼职督导而非全职督导，很大程度上是出于其个人的工作取向和当时公司的需要） | 招聘为主，有时也从本公司的访问员队伍或兼职督导队伍中选拔；要求严谨刻苦，具有承受压力的能力，责任心和沟通能力强 |
| 人员特点 | 一般已经拥有本公司的访问技术和经验，而且通常是在比较优秀的访问员中选出的，能接受访问工作的工作特点；由访问开始做起，较少接触到项目管理，因此容易操作具体事务，需要培训项目管理技术；工作周期一般为1~3年 | 起点、经验参差不齐：来自行业新人的无任何相关经验；来自访问员的具备良好的访问经验；来自兼职督导的具有一定的访问经验和项目管理经验；来自同行业督导的具有项目管理经验。由于其对访问和管理的了解程度不同，需要采取的跟进方向和措施都可能有区别，普遍需要强化的是技术的规范和工作的协调；工作周期受其自身因素影响，长短不一（各周期的特点参见前面有关督导生命周期的描述） |
| 工作态度 | 原则上能够认真工作。当然，兼职的身份可能使其对于工作的关注和投入度低于全职督导 | 作为一名全职工作人员，原则上能全力投入 |
| 工作技术 | 访问技术好，管理技术需要因时培训，容易沉迷于细小事务中。因此，在刚开始的时候需要对其详细讲解各项兼职环节的每个细节，并配合及时到位的检查，以保证工作完成的质量和速度 | 由于在刚开始的时候就有机会同时接触到访问和管理两方面的培训和事务，容易产生重管理轻访问的情况，出现眼高手低的局面。因此，需强调技术的实际运用 |
| 工作时间 | 灵活，可以按照工作的实际需要上班，班内时间的工作节奏一般较均匀；存在由于个人的其他事务而影响到兼职督导的工作时间的情况 | 固定，按照公司规定上班；由于项目的进展不同，班内时间的工作节奏不均匀 |

续表

| 描述 | 兼职督导 | 全职督导 |
|---|---|---|
| 工作范围 | 辅助性质居多，主要是日常具体事务的实施，在经过一定的培训后，可以分担全职督导的管理工作，甚至做到独立管理项目执行；不适于需长期连续跟进的工作，也不适于负责涉及公司内部管理的事宜；与单纯的兼职人员相比，其工作中涉及的管理成分多 | 单独管理或协助性质居多，需要兼顾具体事务的完成和总体的协调；可以负责连续跟进的项目及日常管理的各项事务；工作中实地工作和整体管理兼备 |
| 成本 | 一般情况下，使用兼职督导只需支付计时劳务费及奖金，费用相对较低；对其的管理相对简单，原则上无须纳入公司的行政/人事管理范畴 | 费用高，需要提供公司配套的福利；对其的管理需要纳入公司整体管理的范畴 |
| 小结 | 兼职督导的最大特点是上班时间灵活，有事就过来，干完就离开，能满足市场研究突发性工作对人员的需求；对其的引用重点是工作定位、技术培训和工作考核等管理制度的完善。相比之下，全职督导的工作时间和态度较有保证，但成本较高。<br>从上述情况看，可以引入兼职督导来调整整个督导队伍的结构，也可以在因地制宜的情况下配备足够的人手来保证项目的运作；这样有利于公司运作固定成本的降低；从长远来看，兼职督导还可以成为公司的储备人才 | |

### 六、市场调研现场管控

市场调研现场管控可按一个项目所涉及的各个现场实施环节依如下顺序进行：

（一）项目计划

**1. 项目执行计划**

项目执行计划是指在项目执行之前所制订的控制和保证项目有效进行的工作文件，通常由项目负责人制订并与客户确认具体时间安排。项目执行计划主要涉及项目的要求和标准、项目执行的进程安排、人员工作的界定和安排、中期和终期递交的结果及需要汇报的内容。项目执行计划的制订必须遵循以下标准：明确和理解项目要求；人员分工的界定必须清晰和明确；进程安排必须可行；执行计划的表达应尽可能直观、形象。

**2. 人员安排**

一般由实施部门负责人安排合适的项目负责督导及助理督导，并由督导确定访问员。在人员安排上应主要考虑以下几个因素：

◇项目大小：根据样本量的大小确定参加项目的人员数量；

◇项目类型：根据类型安排具有相关经验的督导和访问员；

◇项目难易程度：项目难度越大，要求的督导和访问员级别越高。

**3. 现场实施费用预算**

根据项目的实际情况并结合公司的项目预算标准，督导及实施部门负责人制定项目的预算。预算内容一般包括以下项目：

◇访问员劳务费：可以涉及试访费用、访问费用、兼职费用、餐费补助、车费补助、优秀奖金等；

◇抽样费用：可以涉及抽样员劳务费及有关补助、抽样复核费用、抽样工具费用等；

◇复核费用：可以涉及复核员劳务费及有关补助、复核工具费用等；

◇督导费用：可以涉及督导加班的餐费和车费补助等；
◇礼品费用：根据项目要求预计礼品的费用。

4. 现场实施预备会

在项目执行计划、人员安排以及现场实施费用预算确定后，项目负责人会同实施部门负责人及各有关负责督导召开预备会，会议主题一般包括：

◇由项目负责人概述项目研究背景、执行要求、时间要求，讲解问卷操作要点及项目答疑；

◇由实施部门负责人讲述人员分工及总体协调情况等；

◇由项目督导介绍前期准备情况、对问卷的理解、实施开展的步骤及需要的人力支持。

（二）前期准备

实施前做好前期准备工作十分重要。一般情况下，前期准备包括三方面的工作：文件的准备、物品的准备以及场地的准备。

1. 文件准备

通常指需要事先打印或印刷好的文件，主要包括以下几种：

（1）问卷。

在问卷印刷前需要确认问卷的准确性，包括字体的清晰度、页码顺序等。一般情况下，问卷采用 A4 纸双面印刷，并且问卷的印刷数量要比实际的样本量多出 10%~20%，用来扩大样本及备用。为方便访问员的使用，条件允许时可以用不同颜色的纸张来区别问卷的不同部分。

（2）示卡。

为方便被访者的阅读，字体通常要选择大一些的字号，并且要加粗加黑。示卡通常制作成 A4 或至少 A4 一半大小的卡片，可装入文件夹中以避免磨损。另外，示卡要单面印制。

（3）督导/访问员指南。

任何一个督导或访问员都不可能记住培训会上的所有内容，所以提供一个访问指南会对整个实施操作过程起到提醒和指导的作用。通常可以根据使用对象将指南分为督导指南和访问员指南。

（4）地址表/抽样图。

地址表和抽样图是抽样的具体体现，需按地块/居委会分别装订备齐。

（5）相关表格。

运用表格详细记录实施的各环节的相关指标，不但可以随时了解和控制质量，还能在事后将其作为参考进行查阅。

（6）介绍信等证明文件。

身份证、访问员证及介绍信是访问员在访问过程中必不可少的证明材料，可以帮助访问员向被访者证明身份，树立访问员的信心。一般介绍信的设计，版面应大方严肃，说明应简洁，并加盖公章及标明有效期限等。

2. 物品准备

物品的准备通常指准备与访问相关的所有实物。这一部分的工作相对比较烦琐，需要督导极其细心，事无巨细都要考虑周到。

(1) 礼品。

礼品通常是在访问结束后,为表示对被访者的感谢而准备的。一般会根据访问时间的长短或难易程度的不同,准备不同价值的礼品。同时,也要注意根据访问对象或访问内容的不同准备不同种类的产品,如,访问对象是男士,就要准备男士喜欢的礼品。总之,礼品应是实用并且是消费者普遍乐于接受的。

另外,为方便访问员的携带,切忌购买易碎或体积相对较大的礼品。

(2) 访问员证。

不同的公司会印制不同风格的访问员证,但它们大同小异。

(3) 相关测试用品。

有些研究项目,如概念测试、包装测试、口味测试和产品留置等需要用到相关的测试用品,在项目开始前要提前做好这些用品的准备工作。应特别注意的是,为避免用错产品,要与客户及时核对产品名称、型号以及数量;进行食物测试时,更要请客户提供关于此产品的卫生检疫证明及有效食用日期的证明,以免出现问题。

(4) 访问员使用工具。

为方便访问员的访问,督导在项目开始之前要提醒访问员准备好如下用品:

笔——记录用;

访问夹——方便记录;

手表——记录时间;

大手提袋——装问卷及礼品;

电筒——防楼道无灯或天黑;

零钱——打电话。

### 3. 场地准备

场地准备通常是指进行市场调查之前要明确的具体调研位置和空间。这部分主要涉及调研前期的协调、沟通和确认,具体包括以下三个方面:

(1) 确定与调研目的相关的场地要求。

根据调研目的选择适合的场地,如针对大学生求职的调研地点,可以从各大高校的校园门口、人才市场,以及对外招聘的企业公司门口等选择。

(2) 事先了解场地。

了解场地所在地理位置、附近人员基本状况、人群数量、交通状况、可以设置的调研地点等。

(3) 与场地负责方进行沟通。

确认场地的使用许可、使用时间长短、场地可用于本次市场调研的空间等,最好能以协议方式明确以上信息,以免后期引起纠纷。

## 七、对市场调查项目进度的管控

调查进度安排是否合适,直接影响到调查的完成情况和调查工作的质量,而且调查进度表经双方一致认可后,市场调查公司就必须严格按照这个进度表来执行,保证市场调查的所有工作在进度表规定的时间内完成。

### (一) 确定调查进度

调查进度与调查质量密切相关。要防止调查员为了赶进度、讲求经济效益,片面追求完成问卷的数量而忽视调查的质量。为此，很有必要对调查员每天完成问卷的份数做出规定。进度的安排要综合考虑所有相关因素。确定调查进度主要考虑的因素有：客户的要求、兼职调查员和督导的数量和比例、调查员每天所完成的工作量等。

**1. 客户的要求**

客户的要求是市场调查公司安排调查进度时必须考虑的第一因素。

**2. 兼职调查员和督导的数量和比例**

实施期间可以工作的兼职调查员的人数以及督导的数量和比例也会直接影响到调查进度。

**3. 调查员每天所完成的工作量**

确定调查员每天应完成的工作量主要从下面几个方面考虑：

◇调查员的工作能力；

◇调查员的责任心；

◇调查问卷的复杂程度；

◇调查的方式；

◇调查的区域和时段。

**4. 调查进度控制图**

调查进度控制图是进行调查进度控制的有效工具。督导每天记录调查员所做的工作（完成的问卷数），以便掌握实际进度与计划进度的差距，以及调查员存在的问题。调查员在调查过程中必须按规定进度开展调查，在确保问卷质量的情况下，每天完成的问卷数不能突破规定的上限。

通常一个中等规模的调查项目的研究工作需要花费 30~60 个工作日，一些大规模的社会调查有时会持续 6 个月甚至 1 年的时间。

根据暨南大学李小勤教授的研究成果，一般来说，一个调查项目所需要的时间安排比例，大致分配如下：

① 计划起草，磋商阶段　　　　　　　　　　4%~5%

② 抽样方案设计实施

③ 问卷设计，预调查　　　　　　　　　　　10%~15%

④ 问卷修正印刷

⑤ 调查员的挑选与培训工作　　　　　　　　30%~40%

⑥ 实地调查

⑦ 数据的计算机录入和统计分析　　　　　　30%~40%

⑧ 报告撰写

⑨ 与客户的说明会

⑩ 建议与修正、定稿　　　　　　　　　　　5%~10%

**(二) 总体时段控制**

一般而言，在一个项目的实施周期中，进度的控制应遵循慢、快、慢的节奏。通常可以分为三个时间段：

第一时间段：项目开展初期，访问员需要熟悉问卷、掌握访问技巧，所以进度可适量放慢，一般完成样本量的 30%；

第二时间段：项目开展中期，访问员已熟悉问卷，进度可以适当加快，通常可以布置40%~50%的样本量；

第三时间段：项目开展后期，可能会涉及调整配额、补做问卷、统计数字等工作，应安排较少的样本量，大约20%~30%。

（三）具体时点控制

通常对一户人家来讲，不同的时间段留在家中的人群类型是不同的，如白天大人、小孩少，老人多；工作日在家的人少，周末在家的人多。所以，选择不同的时间段进行访问，得到的结果会有所不同，这样很容易造成样本的偏差。最佳的访问时间是所有家庭成员都在家时，这样可以使每个成员被访问的概率是相等的。因此，为保证成功样本的随机分布，在安排访问时，应合理安排工作日和节假日的访问密度，并需留意个别住宅区季节性人员流动的差异。

有的研究公司把平时与周末的进度比例定为：周一到周五进度为40%，周六到周日进度为60%，我们可以借鉴。

## 任务实施

### 一、明确市场调研管控目标

市场调研管控有三个重要的目标，即确保数据质量、控制成本和时间管理。如图7-1所示：

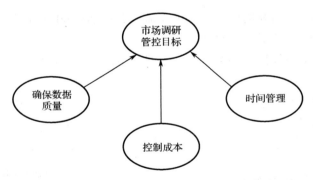

图7-1　市场调研管控目标

市场调研管理者应当通过努力减少误差来源来确保数据的高质量。为了实现这一目标，必须制定严格的项目流程控制与管理方法，对调查全程、访问过程和拒访率都要进行控制，尤其对抽样、访问员的召集/确认、工具准备、模拟访问、问卷移交、审卷、归档等工作流程进行严格的控制。

市场调研管理者在保证满足市场调研数据的真实性、工期等合同要求的前提下，也要通过进行有效的计划、组织、控制和协调等活动对市场调研实施过程中所发生的费用进行控制。

市场调研管理者还要通过科学的时间管理保证项目如期完成。

## 二、企业对调研过程进行控制与沟通

企业作为委托方和调研项目的具体受益者，与调研机构之间是一种相互合作的关系。双方必须相互信任、完全合作。企业要始终关注项目的进展情况，在确定了具体的调研执行机构后，必须参与到调研机构的整个调研项目的实施过程中，起到监督和沟通的作用，以保证调研项目的顺利完成。企业应该帮助调研机构准确地确定调研的主题、范围、方式和技巧，要定期或不定期地交换意见，以便及时修改、调整、充实调研工作，同时还要担负起督促和检查工作。

## 三、调研机构对市场调查相关人员进行管控

### （一）调研机构对市场调查员的管控

市场调查员作为数据采集的主体，其工作的好坏直接影响现场实施的质量，对市场调查研究公司现场执行能力的提升起到至关重要的作用。对市场调查员的管理要树立规范化、制度化、科学化、全面化的管理目标，熟悉调查员在调查过程中容易出现的问题并提出应对策略。调查员队伍要定期休整、筛选和补充，要从资格证书、协议、档案等日常工作着手进行规范管理。

### （二）调研机构对督导的管控

督导通常负责培训和管理访问员；检查问卷是否有漏答、错误、作弊的现象；根据调查时间安排及时检查访问进度，抽查问卷的真实性；编辑整理所有的情报资料；评价访问员的工作业绩，对于不能胜任的访问员及时提出撤换的建议。

调研机构对督导的管控要根据督导的不同工作周期分别展开，要从沟通协调、抽样质量、访问员质量、进度控制、督导综合技术等方面入手。随着市场调研活动的开展，兼职督导也越来越受到重视，注意对其的管理要与全职督导有所区别。

## 四、调研机构对调研现场进行管控

调研机构对调研现场进行管控时必须考虑以下因素：项目执行的计划，人员的安排，现场实施费用的预算，现场实施预备会的准备，问卷、示卡、督导/访问员指南、地址表/抽样图、介绍信等文件的准备，礼品、访问员证、相关测试用品、访问员使用工具等物品的准备。

## 五、调研机构对市场调查项目进度进行管控

一个项目的实施不是简单地在规定时间内完成所有的访问。它需要考虑到整个访问的两个方面，一方面要遵循访问员熟悉访问需要一个渐进的过程规律；另一方面要保证收集到的数据可以反映每个时段的市场信息。所以，实施的进度要做到有计划、平稳地进行，具体体现在要进行时段及时间上的控制。

首先，要根据客户的要求、兼职调查员和督导的数量和比例、调查员每天所完成的工作量等因素确定调查进度，并绘制调查进度控制图。

其次，要对总体时段进行控制。在项目开展的初期，一般完成样本量的30%；在项目开展的中期，一般完成样本量的40%～50%；在项目开展的后期，一般完成样本量的

20%~30%。

最后，要根据平时与周末的不同情况进行具体时点的控制，一般周一到周五进度为40%，周六到周日进度为60%。

另外，还要注意调查质量的监控，以调查结果为对象，以消除调查结果的差错为目标，通过一定的方法和手段，对调查过程进行严格监控，对调查结果进行严格审核和订正。

总的来说，整个市场调研的管控过程如图7-2所示。

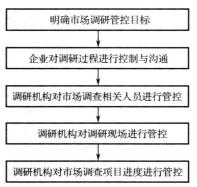

图7-2 市场调研管控过程图

### 实践演练

某高校连锁餐饮公司准备在该市的高校中进行客户满意度的调查，并在各个高校中委托了该校经管系的调研团队进行调研。现在，从餐饮公司角度思考，在高校调研团队进行调研的过程中，他们需要进行什么样的管控呢？

请写出具体的管控方面和步骤。

### 拓展阅读

3个小细节 1000万大风险

普瑞辛格调研公司给《中国财富》出示了两组数据，用以说明调研的严谨性。同样的调研问卷，结构完全相同的抽样，两组数据结论却差异巨大。邵志刚介绍说，国内一家知名的电视机生产企业，为了通过市场调查获得更多的市场动向和成果，设立了一个20多人的市场研究部门。但因为一次管控不严格的调查，该部门被撤销，人员被全部裁减。

调研问题：列举您会选择的电视机品牌。

其中一组的结论是：有15%的消费者选择本企业的电视机，另一组得出的结论却是：36%的消费者表示本企业的产品将成为其购买的首选。巨大的差异让公司高层非常不理解，为什么完全相同的调研抽样，会有如此矛盾的结果呢？公司决定聘请专业的调研公司来进行调研诊断，找出问题的原因。

普瑞辛格的执行小组受聘和参与调查执行的访问员进行交流，并很快提交了简短的诊断结论：第二组在进行调查执行过程中存在误导行为。

调研期间，第二组的成员佩戴了公司统一发放的领带，而在领带上有本公司的标志，其尺寸足以让被访问者猜测出调研的主办方；而且，第二组在调查过程中，把选项的记录板（无提示问题）向被访问者出示，而本企业的名字处在候选题板的第一位。以上两个细节，向被访问者泄露了调研的主办方信息，影响了消费者的客观选择。

事后这家企业的老总训斥调研部门的主管："如果按照你的数据，我要增加一倍的生产计划，最后的损失恐怕不止千万。"

市场调查是直接指导营销实践的大事，对错是非可以得到市场验证，只是人们往往忽视了市场调查本身带来的风险。一句"错误的数据不如没有数据"，包含了众多中国企业家对数据的恐慌和无奈。

# 市场调查分析与预测

## 学习情境描述

通过实地调研取得大量的原始资料后，还必须对分散凌乱的资料进行整理、分析和统计运算，在此基础上才能预测市场趋势并形成相关调研报告。市场调查分析与预测情境就是要完成整理调研数据、预测市场趋势和撰写调研报告三个任务：

整理调研数据是从信息获取过渡到分析研究的重要环节，要进行数据确认、处理和陈示等工作。在准确整理数据之后，就要根据市场预测的基本原理、基本要求、基本程序进行市场需求预测、市场资源预测、市场营销组合预测等工作，同时要注意市场预测方法的正确选择。在撰写市场调研报告的过程中，要注意准确界定不同调研报告的类型，比如是采用概况型调研报告、专题型调研报告、理论型调研报告还是实际型调研报告；要注意采用正确的调研报告格式。一篇完整的调研报告一般应该由题目、目录、摘要、正文和附件等几部分组成。在调研报告撰写的过程中，要注意相应的写作技巧：调研主题要突出，结构要合理；文字要流畅；选材要适当；重点要突出；全面报告应打印成正式文稿，字迹要工整、清楚、方便阅读等。

通过本情境三个任务（任务8：整理调研数据；任务9：预测市场趋势；任务10：撰写调研报告）的学习，大家应学会对市场调研数据进行准确的分析和预测，并撰写出相应的调研报告。

## 任务8　整理调研数据

### 学习目标

**知识目标：**
1. 了解调研数据整理的含义和作用
2. 理解调研数据整理的内容和原则
3. 掌握调研数据整理的审核、分组、汇总
4. 会用统计图、表来显示调研数据整理的结果

技能目标：
1. 能对调研数据进行审核
2. 能对调研数据进行计算机录入
3. 能依据调研数据编制统计表
4. 能依据调研数据汇制统计图

## 任务导入

1993年，22岁的王卫在广东顺德创立了顺丰速运。当时，这家公司算上王卫本人也只有6个人，还有几辆摩托车，主要为顺德各种工厂运送出境包裹。2016年，这家公司的销售额已经达到480亿人民币，拥有40万名员工，年平均增长率50%，利润率30%。23年前，当王卫背着装满合同、信函、样品和报关资料的大包往返于顺德到香港的陆路通道的时候，他肯定想不到，未来的顺丰会成为不折不扣的行业冠军。

顺丰在全国拥有38家直属分公司、3个分拨中心、近100个中转场、2500多个基层营业网点，覆盖除了西藏、青海之外的31个省、近330个大中城市以及2600多个县级市或城镇。此外，顺丰在美国、欧盟、俄罗斯、加拿大、日本、韩国、东盟、印度、巴西、墨西哥等51个国家和地区都设立了网点，或者开通了收派业务。

一年365天，一天24小时，从黑龙江到深圳，从上海到新疆，连接这些网点的是收派员的电动车、经过改装的金杯汽车和波音757飞机。除了40万员工，顺丰旗下资产还包括4000余条各类陆运干线和16000多辆自营车辆。此外，顺丰还是国内第一家（也是目前唯一一家）使用全货运专机的民营速递企业。

顺丰能取得今日之成功，关键就是较早地设立了市场环境的市场研究机构，围绕市场开发产品和有特色的物流服务。顺丰的市场研究机构以研究快递业的发展现状、结构特点及发展趋势为重点，注重调查、整理、分析、预测与本公司有关的市场动向。

市场研究机构除了向总公司领导及有关业务部门做专题报告、解答问题外，每季度还整理出版两份刊物。一份发给公司的主要客户，报道有关信息和资料；另一份内部发行，根据公司内部经营全貌分析存在的问题，提出解决措施，研究短期和长期的战略规划、市场需求量、同竞争对手之间的比较性资料。

顺丰的成功说明了什么呢？
调研数据的整理对企业的市场决策有什么作用呢？

## 任务分析

通过问卷调查得到的大量原始资料，只是研究分析的基础，因为这些资料反映的总体单位（个体）的状况是分散凌乱的，不能完整系统地反映总体的情况。调研数据的整理是指通过一系列的操作将搜集到的原始资料和二手资料转变成为数据结果，达到去粗取精、去伪存真、由此及彼、由表及里的目的，以便于研究者了解、提示其中的含义，使之成为更适用、价值更高的信息，为下一阶段的统计分析做准备的过程。市场调查人员在此阶段需要认真思考以下这些问题：

◇ 哪些信息是值得整理的？

◇这些调研数据最终是给谁看的？
◇经历哪些步骤才能获得最有价值的调研数据？
◇使用什么样的统计图表显示调研数据？

调研数据整理既是市场调研人员的一种思维活动和信息工作，也是一种投入和产出过程。在这一过程中，不但要耗费市场调研人员大量的智力活动，需要投入大量的人力、物力、财力，还要投入各种软件，采用科学的方法、程序和技术，对各种原始资料和二手资料进行审核、分类、编码、汇总、列表、图示，使之系统化、条理化、层次化，为进一步的分析研究准备数据。

## 任务知识

### 一、调研数据整理的含义

调研数据整理是指根据调查研究的目的，运用科学的方法，对调查所获得的数据进行审查、检验、分类、汇总等初步加工，或对二手资料进行再加工，并以集中、简明的方式反映调查对象总体情况的过程。其任务在于使调查数据系统化、条理化、层次化，为揭示和描述调查现象的特征、问题和原因提供初步加工的信息，为进一步的分析研究准备数据。

### 二、调研数据整理的作用

调研数据整理是从信息获取过渡到分析研究的重要环节。一般来说，数据获取提供原材料，数据整理提供初级产品，分析研究提供最终产品。同时调研数据整理也是提高调查数据质量和使用价值的重要步骤。因此，科学合理地整理调研数据对于市场调查与预测来说具有重要的意义和作用。

（一）调研数据整理是市场调查与预测的重要环节

整理资料的目的在于对调查资料做进一步的分析研究，以发现资料中所包含的规律性的东西。不管对资料做定性分析还是做定量分析，要想得到正确的结论，就要使调查资料真实、准确与完整。否则，资料本身有错误、漏洞或缺失，据此推出的结论就不可能是正确的。因此，在开展研究工作之前，一定要认真对资料进行整理，这是进一步研究的前提。

（二）调研数据整理有利于提升调研数据的价值

调查对象本身非常广泛，并且处于不断的变化发展之中，调查者自身的知识、水平和看问题的角度不同，调查方法本身不是十全十美，因此调查所取得的资料难免出现错误、虚假和遗漏。要解决这些问题，调查者除了在调查过程中精心组织，严格登记外，还要在研究阶段通过对资料的整理对其进行全面的检查，以辨别真伪，剔除错误，弥补缺失，使调查的资料全面、真实和准确。

（三）调研数据整理可以激发新的信息产生

在信息资料的整理过程中，调研人员的智力劳动和创造性思维可以使已有的信息资料发生交合作用，从而有可能产生一些新的信息资料。应用各种过往的信息资料，可以推测和估计市场的未来状态，这种预测的信息也是一种新的信息。

（四）调研数据整理是保存调研资料的客观要求

市场调查的原始数据，不仅可成为当时做出调查结论的客观依据，而且对今后研究同类市场现象具有重要的参考价值。因此，每次市场调查都应认真整理调查的原始数据，以便于今后的长期保存和研究。实践证明，一份真实、完整的原始调查数据往往具有长久的研究价值，并且随着时间的推移，其价值将越来越巨大。

### 三、调研数据整理的内容

调研数据整理的基本内容包括以下三个方面：

（1）数据确认，即对原始数据或二手资料进行审核，查找问题，采取补救措施，确保数据质量。

（2）数据处理，即对问卷或调查表提供的原始数据进行分类和汇总，或者对二手数据进行再分类和调整。

（3）数据陈示，即对加工整理后的数据用统计表、统计图、数据库、数据报告等形式表现出来。

### 四、调研数据整理的原则

调研数据整理是市场调查与预测的重要环节。为了保证调研数据整理工作的优质和高效，必须遵循以下六个原则：

（一）真实性

调查数据资料必须真实，不能弄虚作假，主观杜撰。对收集到的调研数据资料要根据实践经验和常识进行辨别，看其是否真实可靠地反映了调查对象的客观情况。一旦发现有疑问，就要再次根据事实进行核实，排除其中的虚假成分，保证调查数据资料的真实性。如果整理出来的调研数据资料不真实，就会比没有调研数据资料更危险。因为没有调查数据资料，顶多做不出结论，而资料不真实，就会做出错误的结论，这比做不出结论更有害。因此，真实性是整理调研数据时应遵循的首要标准。

（二）准确性

调研数据资料必须准确，不能模棱两可，含混不清，更不能自相矛盾。如果某位被调查者在年龄栏内填写的是25岁，而在工作年限栏内填写的是10年，这显然是不合乎逻辑的。对类似的调研数据资料都应认真审核处理。同时，对搜集来的各种统计图表应重新计算复核。对历史资料更要注意审查文献的可靠性程度。

（三）完整性

调研数据资料必须完整，不能残缺不全，更不能以偏概全。应检查调研数据资料是否按照调研提纲或统计表格的要求收集齐全或填报清楚，应该查询的问题和事项是否都已经查询无遗漏。如果调研数据资料残缺不全，就会降低甚至失去研究的价值。

（四）统一性

调研数据资料（主要指调研指标解释、计量单位、计算公式）必须统一。应检查各项调研数据是否按规定要求收集，是否能够说明问题，对所研究的问题是否起到了应有的作用。在较大规模的调研中，对于需要相互比较的数据更要审查其所涉及的事实是不是具有可比性。如果调研数据资料没有统一的标准,就无法进行比较研究。

(五) 简明性

调研数据资料必须简明,不能庞杂无序。经过整理所得的调研数据资料,要尽可能简单、明确,并使之系统化、条理化,以集中的方式反映调研对象总的情况。如果整理后的调研数据资料仍然臃肿、庞杂,使人难以形成完整的概念,就会给以后的研究工作增加许多困难。

(六) 新颖性

调研数据资料应尽可能的新颖。在整理调研数据时,要尽可能从新的角度来审视、组合调研数据资料,尽量避免按照陈旧的思路考虑问题,更不能简单重复别人的老路。只有从调研数据资料的新组合中发现新情况、新问题,才能为创造性研究打下良好基础。

## 五、调研数据整理的相关概念

(一) 调研数据分组

调研数据分组是根据调查研究的目的和任务,按照某种标志,将总体区分为若干部分的一种统计方法。分组使得同一组内的各单位在分组标志上具有同质性,不同组之间的单位具有差异性。

**1. 分组标志的类型**

分组标志,就是分组的标准或依据。选择分组标志是数字资料分组中的关键问题。这是因为,选择的分组标志是否正确,直接关系到分组的科学性,关系到分组结果能否正确反映调查对象的总体情况。一般来说,可供选择的分组标志主要有四种:质量标志、数量标志、空间标志和时间标志。

(1) 按质量标志分组,即按事物的性质或类别分组。如产品可按质量分成优质产品和劣质产品、合格产品和不合格产品等不同的组,企业可按所有制性质分成全民所有制企业、集体所有制企业、个体所有制企业、私营企业、混合所有制的合作企业、中外合资企业等多种类型。按质量标志分组,可以把不同性质或类别的事物区别开来,有利于认识不同质的事物的数量特征,有利于揭示事物的质与量之间的关系。

(2) 按数量标志分组,即按事物的发展规模、水平、速度、比例等数量特征分组。如城市可按常住非农业人口的数量分为特大城市、大城市、中等城市和小城市等若干组,农民可按年人均纯收入的多少分为贫困户、温饱户、小康户、富裕户等几个组。按数量标志分组,可以把不同的发展规模、水平、速度、比例的事物区别开来,有利于从数量上准确地认识客观事物,有利于揭示事物数量特征之间的相互关系。

(3) 按空间标志分组,即按事物的地理位置、区域范围等空间特性分组。如中国的经济发展状况,可按东部、中部、西部三大经济地带分组。文化教育的普及程度,可按省、地、县、乡等行政区划的范围分组等等。按空间标志分组,可以把不同地域的事物区别开来,有利于了解事物在空间上的分布状况,对不同地理位置、区域范围内的事物进行对比研究。

(4) 按时间标志分组,即按事物的持续性和先后顺序分组。如工业总产值可按日、月、季、年度分组,人口可按1年、5年、10年分组等。按时间标志分组,可把不同时点或时期上的事物区别开来,有利于认识事物在不同时点或时期的发展状况,揭示事物运动、变化、发展的规律。

### 2. 简单分组与复合分组

根据分组时采用标志的多少,可分为简单分组和复合分组两种分组方法。

(1) 简单分组,即对所研究的现象只采用一个标志进行的单一分组。如农村居民按家庭人均收入分组,妇女按初婚年龄分组,职工按性别分组等。它们只能从一个角度说明现象的分布状况和内部构成。我们还可以对同一总体采用两个或两个以上的标志进行简单分组,形成平行分组体系。在平行分组体系中,各简单分组的分组标志是平等的关系,无主次之分。

(2) 复合分组,即对所研究对象选择两个或以上的标志进行层叠分组。复合分组先按一个标志分组,然后再对每一个组按另一个标志做进一步分组。在进行复合分组时,应根据分析的要求确定分组标志的主次顺序,主要标志在先,次要标志在后。

总之,质量标志、数量标志、空间标志、时间标志是分组的四种基本标志,而复合分组是由上述四种基本标志组合而成的。因此,在实际分组工作中,一定要以科学的理论为指导,根据调查的目的、要求和调查对象的实际情况,慎重地选择分组标志,合理地确定分组界限。

### 3. 分组界限的相关概念

分组界限是指组与组之间的边际。分组界限包括组距、组数、组限、组中值等内容。组距是指各组中最大值和最小值之间的差距。组数是指分组之后组的个数。组限是指各组两端的界点。组中值是指中间量。在很多情况下,组中值可以作为该组的代表值。

在具体进行分组时,首先应对标志值的分布情况进行仔细审查,找出变量的最大值和最小值;其次,在分布比较集中的标志值处确定组距的中心位置;再次,根据预定的组距的大小定出上下限。一般地,第一组的下限应该略小于实际变量值的最小值,最后一组的上限应该略大于实际变量值的最大值,并尽可能使各单位的标志值比较均匀地在组内分布。

(1) 组距。

在组距式分组中,组距是各组上下限之间的距离,即各组最大标志值和最小标志值之差。

由于实践中有等距分组与异距分组之分,再加上频数密度的影响,所以必须具体计算和确定每一个组的组距大小。许多版本的教科书都笼统地使用如下公式来计算组距的大小,即:组距=上限-下限。对于这一公式,我们应从两个方面分析:

① 事实上,这一公式只适用于计算连续组距式分组的组距大小,例如成绩分组中,60~70分,70~80分,其组距为10分(即70-60或80-70)。

② 如果将这一公式套用于间断组距式,将会产生谬误。例如,商店规模按职工人数分组,分为1~5人,6~10人,11~15人等。套用上述公式,将得出5-1(或10-6,或15-11)=4,即组距为4人的结论,显然是错误的。

对于间断式分组的组距大小的计算,必须采用如下公式:

$$组距 = 上组下限 - 本组下限$$

(2) 组数。

全距是总体中最大的标志值与最小的标志值之差。

组数的多少直接取决于两个因素,一个是总体的全距,另一个是组距。在等距分组的条件下,组数等于全距除以组距。

在组距既定的条件下,全距大则组数多,全距小则组数少;在全距既定的条件下,组距大则组数少,组距小则组数多。全距是客观存在的事实,不以人的意志为转移,所以确定组数的关键是确定组距。如在对学生成绩情况的统计分组中,组数过少(例如学生成绩分为2组),则不能很好地达到分组的基本要求;组数过多(例如成绩分为101组),则分组过细,无法起到化繁为简的作用,难以显示出总体分布的规律。

如何决定组数的多少,并无规则可言,必须凭借经验和所研究问题的性质做出判断。这里向大家介绍一种确定组数和组距的经验公式,这一公式是美国学者斯特杰斯(Sturges)创立的,称为斯特杰斯经验公式:

$$n = 1 + 3.3 \lg N$$
$$d = R/N = (X_{max} - X_{min})/1 + 3.3 \lg N$$

式中,$n$ 为组数;$N$ 为总体单位数;$i$ 为组距;$R$ 为全距,即最大变量值 $X_{max}$ 与最小变量值 $X_{min}$ 之差。根据这一公式,可以得出表8-1所示的组数参考标准。

表8-1 分组组数参考标准表

| N | 15~24 | 25~44 | 45~89 | 90~179 | 180~359 |
|---|---|---|---|---|---|
| n | 5 | 6 | 7 | 8 | 9 |

上述公式及表中数据仅供参考,不能生搬硬套。实际分组时所采用组数的多少应依据所研究资料的性质而定。

(3)组中值。

组中值:各组中点位置所对应的变量值。其计算公式为:

组中值 =     (适用所有闭口组)

或 =     (适用上开口组)

或 =     (适用下开口组)

在计算平均指标或进行其他统计分析时,常以组中值来代表各组标志值的平均水平。各组标志值分布越均匀,组中值的代表性就越高。因此,分组时应注意:

a. 尽可能使组内各单位标志值分布均匀。

b. 为避免产生过大的计算误差,在选取各组上下限时,应尽可能使组中值恰为整数。

c. 当连续型变量按离散型变量表示时,组距数列的编制应采取相邻组限不重叠的形式,组中值的确定应考虑到连续型变量自身的特点。年龄就是比较典型的例子,它实质上是连续型变量,习惯上用整数表示。例如,一群大学生分为17~19岁、20~22岁两组,则组距为3岁,组中值分别为18.5岁和21.5岁。因为第一组应包括19岁但又不到20岁的大学生,上限应视为20岁。同样的道理,第二组的上限应视为23岁。

(4)开口组的组中值的确定。

在编制组距式变量数列时,使用"××以上"或"××以下"这样不确定组距的组,称为开口组。例如,要反映某工业企业工人生产定额完成情况,按生产定额完成程度分组,分为90%以下、90%~100%、100%~110%、110%以上。开口组以相邻组的组距为本组的组距,如上例,90%以下的组,因相邻组的组距为10%(=100%-90%),故第一组视为80%~

90%,其组中值为(80%+90%)/2=85%,即85%;110%以上的组以邻组的组距10%为本组的组距,视为110%~120%,组中值为115%。

(二)统计表

统计表是用纵横交叉的线条绘制成表格,将整理的结果填入其中形成的。通过统计表能够系统而有条理地排列调研数据,便于查阅与检查;能科学合理地组织调研资料,便于计算和分析;能装订成册,便于保存和积累。

统计表按制表方式分为简单统计表与交叉统计表。

(1)简单统计表,即只按一个标志进行分组而形成的统计表。见表8-2。

表8-2 某学校学生性别分布频数

| 性 别 | 频数(人) | 百分比(%) |
|---|---|---|
| 男 | 600 | 60 |
| 女 | 400 | 40 |
| 合计 | 1000 | 100 |

(2)交叉统计表,即按照两个或两个以上的标志分组而形成的统计表。见表8-3。

表8-3 某学校各年级学生的性别构成情况

| 性 别 | 大 一 | 大 二 | 大 三 |
|---|---|---|---|
| 男 | 180 | 200 | 220 |
| 女 | 130 | 150 | 120 |
| 合计 | 310 | 350 | 340 |

(三)统计图

统计图是指利用点、线、面和体等绘制成的,用以表示现象数量间的关系及其变动情况的几何图形。统计图是表现数字资料的一种重要形式。用统计图表示有关数量之间的关系,比统计表更加形象具体。统计图具有形象、生动、直观、概括、活泼、醒目等特点,可使读者一目了然,印象深刻,具有较大的吸引力和说服力。

统计图的主要用途有:表示现象间的对比关系;揭露总体结构;检查计划的执行情况;揭示现象间的依存关系;反映总体单位的分配情况;说明现象在空间上的分布情况。统计图一般采用直角坐标系,横坐标用来表示事物的组别或自变量 $x$,纵坐标常用来表示事物出现的次数或因变量 $y$;也可以采用角度坐标(如圆形图)、地理坐标(如地形图)等。

常用的统计图形包括柱形图、条形图、饼图、环形图、直方图等。

**1. 柱形图**

柱形图是以柱形的长短来表示品质属性数列中各组频数或频率大小的图形。常以横轴代表品质属性的不同组别,纵轴代表各组的频数或频率。见图8-1。

**2. 条形图**

条形图是以若干等宽平行长条或圆柱的长短

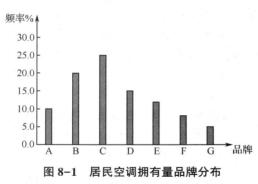

图8-1 居民空调拥有量品牌分布

来表示品质属性数列中各组频数或频率大小的图形。通常以横轴代表不同的组别,纵轴代表各组的频数或频率。有时亦可用纵轴代表各组,横轴代表频数或频率。见图 8-2。

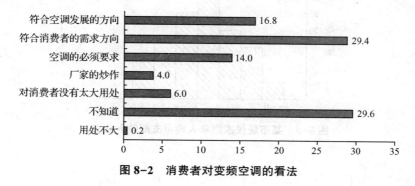

图 8-2　消费者对变频空调的看法

### 3. 饼图

饼图以圆形的面积代表总体指标数值,圆形的各扇形面积代表各组指标数值,或将圆形面积分为若干角度不同的扇形,分别代表各组的频率。实际应用时亦可将圆面改为圆饼或圆台,变成圆形立体图。见图 8-3。

### 4. 环形图

环形图是将总体或样本中的每一部分数据用环形中的一段表示。环形图亦可同时绘制多个总体或样本的数据系列。每一个总体或样本的数据系列为一个环。见图 8-4。

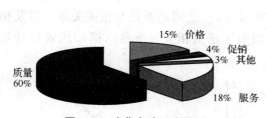

图 8-3　消费者购买空调时
最关注的属性

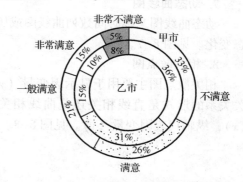

图 8-4　消费者对空调售后服务
满意度评价分布

### 5. 直方图

直方图是以若干等宽的直方长条的长短来表示各组的频数或频率的大小。它常用于表现组距数列的次数分布或频率分布。离散型变量组距的直方图中的长条之间应有间断,连续变量组距数列的直方图中的长条应连接起来。见图 8-5。

### 6. 动态条形图

动态条形图是以宽度相等的条形的长短或高低来比较不同时期的统计数据的大小的图形。它用以显示现象发展变化的过程和趋势。动态条形排列可以是纵列(垂直条形图,见图 8-6),也可以是横列(水平或带状条形图)。按图形中涉及的统计指标或变量的多少,可分为单式条形图、复式条形图、分段条形图等。

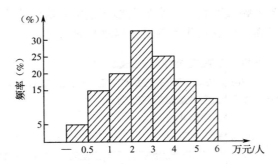

图 8-5　某市居民家庭年人均可支配收入分布

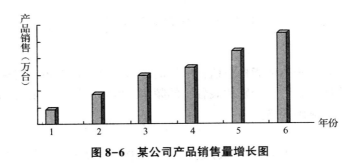

图 8-6　某公司产品销售量增长图

### 7. 动态曲线图

动态曲线图又称时间数列曲线图或历史曲线图。它以曲线的升降、起伏来表示数据的动态变化。见图 8-7。

### 8. 相关散点图

相关散点图主要用于显示因变量（$y$）与自变量（$x$）之间是否具有相关关系，以及相关关系的形式是直线相关还是曲线相关，是正相关还是负相关。通常以横轴代表自变量（$x$），纵轴代表因变量（$y$）。见图 8-8。

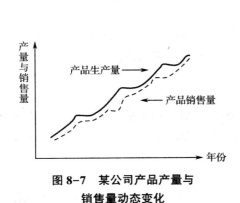

图 8-7　某公司产品产量与
销售量动态变化

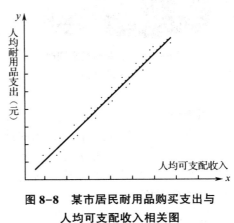

图 8-8　某市居民耐用品购买支出与
人均可支配收入相关图

**任务实施**

调研数据的整理，是指对经过审核的问卷或调查表中的原始数据进行分类和汇总，使数据系统化、综合化和条理化，得出能够反映所研究现象总体数量特征的综合资料，并用统计图表的形式反映出来。调研数据整理的基本程序如图 8-9 所示：

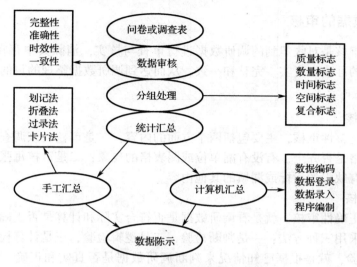

图 8-9　调研数据整理的基本程序

## 一、调研数据整理的步骤

调研数据资料是市场调查与预测中定量分析的依据，因此调研数据资料的整理也叫定量资料的整理。在收集数据资料后，为了便于得出正确的调查结论，需要对数据资料做进一步的整理，一般包括以下几个步骤：

（一）设计调研数据整理方案

调研数据整理方案是根据资料研究的目的和要求，事先对整个工作做出全面的安排和计划。这是保证调研数据整理有计划、有组织进行的重要一步。其主要内容包括：确定资料审核的内容和方法；根据研究目的和任务，确定具体分组；选择资料汇总的方式；做好组织工作和实践进度的具体安排等。

（二）审核调研数据

对调研资料进行审查和核实，即查看调研工作中是否存在虚假现象，是否存在差错，其重点是检查调研数据的真实性、准确性和完整性。

（三）进行调研数据分组

调研数据分组是调研数据整理的关键。它是根据市场调查的目的和任务，按照整理方案中所选择的分组标志，对调研数据进行分组，为调研数据的分析预测做准备。

（四）对调研数据进行汇总

汇总就是根据调查研究目的把分组后的数据汇集到有关表格中，并进行计算和加工，从而集中、系统地反映调查对象总体的数量特征。资料的汇总技术有手工汇总和电子计算机汇总两大类。

（五）显示调研数据整理的结果

经过了汇总的数字资料，一般要通过表格或图形表现出来，最常见的方式就是统计表和统计图。统计图表能以直观、清晰、简化的形式将汇总的数据资料表现出来,以供调研者阅读、分析和预测。

## 二、调研数据的审核

调研数据的审核是对收集到的调研数据进行审查与核实,消除其中存在的错误或疏漏,以保证调研数据的准确、真实、完整和一致,从而达到调研数据整理的目的和要求。

### (一) 审核的内容

**1. 完整性审核**

调研数据的完整性审核,主要包括两个方面的内容:一是审核应该调查的单位和每个单位应该填报的表格是否齐全,有没有漏单位或漏表格的现象;二是审核每张调查表格的答案是否完整,有没有缺报的指标或漏填的其他内容。

**2. 正确性审核**

调研数据的正确性审核,就是看调研数据是否符合实际和计算是否正确。调研数据的正确性检验,一般采用三种方法:一是判断检验,二是逻辑检验,三是计算检验。

(1) 判断检验,就是根据已知情况来判断调研数据是否真实和正确。如,已知某单位是比较落后的单位,而调查指标的数字却明显超过先进单位,对于这些数字就应设法进一步审查和核实。

(2) 逻辑检验,就是从调研数据的逻辑关系中检验其是否正确和符合实际。一般来说,正确的答案是合乎逻辑的,而不合乎逻辑的答案可能是不正确的。比如,收入与支出,播种面积与总产量,教师数与学生数,职工人数与工资总额,人口的年龄、文化与婚姻、职业等状况之间,都有一定的逻辑联系。支出大大超过收入、播种面积与总产量不相吻合、教师数与学生数不合比例、10 岁的孩子填已婚、小学文化程度的人填自己的职业是中学教师等情况显然是不符合逻辑的。

(3) 计算检验,就是通过各种数字运算来检查各项调研数据有无差错。比如,各分组数字之和是否等于总数,各部分的百分比相加是否等于 1,各种平均数、发展速度、增长速度、指数的计算是否正确等,都可通过数学运算来进行检验。此外,同一调查指标的数字所使用的量度单位是否一致,不同表格对同一调查指标的计算方法是否统一等,也应进行必要的检查。

**3. 时效性审核**

时效性审核即检查调查访问时间和数据的时效性。主要是看被调查单位是否都按规定日期填写和送出资料,填写的资料是否是最新资料,以免将失效、过时的信息引入决策。

**4. 一致性审核**

一致性审核就是检查各种调查数据或各部分调研数据之间是否连贯、一致、对立、存在明显的差异等,目的是为了保证调研数据的协调、一致与可靠。

### (二) 审核的方式

采用一卷或一表从头审到尾的方式,有利于贯彻审核的一致性原则和明确审核员的责任,而分段作业和分段审核,非但不利于贯彻一致性原则,还容易产生责任不清的问题。

### (三) 审核应注意的问题

(1) 对于在调查中已发现并经过认真核实后确认的错误,可以由调查者代为更正。

(2) 对于资料中的可疑之处或有误之处，应进行补充调查。
(3) 无法进行补充调查的，应坚决剔除那些有错误的数据，以保证数据的真实准确。

### 三、调研数据分组

对调研数据进行分组是调研数据整理中的关键步骤，在统计分析中占有重要地位。通过分组可以区分市场现象的类型，可以反映市场现象总体的内部结构，可以分析市场现象之间的依存关系。在保证调研数据准确性的前提下，分组是否科学合理关系到市场调查与预测的成败。

（一）调研数据分组的原则

调研数据分组，必须遵循以下三个原则：

**1. 穷尽原则**

总体中的每一个单位都应有组可归，或者说各分组的空间足以容纳总体所有的单位。例如，如果按文化程度将从业人员分为小学毕业、中学毕业（含中专）和大学毕业三组，那么，那些文盲或识字不多的人以及大学以上的学历者将无组可归。如果将分组适当调整为文盲及识字不多、小学程度、中学程度、大学及大学以上，就可以包括全部从业人员的各种层次的文化程度，符合了分组的穷尽原则。

**2. 互斥原则**

在特定的分组标志下，总体中的任何一个单位只能归属于某一组，而不能同时或可能归属于几个组。例如，某商场把服装分为男装、女装、童装三类，这显然不符合互斥原则，因为童装也有男、女装之分。若先把服装分为成年与儿童两类，然后每类再分为男女两组，就符合互斥原则了。

**3. 相同者合，不同者分原则**

按照研究的目的和要求，将性质相同的个体结合起来，归为一组，性质不同的个体结合为不同的组别。如将学校的学生按性别分为男同学一组、女同学一组，男女分开。

（二）选择分组标志的原则

分组标志就是分组的标准或依据。选择分组标志是数字资料分组中的关键问题。这是因为，选择的分组标志是否正确，直接关系到分组的科学性，关系到分组结果能否正确反映调查对象的总体情况。选择分组标志的原则有：

**1. 根据调查研究目标选择分组标志**

同一总体由于研究目的的不同，采用的分组标志也有所不同。例如：对某地区所有消费者这一总体，根据研究目的的不同，可以分别采用性别、年龄、职业等标志作为分组标志。

**2. 选择能够反映现象本质或主要特征的标志**

有时能够反映某一研究调查目的的标志有多个，此时应该尽可能选取最能反映现象本质的关键性标志。例如：研究居民的购买能力，有关的标志有居民工资水平与居民家庭人均收入水平，其中人均收入水平更能反映居民购买能力的真实情况，应该被选为关键性标志。

**3. 考虑现象所处的具体历史条件和经济条件**

即多角度选择分组标志。随着社会的发展，现象所处的历史条件和经济条件也在不断变化，我国许多部门的统计口径也在调整变化，应注意根据条件的变化选用新的、合适的分组标志。

（三）确定分组界限

分组标志确定后，分组界限便成为数据分组的重要问题。

1. 按属性分组

按属性分组，确定各组的界限时要注意以下两种情况：

（1）组限是自然形成的或比较明显的。例如，人口一般按性别、文化程度、党派分组等。

（2）由于存在属性之间的过渡形式，因此分组界限难以确定。对于这种比较复杂的属性分组，国家有关部门都制定了标准的分类目录，分组时可以依据分类目录来确定组限。例如，人口按职业分组，企业按行业分组，产品按经济用途分组等。

2. 按变量分组

按变量分组时，应注意以下两点：

（1）分组时各组数量界限的确定必须能反映事物质的差别。例如，给学生的学习成绩分组时，不能把55分和65分合为一组，因为这样的分组未区分及格与不及格的质的差别。

（2）其次，应根据被研究的现象总体的数量特征，采用适当的分组形式，确定相宜的组距、组限和组数。

① 单项式分组与组距式分组。

a. 单项式分组：就是把一个变量值（标志值）分为一组，形成单项式变量数列。单项式分组一般适用于离散型变量且变量变动范围不大的场合。

如，育龄妇女按其生育子女存活数分组，可分为6组：0个、1个、2个、3个、4个、5个。

b. 组距式分组：就是将变量依次划分为几段区间，一段区间表现为"从……到……"距离，把一段区间内的所有变量值归为一组，形成组距式变量数列。区间的距离就是组距。对于连续型变量或者变动范围较大的离散型变量，适宜采用组距式分组。

例如，居民居住水平情况可按人均居住面积分组分为4组：4平方米以下、4~6平方米、6~8平方米、8平方米以上。再如，要了解某班学生成绩情况，可按成绩进行组距式分组。

② 间断组距式分组和连续组距式分组。

在组距式分组中，每组包含许多变量值。每一组变量值中，其最小值为下限，最大值为上限。组距是上下限之间的距离。相邻两组的界限，称为组限。

a. 间断组距式分组：凡是组限不相连的分组。例如，儿童按年龄分组，分为未满1岁、1~2岁、3~4岁、5~9岁、10~14岁。

b. 连续组距式分组：凡是组限相连（或称相重叠的）的分组，即以同一数值作为相邻两组的共同界限的分组。例如，工人按工时定额完成程度分组，分为90%~100%、100%~110%、110%~120%等组。

如果变量值只是在整数之间变动，例如企业数、职工数、机器设备台数等离散型变量，可采用间断组距式分组，也可采用连续组距式分组。如果变量值在一定范围内的表现既可以是整数，也可以是小数，如产值、身高、体重等连续型变量，只能采用连续组距式分组。

在进行连续组距式分组时应注意，由于以同一个数值作为相邻两组共同的界限，为了遵循统计分组穷尽和互斥原则，统计上规定，凡是总体某一个单位的变量值是相邻两组的界限值，这一个单位归入作为下限值的那一组内，即所谓"上限不在内"原则。例如，学生成绩分组，把70分的学生归入70~80分组内，把80分的学生归入80~90分组内。根据这一原则，离散型变量的分组，各组的上限也可以写为下一组的下限，这样处理既简明又便于计算。连续型变量的分组也可以仅列出左端的数值，即以各组的下限来表示。如上例学生成绩分组也可表示为50~，60~，70~……

③ 等距分组与异距分组。

按数量标志进行组距式分组，还可分为等距分组和不等距（或称异距）分组。

a. 等距分组：就是标志值在各组保持相等的组距，即各组的标志值变动都限于相同的范围。在标志值变动比较均匀的情况下，都可采用等距分组。例如，工人的年龄、工龄、工资的分组，零件尺寸的误差、加工时间的分组，农产品单位面积产量、单位产品成本的分组等。等距分组有很多好处。它便于绘制统计图，也便于进行各类运算。

b. 异距分组：分组的形式应服从分组的要求，即性质相同的单位应合并在一个组内，性质不同的应当分开。现象的差别取决于现象的本质，而不是其数学形式。

必须根据现象的本质特征和统计研究的目的和任务来确定分组是否采用等距。在下列情况下，就必须考虑采用异距分组：

第一，标志值分布很不均匀的情况。例如，学生成绩密集于某一范围，如60~80分或70~90分，其他部分分布十分稀少。在这种情况下若仍以10分为组距进行等距式分组，则无法显示出分布的规律性，会导致这一密集的分数段分布的信息损失过大。因此，合理的做法是：在分布比较密集的区间内使用较短的组距，在分布比较稀少的其余部分使用较长的组距，形成各组的组距不相等的异距分组。

第二，标志值相等的量具有不同意义的情况。例如，生命的每一个月对于婴儿和对于成年人是大不一样的，此时进行人口疾病研究的年龄分组，应采用异距式分组，即1岁以下按月分组，1~10岁按年分组，11~20岁按5年分组，21岁以上按10年或20年分组等。

第三，标志值按一定比例发展变化的情况。例如，百货商场的营业额差别是很大的，比如营业额从5万元至5000万元，可采取公比为10的不等距分组：5万~50万元、50万~500万元、500万~5000万元。若用等距分组，即使组距为100万元，也得分为50组，这样显然是不合适的。

对于异距分组方法的运用，没有固定模式可供依循，全凭统计人员在实践中不断探索。其关键在于必须对所研究现象的内在联系十分熟悉，才能很好地运用异距分组来揭示事物的本质。

## 四、调研数据汇总

调研数据汇总是指在调研数据分组的基础上，将总体各单位分别归并到各组中，计算各组和总体的单位数、各组的标志总量，使原始数据转化为综合数据的过程。调研数据汇总的方法通常包括手工汇总和计算机汇总两大类。

（一）手工汇总

手工汇总是指运用纸、笔、算盘或小型计算器作为计算和计数的工具，对调查数据进行汇总的方法。常用的汇总方法有划记法、折叠法、过录法和卡片法等。

1. 划记法

划记法也称点线法，即在汇总表的相应组内，利用划点或划线为记号的汇总方法。具体步骤是:首先制作汇总表,然后根据各标志值出现的次数点点、划线,最后对点和线加总计算,将结果填入统计表。点线法手续简便,但点、线太多时易出错漏。常用的点线记号有:正、※等。

**2. 折叠法**

折叠法即按相同的项目或指标栏次,把调查表或初级统计报表一张一张地加以折叠,排列在一条线上,然后对齐求和,得出汇总数字的方法。具体步骤是:首先折叠,然后对齐叠放,接着计算加总,最后把汇总的数字填入统计表。这种方法比较简单易行,但表的份数太多、折叠太厚时则不便计算,而且出了差错也无从查找,需从头返工。

**3. 过录法**

过录法即先将调查资料过录到预先设计的过录表或汇总表上,然后计算加总,得出各组及总体的单位数和标志值合计数的方法。这种方法计算简便,能防止遗漏和重复,不易出错。但过录工作量较大,一般在调查单位不多的情况下使用。

**4. 卡片法**

卡片法即利用特制的摘录卡片进行分组汇总的方法。具体的步骤是:首先根据调查表的内容和分组的需要设计卡片,然后将有关的内容摘抄到卡片上相应的空格内,接着分组计数,最后将计算的结果填入相应的统计表内。汇总大规模专门调查资料时,卡片汇总法比划记法准确,比折叠法和过录法简便,但如果调查资料不多,分组种类简单,则不必使用这种方法。

这四种汇总方法相比较而言,前三种方法较简便,但易出错漏,后一种方法准确程度较高,但费时较多。具体进行汇总时,应根据研究的目的及其对汇总质量的要求选择恰当的方法。

**(二)计算机汇总**

计算机汇总是指运用计算机对调查数据进行汇总的方法。计算机汇总是调研数据汇总技术的新发展,是数据整理现代化的重要标志。在进行大规模的市场调查搜集资料的情况下,手工汇总既费时费力,又容易出差错,而计算机汇总优点显著:速度快,精度高,汇总量大,具有逻辑运算、自动工作和储存资料的功能。计算机汇总大致分四个步骤:编码、登录、录入和程序编制。

**1. 编码**

编码是将问卷中的信息数字化,转换成统计软件和统计程序能够识别的数字。这项工作是一种信息代换的过程。编码工作主要是建立编码手册。编码手册记录着每一个数字所表示的实际意义,相当于打电报的密码手册。

**2. 登录**

登录是将编好码的问卷资料过录到资料卡片上去,以便于将它们输入到计算机的磁带、软盘或硬盘上去。

**3. 录入**

录入是将登录在资料卡片上的数据录入到计算机的存储设备(磁带、软盘、硬盘)上,其工作性质与登录相同。所不同的是登录的操作是在资料卡片上进行,录入则是在计算机的终端机上进行。

**4. 程序编制**

编制程序是一项技术工作,它要求编制者会应用计算机语言。但现在这项工作已由软件工作者为我们做好，我们只需会使用软件包就行了。有很多软件包可以用，最常用的是 SPSS 软件包。

## 五、调研数据显示

汇总的统计数据一般要通过统计表格或图形表现出来，它们可以直观、系统地使调查者对总体有一个清晰的印象。

### （一）统计表

统计表是用纵横交叉的线条绘制成表格，将整理的结果填入其中形成的。通过统计表，能够系统而有条理地排列调研数据，便于查阅与检查；能科学合理地组织调研资料，便于计算和分析；还能装订成册，便于保存和积累。

**1. 统计表的结构**

（1）从形式上看，统计表一般由标题、标目（横标目、纵标目）、数字、表注等要素构成。

标题就是统计表的名称，用以简要地说明表中统计资料的内容，位于表的顶端中央。如表 8-4 的总标题为"2015—2016 年城镇居民家庭抽样调查资料"。

标目分横标目和纵标目。横标目通常写在表的左边，用以说明总体各组或各单位标志。表 8-4 的横标目是调查户数、平均每户家庭人口、平均每户就业人口和平均每人消费性支出。纵标目通常放在表的右上方，用以说明总体各组或各单位的指标。表 8-4 的纵标目是项目、单位、2015 年和 2016 年。

数字是统计表的主体，一般为绝对数、相对数或平均数等，用以说明总体各组或各单位有关指标的数量特征。表 8-4 的数字是 52308、3.05、1.68、12087.66 等。

表注是对统计表有关内容所做的说明。表 8-4 的表注是"本表为城镇居民家庭收支抽样调查数据"。

（2）从内容上看，统计表的结构包括主词和宾词两个部分。

主词是统计表所要说明的总体的各个构成部分或组别的名称，列在横行标题的位置。表 8-4 的主词是调查户数、平均每户家庭人口、平均每户就业人口和平均每人消费性支出。

宾词是统计表所要说明的统计指标或变量的名称和数值，宾词中的指标名称列在纵栏标题的位置。表 8-4 的宾词是项目、单位、2015 年和 2016 年。有时为了编排的合理和使用的方便，主词和宾词的位置可以互换。

**表 8-4　2015—2016 年城镇居民家庭抽样调查资料**

| 项　　目 | 单　　位 | 2015 年 | 2016 年 |
|---|---|---|---|
| 调查户数 | 户 | 52308 | 57425 |
| 平均每户家庭人口 | 人 | 3.05 | 3.02 |
| 平均每户就业人口 | 人 | 1.68 | 1.68 |
| 平均每人消费性支出 | 元 | 12087.66 | 13124.85 |

注：本表为城镇居民家庭收支抽样调查数据。

## 2. 统计表的制作要求

（1）各种标题，特别是总标题应简明扼要，能确切表达表中的内容。

（2）内容要简明扼要、一目了然、直观形象，便于对比和分析。

（3）数字应填写整齐、位数对齐。相同数字不允许用"同上"或"同左"等代替，无符合数字的用"—"表示。

（4）指标数字要有计量单位。若整张表只有一种计量单位，可将单位写在表的右上方。若需要分别注明计量单位，则可专设"计量单位"一栏。

（5）一般情况下，应在统计表的下端加附注或说明，用以解释统计资料的来源，以及某些需特别说明的问题。

## （二）统计图

统计数据除了可以分类整理制成统计表以外，还可以制成统计图。统计图是指利用点、线、面和体等汇制成的，用以表示现象数量间的关系及其变动情况的几何图形。统计图是表现数字资料的一种重要形式。用统计图表示有关数量之间的关系，比统计表更加形象具体，具有形象生动、直观、概括、活泼、醒目等特点。它可使读者一目了然，印象深刻，具有较大的吸引力和说服力。

绘制统计图的一般要求包括：

（1）绘制统计图要有明确的目的和任务，并应根据绘图的目的和任务及资料本身的特性，选取适合的图形。

（2）图示的内容要简明扼要，突出重点。图示的标题、数字单位以及文字说明等都应简明清晰，一目了然，便于掌握。

（3）图形的设计要科学和准确，必须依据准确的资料进行加工和计算，做到图示准确，数据分明，表现真实。

（4）绘制的图形要美观、大方、生动、鲜明，具有较大的吸引力和说服力。

### 实践演练

1. 胃溃疡用药中，西药占主导地位，其中雷尼替丁独占鳌头；中成药所占市场份额不足三分之一，且在医院临床中未形成主导地位的品种。中成药在药店销售用药市场中占有的最大的市场份额仅为27.1%，不足三分之一；西药占有70%以上的市场，其中雷尼替丁在中医院、西医院、药店的当量市场占有率均占榜首，分别为19%、11%、13%。西药前10位品种的当量市场占有率均超过60%，占主导地位；而中成药前10位品种除药店超过80%外，其余西医院为20.31%，中医院仅为14.55%，且在医院中占据首位的中成药的当量市场占有率均不超过5%（西医院为胃乃安，占3.91%；中医院为香砂养胃丸，占2.67%）。可见，西药品种基本上已趋成熟，故市场份额相对稳定；而中成药市场尚未出现主导品种，虽然上市的品种多，但多数的市场份额很小，且带有明显的地域性。据专家意见及调查数据，中成药疗效不明确，起效不及西药快，临床中主要作为辅助用药或防复发的维持用药，尚未形成占主导地位的中成药品种。

根据上面的资料，用表格或图形的形式将资料反映的情况表现出来。

2. 某新产品上市后40天的日销售数量资料，如表8-5所示。

表 8-5　新产品日销售量统计表

| 上市天数 | 销售量(台) | 上市天数 | 销售量(台) |
|---|---|---|---|
| 1 | 80 | 21 | 70 |
| 2 | 90 | 22 | 88 |
| 3 | 63 | 23 | 73 |
| 4 | 97 | 24 | 86 |
| 5 | 105 | 25 | 78 |
| 6 | 52 | 26 | 64 |
| 7 | 69 | 27 | 88 |
| 8 | 78 | 28 | 61 |
| 9 | 109 | 29 | 81 |
| 10 | 79 | 30 | 98 |
| 11 | 82 | 31 | 99 |
| 12 | 92 | 32 | 96 |
| 13 | 83 | 33 | 75 |
| 14 | 83 | 34 | 88 |
| 15 | 70 | 35 | 108 |
| 16 | 76 | 36 | 82 |
| 17 | 94 | 37 | 67 |
| 18 | 81 | 38 | 85 |
| 19 | 85 | 39 | 95 |
| 20 | 100 | 40 | 58 |

试根据以上数据绘制统计分析图与统计分析表。

**拓展阅读**

### 数据录入与整理

数据录入是指将问卷或编码表中的每一个项目对应的代码转化成计算机能够识别的形式的过程。这个过程需要数据录入装置（计算机）和一个存储介质（数据库软件、磁盘）。市场调查发达的国家在数据的采集中使用 CATI、CAPI 的方式很普遍，因此键盘录入的过程在访问的时候就已经完成了。而且对于简单的问卷调查，使用调查卡进行光学扫描录入也能节约不少时间成本。但是国内目前主要还是以纸面问卷调查的形式居多，所以在问卷完成后，还需要对问卷进行录入的操作。

大多数问卷信息通过智能录入系统进行，即使用相关的数据库软件包进行录入。数据库软件不仅可以存储数据，而且在录入过程中，可以通过事先的数据库结构的编辑，对录入员录入的过程进行逻辑检查，避免数据录入过程中出现某种类型的错误（如录入无效的编码或者是太广的编码），对于跳答问题的录入也能进行很好的控制，减少错误的条约模式。

数据库软件的录入检查范围限制在最常见的逻辑错误上。对于在选项范围内因为录入员的疏忽而出错的信息，往往不能察觉。而录入员在问卷的输入过程中，因为速度非常快，即使是非常老练的录入员也会出现录入错误的情况。

为了保证数据录入的准确性，有必要对录入的结果进行核查。核查的方式主要有双机录入和三机录入。所谓双机录入的方式，是将同一份问卷分别由两个录入员进行两次录入，将两次的结果进行逐个比较，相同的部分会被认为没有错误，如果出现不同的部分，则需检查问卷，及时修正。所谓三机录入，即将同一份问卷由不同的录入员录入3次，将3次的结果通过计算机进行比较，采用"2排1"的选择，如果2个结果是相同的，排除那个不同的答案。三机录入的方式可以减少人工翻阅问卷的次数。

无论是双机录入还是三机录入，都会增加调查的时间和费用成本，而且是成倍地增加。但是为求得数据的收集、录入各个环节的准确性，越来越多的企业和市场调查公司开始严格要求数据的正确录入的操作。

如果在录入过程中，没有实行双机录入（三机录入）的措施，在录入完成之后，就有必要对数据进行全面的整理检查。数据整理主要是尽可能地处理错误或不合理的信息，以及进行一致性检查。虽然经过了回收问卷、编码过程以及录入的重重检查，但是数据的整理过程是使用计算机进行的，对数据的矫正将更为彻底。

数据整理使用 SPSS 统计软件进行，可以很方便地寻找出超出选项范围、极端值或逻辑上不一样的数据。通常的做法是首先对所有变量进行频数的计算，然后对连续性的变量进行均值、标准差、最小值、最大值等统计分析，这样超出范围的数据和极端的数值很容易检查出来。SPSS 图表制作 SPSS for Windows 是一个组合式软件包，它集数据整理、分析功能于一身。用户可以根据实际需要和计算机的功能选择模块，以降低对系统硬盘容量的要求，从而有利于该软件的推广应用。SPSS 的基本功能包括数据管理、统计分析、图表分析、输出管理等。SPSS 统计分析过程包括描述性统计、均值比较、一般线性模型、相关分析、回归分析、对数线性模型、聚类分析、数据简化、生存分析、时间序列分析、多重响应等几大类，每类中又分好几个统计过程，比如回归分析中又分线性回归分析、曲线估计、Logistic 回归、Probit 回归、加权估计、两阶段最小二乘法、非线性回归等多个统计过程，而且每个过程中又允许用户选择不同的方法及参数。SPSS 也有专门的绘图系统，可以根据数据绘制各种图形。由于操作简单，SPSS 已经在我国的社会科学、自然科学的各个领域得到了广泛应用。该软件还可以应用于经济学、生物学、心理学、地理学、医疗卫生、体育、农业、林业、商业、金融等相关领域。

数据整理是对数据进行的最后一道检查程序。这一步完成后，数据应该是"整齐、干净的"。然后将进入下一步，对数据进行统计处理分析。

# 任务9　预测市场趋势

## 学习目标

**知识目标：**

1. 掌握市场预测的概念和基本原理及要求

2. 了解市场预测的程序
3. 了解市场预测的方法
4. 了解定性分析的主要方法
5. 了解定量分析的主要方法

**技能目标：**
1. 掌握市场预测的基本原理
2. 掌握市场预测的步骤
3. 了解市场预测的方法
4. 灵活运用定性分析与定量分析的方法

## 任务导入

自中国加入世界贸易组织（WTO）以来，中国汽车工业以积极的姿态融入国际汽车工业的发展潮流，连续出现了爆发式增长。2013年，中国汽车总产量超过1500万辆。随后几年更是迈上一个新台阶：2014年超过1800万辆，2015年超过2400万辆。汽车工业成为国家经济发展的5大支柱产业之一。经历了爆发式增长后，2016年，中国汽车工业放缓了前进的步伐，步入稳步增长期，产销迈上2800万辆的台阶。

总体而言，2016年，汽车工业大致呈现出以下几个方面的发展特点：

（1）汽车总需求在激烈竞争中保持了适度稳定增长，汽车价格进一步与国际接轨，汽车产业影响力提升到新的高度。

（2）经过多年的积累，国产车特别是自主品牌竞争优势全面提升，预示着汽车工业将以两种方式推动经济发展：一方面，国民生产总值（GDP）会进一步增长；另一方面，出口产品结构将升级。

（3）行业重点企业的综合实力继续提升，市场应变和调控能力进一步增强。

（4）汽车市场降价（尤其是乘用车）继续，企业产能增速超过需求增速，供大于求的矛盾进一步加剧。

（5）政策变化会对进口车价格形成一定压力。汽车进口数量和品种很大程度上由市场来配置。虽然进口车配额取消，但2016年进口车需求增长幅度不大，国产车与进口车的竞争关系没有发生实质性变化。

随着近几年的油价变化和国家政策的改变，国产车与进口车之间的竞争关系又发生了变化，汽车行业未来的发展趋势究竟如何？

## 任务分析

市场预测是市场调研的必经之路。如何预测是市场调研的关键所在，会对市场调研项目的成败造成直接影响。而市场调研预测是针对某一目前还不明确的事物，根据其过去和现在的已知情况，估计和推测未来可能出现的趋势。这种估计和推测，应该是在正确的理论指导下，通过广泛调查取得第一手资料或第二手资料，再运用定性分析和定量分析的方法，对市场今后的发展变化做出质的描述和量的估计。市场预测与市场调查的区别在于，前者是人们对市场的未来的认识，后者是人们对市场的过去和现在的认识。市场预测能帮助经营者制定适应市场的行动方案，使自己在市场竞争中处于主动地位。

本任务将根据市场调研的步骤，将市场预测进行分解，向读者展示预测的程序、分类，以及重点预测方式——定性分析与定量分析，并通过阐述案例来进行一一讲解。本任务需要读者关注以下的问题：

◇ 市场预测的程序；

◇ 定性分析的主要方法；

◇ 定量分析的主要方法。

在此基础上，学习完本任务内容之后，读者应当可以根据案例进行初步预测并进行简单分析。

## 任务知识

### 一、市场预测的基本原理与要求

#### （一）市场预测的含义

市场预测是在对影响市场供求变化的诸多因素进行调查研究的基础上，运用科学的方法，对未来市场商品供应和需求的发展趋势以及各种有关因素的变化进行分析、估计和判断。预测的目的在于最大限度地减少不确定性对预测对象的影响，为科学决策提供依据。

#### （二）市场预测的基本原理

市场预测原理是以马克思主义的唯物辩证理论为指导，以预测理论和方法为基础，以市场商情为对象，阐明人们运用各种预测方法对市场商情发展趋势做出估测的理论基础，进而成为市场预测的结果的科学性、合理性、可信性的理论依据。市场预测原理对市场预测行为具有十分重要的指导意义，其基本原理主要包括以下几方面内容：

**1. 可知性原理**

辩证唯物主义的认识论认为，客观世界是可知的，客观事物发展变化的规律性是可以认识的。人类通过实践—认识—再实践—再认识这一无限反复的过程，可以解决主观与客观、认识与实际之间的矛盾，不断认识事物的本质，揭示客观事件发展变化的规律性，指导人们认识和改造客观世界的各种实践活动。

可知性原理是市场预测的理论基础。如果客观事件发展变化的规律性是无法认识的，市场预测就毫无意义，因为人类不能科学预测目标的演变规律。实际上，一种市场现象的发展变化和任务事物的发展变化一样，都是有规律的，都有自己发生、发展和消亡的过程。在市场预测中，市场供求、市场竞争、消费者行为、国家政策和国际市场等多种因素的影响，使人感到市场变化莫测，增大了市场预测的难度，往往需要较长的反复认识过程，才能揭示预测目标的发展变化规律性。依据可知性原理，只要我们勇于探索，善于分析，便可以逐步认识市场商情发展变化的规律性，提高市场预测的准确性。

**2. 系统性原理**

系统性原理是将预测对象视为一个与其他事物存在普遍联系的系统，用系统论原理指导预测活动。系统论认为，事物是在普遍联系中存在和发展的，任何一种事物都是一个完整的系统，它不仅与其他事件之间存在相互联系、相互制约的关系，而且在其系统内部各个组成部分之间也存在相互联系、相互作用的关系，脱离系统的事物是根本不存在的。在系统性原理指导下，市场预测不能独立、封闭地研究预测对象。一方面，它必须把预测对象放在社会经济的大系统中研究，将市场预测与人口预测、工业预测、农业预测、科技预测、国际市场预测等有机结合起来；另一方面，它必须把预测对象与其内部的各系统有机地结合起来，在不同层次上分析预测对象与供求预测、需求预测、商品资源预测、购买力预测和价格预测之间的相互关系。

### 3. 惯性原理

任何事物的发展在时间上都具有连续性，表现为特有的过去、现在和未来这样一个过程。没有一种事物的发展与其过去的行为没有联系。过去的行为不仅影响到现在，还会影响到未来。因此，可以从事物的历史和现状推演出事物的未来。市场发展也有这样一个过程，在时间上也表现为一定的连续性。尽管市场瞬息万变，但这种发展变化在长期的过程中也存在一些规律性（如竞争规律、价值规律等），可以被人们所认识。惯性原理是时间序列分析法的主要依据。

### 4. 因果原理

任何事物都不可能孤立存在，都是与周围的各种事物相互制约、相互促进的。一个事物的发展变化，必然影响到其他有关事物的发展变化。比如，一个国家在一定时期内采用某种特定的经济政策，势必对市场发展产生某种影响；这时的政策是因，市场变化情况是果。过一段时间，国家根据市场发展变化的新情况，制定新的经济政策来刺激市场，或是稳定市场、限制市场，甚至改变市场发展方向等；这时市场情况成为因，经济政策又变为果。当然，一因多果或一果多因的现象也经常出现，但有其因就必有其果，这是规律。因此，从已知某一事物的变化规律，推演与之相关的其他事物的发展变化趋势，不仅是合理的，也是可能的。投入产出分析法就是对因果原理的最好运用。

### 5. 类推原理

许多事物相互之间在结构、模式、性质、发展趋势等方面客观存在着相似之处。根据这种相似性，人们可以在已知某一事物的发展变化情况的基础上，通过类推的方法推演出相似事物未来可能的发展趋势。例如，彩色电视机的发展与黑白电视机的发展就有某些类似之处。我们可以利用黑白电视机的发展规律类推彩电的发展规律。类推原理在领先指标法中得到了很好的运用。

### 6. 概率原理

任何事物的发展都有一个被认识的过程。人们在充分认识事物之前，只知道其中有些因素是确定的，有些因素是不确定的，即存在着必然性和偶然性因素。市场的发展过程中也存在必然性和偶然性，而且在偶然性中隐藏着必然性。通过对市场发展偶然性的分析，揭示其内部隐藏着的必然性，可以凭此推测市场发展的未来。从偶然性中发现必然性，就是通过概率论和数理统计方法，求出随机事件出现各种状态的概率，然后根据概率去推测预测对象的未来状态。马尔柯夫预测法、交叉影响法等都需要运用概率原理。

（三）市场预测的基本要求

市场预测的准确度愈高，预测效果就愈好。然而，由于各种主客观原因，预测不可能没有误差。为了提高预测的准确程度，预测工作应该具有客观性、全面性、及时性、科学性、持续性和经济性。

1. **客观性**

市场预测是一种客观的市场研究活动,但这种研究是通过人的主观活动完成的。因此,预测工作不能主观随意地"想当然",更不能弄虚作假。

2. **全面性**

影响市场活动的因素,除经济活动本身外,还有政治的、社会的、科学技术的因素。这些因素的作用使市场呈现纷繁复杂的局面。预测人员应具有广博的经验和知识,能从各个角度归纳和概括市场的变化,避免出现以偏概全的现象。当然,全面性也是相对的,无边无际的市场预测既不可能也无必要。

3. **及时性**

信息无处不在,无时不有。任何信息对经营者来说,既是机会又是风险。为了帮助企业经营者不失时机地做出决策,市场预测应该快速提供必要的信息。过时的信息是毫无价值的。信息越及时,不能预料的因素就越少,预测的误差就越小。

4. **科学性**

预测所采用的资料,须经过去粗取精、去伪存真的筛选过程,才能反映预测对象的客观规律。运用资料时,应遵循近期资料影响大、远期资料影响小的规则。预测模型也应精心挑选,必要时先进行试验,找出最能代表事物本质的模型,以减少预测误差。

5. **持续性**

市场的变化是连续不断的,不可能停留在某一个时点上。相应地,市场预测需不间断地持续进行。实际工作中,一旦市场预测有了初步结果,就应当将预测结果与实际情况相比较,及时纠正预测误差,使市场预测保持较高的动态准确性。

6. **经济性**

市场预测是要耗费资源的。有些预测项目,由于预测所需时间长,预测因素又较多,往往需要投入大量的人力、物力和财力。这就要求预测工作本身必须量力而行,讲求经济效益。如果耗费过大,效益不高,将使市场预测声誉扫地。企业自己预测所需成本太高时,可委托专门机构或咨询公司来进行预测。

## 二、市场预测的内容

市场预测的内容非常广泛。不同的市场主体或不同的预测目的,决定了市场预测不同的侧重点。企业所进行的预测,主要包括市场需求预测、市场资源预测和市场营销组合预测。

### (一) 市场需求预测

市场需求是指特定的时间、特定的地域和特定的顾客群体,对某一商品现实和潜在的需要量。市场需求受很多因素的影响,有市场主体外部的因素,如政治、法律、文化、技术、消费心理和消费习惯等;也有市场主体内部的因素,如目标市场的选择、销售价格的制定与变动、促销手段的选择与实施、营销方法的确定等。市场需求预测正是在全面考察这些因素后对市场需要量进行的估计和推测。它包含商品市场、金融市场、房地产市场、劳动力市场、产权市场、科技文化市场等诸多市场需求的预测。

市场需求具有趋向性、替代性、相关性、习俗性和无限性等特点。

趋向性是指特定顾客群体购买商品的倾向性。不同的购买者因职业、年龄、地理环境的不同,市场需求的倾向也有明显的不同,但总的来说是按由粗到精、由低到高、由数量向质量这样的趋势发展。

替代性是指许多商品在性质、功能上可以相互替代，如棉纱、化纤、丝、麻等织物可以互相替代。商品间的替代性使商品的需求量可以相互转化。某一商品销售量增加，有可能影响到另一商品销售量的减少；甲商品涨价，有可能引起乙商品销售量的增长等。

相关性是指许多商品之间的连带性或相关性，如西装与领带、照相机与胶卷、卷烟与打火机等。预测某一商品的需求发生了变化，还应注意相关商品的需求变化。

习俗性是指不同地区、不同民族、不同宗教文化的居民有不同的生活风俗习惯，对商品的需求有不同的偏好。调研工作既要了解现实需求，又要分析经过积极促销可能促使消费习俗改变而形成的新的需求。

无限性是指人们的消费需求不断变化且无止境，不但要数量多，而且要品种齐、用途广，甚至要更加艺术化、科学化等。掌握市场需求的这些特点，对提高预测的准确程度有十分重要的意义。

市场需求预测的内容，主要包括以下几个方面：

**1. 市场商品需求总量预测**

商品需求总量是市场上有货币支付能力的商品需要量，包括人们的生活消费需求和生产消费需求。有支付能力的货币总量构成了社会商品购买力，包括现实购买力和潜在购买力两部分。影响购买力总量变化的因素主要有货币收入、银行储蓄、手持现金、流动购买力和非商品性支出等。

**2. 市场需求构成预测**

市场需求构成可分为消费品需求构成和生产资料需求构成两大类。这里主要是指消费品需求构成。消费品需求构成受消费品购买力水平的制约。一般来说，购买力水平越低，投向生活必需品的货币量相对越大，表现为购买力首先投向吃的方面；购买力水平越高，投向其他方面（如穿、用、住、行等）的货币量就会越大。另外，消费者的习俗、消费心理及商品价格等也对消费品需求构成有很大的影响。

**3. 消费者购买行为预测**

主要是指通过对消费者购买的动机、方式和心理等方面的调查分析，预测商品需求的趋向。其中的关键是调查消费者的购买决策，即由谁来买，买什么，为什么买，如何买，何时买，多长时间买一次，家庭和社会对其购买心理有什么影响等。

（二）市场资源预测

市场需求和市场资源是构成市场活动的两个基本因素。满足市场需求，一方面要有充分的货币支付能力，另一方面要有充分的商品资源。否则，市场上就会出现商品购买力与商品可供量之间的不平衡，给企业的经营活动和国民经济的发展带来不利的影响。

通过市场资源预测，可以预见市场的供需趋势，为企业确定生产规模、发展速度和质量水平等提供依据，还可了解新产品开发和老产品更新换代的信息，帮助企业正确面对新产品对老产品的影响。在宏观方面，市场资源预测还能为调节供需平衡提供依据。

市场资源预测的内容主要包括工业产品、农副产品和进口产品的预测。

**1. 工业产品预测**

主要指设备与工艺变化的预测；企业开发新产品的数量、质量、成本、价格、包装、商标及其消费对象的预测；国际、国内市场的类似产品、相关产品或替代产品的发展动向预测；工业产品所需原材料的品种、规格、性能、数量、来源和运输方式等的预测；工业产品的成本预测和价格预测。

**2. 农副产品预测**

主要指农副产品的生产量、商品率、上市季节等情况的预测。农副产品的生产量并不完全等于农副产品的商品量。农副产品的商品，是剔除了农民自己留用的、商业部门或消费者个人不能及时收购的那部分农副产品。因此，预测农副产品时，不能简单地把农副产品产量等同于农副产品的商品量。此外，农副产品资源还与气候变化、政府的经济政策密切相关。对农副产品资源的预测需要特别注意这些情况。

**3. 进口产品预测**

进口产品包括原材料、设备和工艺、专有技术，以及直接进口的各种产品成品、半成品、零部件等。除了要预测这些进口产品的数量、质量、规格、型号和价格外，还要预测来源国的政治、经济等情况和外国厂商的规模、实力、经营策略及其市场占有率等。

### （三）市场营销组合预测

市场营销组合预测是对企业的产品、价格、销售渠道和促销方式等营销因素所进行的预测。

**1. 产品预测**

现代产品不仅指产品的物质实体，还包含产品的商标、包装以及安装、维修、咨询等方面。产品组合是由产品线的不同宽深度和关联度所决定的生产策略。现代企业既要提高专业化程度，组织大批量生产，强化产品线的深度，又要实行多样化经营，适应市场变化的需要，扩大产品线的宽度。前者可以更加广泛地满足各种需要，甚至是特殊的消费需要，有利于占领更多的细分市场；后者有利于挖掘企业潜力，分散投资风险，不断占领新的市场。加强产品线的关联性，则可以增强企业的竞争地位，提高产品的市场占有率。开展产品组合预测，有利于企业制定正确的产品组合策略，提高企业在行业中的优势。

产品的商标是现代整体产品的组成部分。人们购买某种商品，有时候是奔着其商标来的。因为他们认为该产品的质量信得过，价格也合理，还可以享受到良好的服务。产品的包装除了能保护商品、方便运输外，还起着"无声的推销员"的作用。高质量的售后服务，能使用户得到更大的满足，促使其重复购买。对市场上将会受欢迎的商标、包装和售后服务进行预测，有利于合理运用营销手段促进产品的销售。

**2. 价格预测**

价格是市场营销活动最重要的内容。每个企业都需要了解竞争企业或竞争产品的价格，还必须注意到不同价格水平会导致不同的需求量，因此需要对竞争产品的成本和价格进行预测。企业的产品价格确定后，应当及时调查价格是否偏高或偏低，是否对消费者与经营者都有利，与竞争对手相比是否具有优势或主动性等。有条件的企业还应当进行产品需求曲线的预测。当产品需求曲线呈非弹性的时候，提高产品价格可以增加企业收入；当产品需求曲线呈弹性的时候，降低价格可以增加企业收入。企业掌握这些情况，对产品价格的及时调整很有帮助。

**3. 销售渠道预测**

销售渠道即商品流通渠道，是企业产品实现其价值的重要环节。它包括合理制定分销路线、选择与配置中间商、有效地安排运输与储存、适时地向用户提供适用的商品。如果企业销售渠道的数量多，商品流通的路线就广，市场占有率就高。消费品的销售渠道，可以在代理、批发和零售等中间商中选择一个或几个层次；生产资料的销售渠道一般不需要零售中间商。生产者选择销售渠道时，应对自身的条件、产品的情况和所处的市场进行综合分析，如企业的资本、商誉、服务和管理能力等；产品的单价高低、体积大小、易毁或易腐、通用或专用等；市场上同类商品的多少、潜在顾客的数量、购买者的习惯等。企业开展销售渠道的预测，就是要对这些影响因素的未来变化情况做出推测与判断，以确定相应的策略。

### 4. 促销方式预测

促销指的是企业通过一定的方法或手段向消费者传递信息，从而促进消费者对产品或企业的了解，并影响消费者的购买行为。市场营销的实践表明，客户接受一种产品的前提是接受消费这一产品的观念。通过多种媒介传递信息、说服客户，就能创造使用这种产品的社会氛围。促销方式主要有广告、人员推销、销售促进和公共关系四种具体形式。各种形式都有自身的特性，相互之间又存在着一定的替代性。营销部门在大多数情况下都必须搭配使用这些方式。企业开展促销方式的预测，就是要估计不同产品最适合的信息传递途径，推测顾客在不同促销方式下消费观念的变化，测算企业在各种促销组合下的经济效益。

上述营销要素各自的单体优势不一定能形成整体优势，单体优势之间还有一个整体优化问题，因此必须结合起来进行整体研究。将企业的产品、价格、销售渠道和促销方式结合起来进行综合性的预测，是市场营销组合预测的关键。

## 三、市场预测的方法

无论预测什么内容都要推导出一个结果，取得预测结果的技术手段便是预测方法。市场预测方法可以归纳为定性预测和定量预测两大类。将这两大类方法结合起来，并越来越多地采用计算机技术进行预测，是预测方法发展的总趋势。

### （一）定性预测方法

依靠预测者的专门知识和经验来分析判断事物未来发展的趋势，称为定性预测。它要求在充分利用已知信息的基础上，发挥预测者的主观判断力。定性预测适合预测那些模糊的、无法计量的社会经济现象，并通常由预测者集体来进行预测。集体预测是定性预测的重要内容，能集中多数人的智慧，克服个人的主观片面性。

在实际工作中，由于影响市场发展的因素错综复杂，资料往往难以数量化，甚至根本不可能用数量指标来表示。比如，一定时间内市场形势的发展变化情况，国家某项政策出台对消费倾向、市场前景的影响，我国加入世界贸易组织对我国企业的利弊影响等。这种情况下的预测，一般只能采用定性预测方法。另外，企业经营活动中的分析经营环境、制定战略规划、技术开发或新产品研制等，往往也只能采用定性预测方法。

定性预测要求预测者具有从事预测活动的经验，同时要善于收集信息、积累数据资料，尊重客观实际，避免主观臆断，才能取得良好的预测效果。

定性预测方法简便，易于掌握，而且时间快，费用省，因此得到广泛采用。特别是进行多因素综合分析时，采用定性预测方法效果更加显著。但是，定性预测方法缺乏数量分析，主观因素的作用较大，预测的准确度难免受到影响。因此，在采用定性预测方法时，应尽可能结合定量分析方法，使预测过程更科学，预测结果更准确。

定性预测是不依托数学模型的预测方法。这种方法在社会经济生活中有着广泛的应用，特别是在难以分清预测对象影响因素的主次，或难以用数学表达式模拟其主要因素时，预测者可以凭借自己的业务知识、经验和综合分析的能力，运用已掌握的历史资料和直观材料，对事物发展的趋势、方向和重大转折点做出估计与推测。

定性预测的主要方法有指标法、专家预测法、销售人员意见综合法和购买意向预测法等。

### 1. 指标法

指标法又称朴素预测法，是通过一些通俗的统计指标，利用最简单的统计处理方法和有限的数据资料来进行预测的一种方法。这些统计指标包括平均数、增减量、平均增减量等。这里只介绍领先指标的预测运用，其他指标的预测运用将在后续章节中讲述。图形法是利用直观的图表来推测事物未来较短时期的变化发展趋势的方法。这两种方法都是最简单的非模型预测。

社会上的许多事物都可以看作随时间流逝而不断发展的变量。比较各种变量变化的曲线图形，常常会发现某些变量的图形存在着明显的相似性，即某些曲线的起伏变化间距与另一些曲线的起伏变化间距几乎是相同的。也就是说，某一曲线经过一段时间由波峰（或波谷）发展到了波谷（或波峰），而另一条曲线也以相同的时间从波峰（或波谷）发展到了波谷（或波峰）。根据这种情况，人们可以把发生在前的事物作为参照物，从而推测发生在后的相似事物的发展变化趋势。

（1）领先指标、同步指标和滞后指标。

与预测对象的发展有相似性的变量可分为三类。一类是在变化时间上早于预测对象，即波峰或波谷的出现时间均早于预测对象，这类变量被称为领先指标（或先行指标）；第二类是变化时间与预测对象完全同步，即出现波谷与波峰的时间与预测对象相一致，这类变量被称为同步指标（或同行指标）；第三类是在变化时间上迟于预测对象，这类变量被称为滞后指标（或后行指标）。

基本建设的投资是机械产品、钢材、木材、水泥等建筑材料需求量的先行指标，根据国家公布的基本建设投资规划，可以预测一段时间后这些生产资料的需求情况；人口增长和人均收入的变化是生活资料需求量的先行指标，根据国家的人口规划和提高人民收入水平的计划，可以预测一定时期之后某些消费品的需求量。

基本建设对钢材、水泥和木材三大材料的需求量是同步指标，并且各需求量之间还有较为固定的比例关系。如果其中某种材料的生产或供应能力有限，则另外两种材料的需求也将受到限制。因此，通过研究"短线"（供应能力不足）材料可供数量的变化情况，可以预测供应能力有余材料的需求量。

滞后指标有助于验证领先指标所表示的经济趋向是否真实。

（2）指标法预测步骤。

第一步：根据预测的目标和要求找出领先指标。例如，预测化工产品的价格变动，可把石油价格变动作为领先指标。

第二步：画出领先指标、同步指标、滞后指标的时间序列图。

第三步：进行预测。

（3）应用领先指标法的条件。

必须指出，指标之间的关系是根据以往的经验和历史数据来确立的。国家的某些政策很可能已改变了指标之间的伴随关系，领先指标与预测对象之间的间隔时间也不一定是常数。认真分析这些情况，确认指标之间的伴随关系到现在是否仍然存在、间隔时间有什么变化，这是应用领先指标法进行预测的必要条件，也是减少预测风险的要求。

领先指标法适用于原材料价格的变动先于制成品价格的变动、教育事业的发展先于科学技术的发展等中短期预测。

### 2. 专家预测法

专家预测法是以专家为索取信息的对象，运用专家的知识和经验，考虑预测对象的社会环境，直接分析研究和寻求其特征规律，并推测其未来发展的一种预测方法。主要包括个人判断法、集体判断法和德尔菲法。

（1）个人判断法。

个人判断法是通过规定程序对专家个人进行调查的方法。这种方法是依靠个别专家的专业知识和特殊才能来进行预测判断的。其优点是能利用专家个人的创造能力，不受外界影响，简单易行，费用也不多。但是，这种依靠个人的判断，容易受专家的知识面、知识深度、占有资料是否充分以及对预测问题有无兴趣的影响，难免带有片面性。专家给出个人意见时往往会忽略或贬低相邻部门或相邻学科的研究成果，而专家之间进行当面讨论又可能产生不和谐的局面。因此，最好将这种方法与其他方法结合使用，让被调查的专家之间不发生直接联系，并给予时间，让专家反复修改个人的见解，只有这样才能取得较好的效果。

（2）集体判断法。

这种方法是在个人判断法的基础上，通过会议进行集体的分析判断，将专家个人的见解综合起来，寻求较为一致的结论的预测方法。这种方法涉及的人数多，所获得的信息量远远大于个人拥有的信息量，能凝聚众多专家的智慧，避免个人判断法的不足，因而在一些重大问题的预测方面较为可行、可信。但是，集体判断的参与人员也可能受到感情、个性、时间及利益等因素的影响，不能充分或真实地给出自己的判断。

运用集体判断法时，会议主持人要尊重每一位与会者，鼓励与会者各抒己见，积极发言；同时要保持谦虚恭敬的态度，对任何意见的表达都不带有倾向性。主持人还要掌握好会议的时间和节奏，既不能拖得太长，也不能草草收场。当话题分散或意见相持不下时，主持人还应能适当提醒或调节会议的进程等。

（3）德尔菲法。

德尔菲法是为避免专家会议法之不足而采用的预测方法。这种方法的应用始于美国兰德公司，在国外颇为流行。这一方法的特点是：聘请一批专家以相互独立的匿名形式就预测内容各自发表意见，用书面形式独立地回答预测者提出的问题，并反复、多次修改各自的意见，最后由预测者综合确定市场预测的结论。

用德尔菲法进行市场预测的步骤是：

① 做好准备。准备好已搜集到的有关资料，拟定向专家小组提出的问题（问题要提得明确）。

② 请专家做出初步判断。在做好准备的基础上，邀请有关专家成立专家小组，将书面问题寄发各专家（如有其他资料，也随同寄发），请他们在互不通气的情况下，对所咨询的问题做出自己的初次书面分析判断，按规定期限寄回。

③ 请专家修改初次判断。为了集思广益，对各专家寄回的第一次书面分析判断意见加

以综合后，归纳出几种不同的判断意见，并请身份类似的专家予以文字说明和评论，再以书面形式寄发各专家，请他们以与第一次相同的方式，比较自己与别人的不同意见，修改第一次的判断，做出第二次分析判断，按期寄回。如此反复修改多次，直到各专家对自己的判断意见比较固定，不再修改时为止。一般情形下，经过三次反馈，即经过初次判断和两次修改，就可以使判断意见趋于稳定。

④ 确定预测值。即在专家小组比较稳定的判断意见的基础上，运用统计方法加以综合，最后做出市场预测结论。

**案例 9-1**

某空调机厂对某种型号的空调机投放市场后的年销售量进行预测，聘请 9 位专家应用德尔菲法，进行四轮的征询、反馈、修改汇总后得到如下数据：

空调机销售量德尔菲法预测表　　　　　　　　　单位：万台

| 征询次数 | 专家 | | | | | | | | | 中位数 | 极差 |
|---|---|---|---|---|---|---|---|---|---|---|---|
| | 1 | 2 | 3 | 4 | 5 | 6 | 7 | 8 | 9 | | |
| 1 | 50 | 45 | 23 | 52 | 27 | 24 | 30 | 22 | 19 | 27 | 31 |
| 2 | 46 | 45 | 25 | 43 | 26 | 24 | 29 | 24 | 23 | 26 | 23 |
| 3 | 35 | 45 | 26 | 40 | 26 | 25 | 27 | 24 | 23 | 26 | 22 |
| 4 | 35 | 45 | 26 | 40 | 26 | 25 | 27 | 24 | 23 | 26 | 22 |

从表中可以看出，专家的第一轮意见汇总得出的中位数为 27，极差为 31。数据表明，专家的意见相当分散。根据反馈意见，大多数专家修改了自己的意见并向中位数靠拢，因此，第二轮意见汇总后极差变小。但第四轮征询时，每位专家都不再修改自己的意见，于是得出最终的预测值：年销售量将达到 26 万台，但极差达 22 万台。

### 3. 销售人员意见综合预测法

这里所指的销售人员，除了直接从事销售的人员，还包括管理部门的工作人员和销售主管等人员。在应用销售人员意见综合预测法的过程中，要求每一位预测者给出各自的销售额的"最高""最可能""最低"预测值，并且就预测的"最高""最可能""最低"出现的概率达成共识。

这种预测方法的具体计算方法是：

先计算出每个销售人员的预测值，然后给每位销售人员赋予不同的权重 $p_i$，再计算加权平均值。每个销售人员的预测值的计算方法是：

$$F_i = 最高销量 \times 概率 + 最可能销量 \times 概率 + 最低销量 \times 概率$$

最终预测值的计算方法是：

$$F = \sum_{i=1}^{n} F_i p_i$$

**案例 9-2**

某公司销售经理和两位副经理对某地区本公司的产品的销售量进行预测，得到如下数据，试求预测值。

预测数据表                                                                                  单位：万元

| 项目 | 最高销量 | 最可能销量 | 最低销量 | 权重 |
| --- | --- | --- | --- | --- |
| 经理 | 2720 | 2510 | 2350 | 0.6 |
| 副经理甲 | 1900 | 1800 | 1700 | 0.2 |
| 副经理乙 | 2510 | 2490 | 2380 | 0.2 |
| 概率 | 0.3 | 0.4 | 0.3 | |

经理的预测值为：
$$F_1 = 0.3 \times 2720 + 0.4 \times 2510 + 0.3 \times 2350 = 2525（万元）$$

副经理甲的预测值：
$$F_2 = 0.3 \times 1900 + 0.4 \times 1800 + 0.3 \times 1700 = 1800（万元）$$

副经理乙的预测值：
$$F_3 = 0.3 \times 2510 + 0.4 \times 2490 + 0.3 \times 2380 = 2463（万元）$$

最终预测值：
$$F = 0.6 \times 2525 + 0.2 \times 1800 + 0.2 \times 2463 = 2367.6（万元）$$

### 4. 购买意向预测法

购买意向预测法是一种在市场研究中最常用的市场需求预测方法。这种方法以问卷形式征询潜在的购买者未来的购买量，由此预测出市场未来的需求。由于市场需求是由未来的购买者实现的，因此，如果在征询中潜在的购买者如实反映购买意向的话，那么据此做出的市场需求预测将是相当有价值的。在应用这一方法时，对生产资料和耐用消费品的预测较非耐用品精确，这是因为对非耐用消费品的购买意向容易受到多种因素的影响而发生变化。

**案例 9-3**

在某市区进行空调机需求的市场调查中，访问 500 个样本，被访者的购买意向如下：

| 一定会买 | 150 人 | 占 30% |
| 可能会买 | 75 人 | 占 15% |
| 不能肯定是否购买 | 125 人 | 占 25% |
| 可能不会买 | 100 人 | 占 20% |
| 肯定不会买 | 50 人 | 占 10% |
| 总计 | 500 人 | 占 100% |

对于上述的调查答案还必须进行某种加权处理才能得出符合实际情况的结论。如，被访者的回答"一定会买"或"可能会买"往往包含夸大购买倾向的成分。被访者之所以具有这种夸大购买倾向，一方面是为了给访问者一种满足，另一方面是因为回答时往往没有慎重考虑会影响购买力的多种因素，仅仅是脱口而出而已。类似的，即使是回答"可能不会买"或"肯定不会买"的被访者也有成为最终购买者的可能。根据这种分析，在实际处理时，可对每一种选择赋予适当的购买权重。如对"一定会买"赋予权数 0.9，对"可能会买"赋予权数 0.2，对"肯定不会买"赋予权数 0.02 等。

| 选择答案 | 回答百分比 | 指定权数 | 加权百分比 |
| --- | --- | --- | --- |
| 一定会买 | 30% | 0.90 | 27% |
| 可能会买 | 15% | 0.20 | 3% |
| 不能肯定是否购买 | 25% | 0.10 | 2.5% |
| 可能不会买 | 20% | 0.03 | 0.6% |
| 肯定不会买 | 10% | 0.02 | 0.2% |

平均购买可能性：27%+3%+2.5%+0.6%+0.2%=33.3%

未来市场需求量=家庭总户数×平均购买可能性

假设这一地区共有家庭总户数 200 万个，则该地区空调的未来可能购买量为：

$$2000000 \times 33.3\% = 666000 \text{（台）}$$

### （二）定量预测方法

定量预测是指在数据资料充分的基础上，运用数学方法（有时还要结合计算机技术），对事物未来的发展趋势进行数量方面的估计与推测。定量预测方法有两个明显的特点：一是依靠实际观察数据，重视数据的作用和定量分析；二是建立数学模型作为定量预测的工具。随着统计方法、数学模型和计算机技术日益为更多的人所掌握，定量预测的运用会越来越广泛。

市场预测中的定量预测方法，是在分析影响市场供求变动因素的基础上，找出相关变量之间的因果关系，建立起数学模型，通过运算来得到预测结果。例如，设某种商品价格稳定，该商品销售额便由销售量决定。这时，销售量是自变量，设为 $X$，销售额是因变量，设为 $Y$，它们之间用函数式表示为：$Y=f(X)$。这一函数式就描述了这种商品在价格确定条件下的销售额与销售量之间的相互关系和变化规律。如果变量之间的关系能确定地描述，就称变量之间存在因果关系；如果变量之间的关系不能确定地描述，则称变量之间存在相关关系。不论变量之间存在的是因果关系还是相关关系，都可采用定量分析方法进行预测。

定量预测方法的运用，要求有充分的历史资料；影响预测对象发展变化的因素相对稳定；能在预测对象的某一指标与其他相关指标的联系中找出规律性，并能以此作为依据建立数学模型。实际工作中，由于社会经济现象错综复杂，不可能把所有变动因素都纳入数学模型。有些数据难以取得或取得数据的成本过高，使得定量预测方法的运用也存在一定的局限性。

#### 1. 移动平均法

移动平均法是取预测对象最近一组历史数据的平均值作为预测值的方法。这种方法不是仅取最近一期的历史数据作为下一期的预测值，而是取最近一组历史数据的平均值作为下一期的预测值。这一方法使用近期历史数据参与预测，使历史数据的随机成分有可能互相抵消，平均之所含的随机成分就会相应减少。

移动平均法的"平均"是指对历史数据的"算术平均"，而"移动"是指参与平均的历史数据随预测值的推进而不断更新。当一个新的历史数据进入平均值时，要剔除原先参与预测平均的最陈旧的一个历史数据，并且每一次参与平均的历史数据的个数是相同的。其计算公式为：

$$F = \frac{1}{n} \sum_{i=t-n}^{t-1} X_i$$

式中，$F$ 表示预测值；$X$ 表示历史数据；$n$ 表示参与平均的数据的个数；$t$ 表示第 $t$ 期。

**案例 9-4**

某公司根据 2003 年 12 月的某产品的销量，采用移动平均法预测 2004 年 1 月份的销售量情况，求预测值并分析其误差。

移动平均法计算表　　　　　　　　　单位：万元

| 月序数 $t$ | 实际销量 ($X_t$) | 3月移动平均值 ($F_{t+1}$) | 预测误差 ($X_{t+1}-F_{t+1}$) | 误差平方 ($X_{t+1}-F_{t+1}$)$^2$ |
|---|---|---|---|---|
| 1 | 190.1 | | | |
| 2 | 220.0 | | | |
| 3 | 188.1 | | | |
| 4 | 198.0 | 199.3 | −1.3 | 1.7 |
| 5 | 210.0 | 202.0 | 8 | 64 |
| 6 | 207.0 | 198.7 | 8.3 | 68.9 |
| 7 | 238.0 | 205.0 | 33 | 1089 |
| 8 | 241.0 | 218.3 | 22.7 | 515.3 |
| 9 | 220.0 | 228.7 | −8.7 | 75.7 |
| 10 | 250.0 | 233.0 | 17 | 289 |
| 11 | 261.0 | 237.0 | 24 | 576 |
| 12 | 270.0 | 243.7 | 26.3 | 691.7 |
| | | 260.3 | | |

### 2. 季节指数法

季节变动是指某些市场现象由于受自然气候、生产条件、生活习惯等因素的影响，在一定时间内随季节的变化而呈现出周期性的变化规律。如农副产品受自然气候影响，形成市场供应量的季节性变动；节日商品、礼品性商品受民间传统习俗的影响，其销售量也具有明显的季节变动现象。对季节变动进行分析研究，掌握其变动规律，可以预测季节型时间数列的季节变动值。

季节变动的主要特点是，每年都重复出现，各年同月（或季）具有相同的变动方向，变动幅度一般相差不大。因此，研究市场现象的季节变动，收集时间序列的资料时一般应以月（或季）为单位，并且至少需要 3 年或 3 年以上的市场现象各月（或季）的资料，才能观察到季节变动的一般规律。

季节指数法，就是根据预测目标各年按月（或季）编制的时间数列资料，以统计方法测定出反映季节变动规律的季节指数，并利用季节指数进行预测的方法。测定季节指数的方法大体有两类，一类是不考虑长期趋势的影响，直接根据原时间数列计算季节指数；另一类是考虑长期趋势的存在，先将长期趋势消除，然后计算季节指数。

（1）无趋势变动的季节指数预测法。

如果时间数列没有明显的长期变动趋势，就可以假设其不存在长期趋势，直接对时间数列中各年同月（或季）的实际值加以平均，再将各年同月（或季）的平均数与各年的总平均数进行比较，求出季节指数，或将各年同月（或季）的平均数与各年的总平均数相减，求出季节变差，最后通过季节指数或季节变差来计算出预测值。

### 案例 9-5

**某商品销售量 5 年的分季资料（假设该资料无长期趋势）**

| 年度 | 第一年 | 第二年 | 第三年 | 第四年 | 第五年 |
|---|---|---|---|---|---|
| 季度 | 一 二 三 四 | 一 二 三 四 | 一 二 三 四 | 一 二 三 四 | 一 二 三 四 |
| 销售量（吨） | — — 13 18 | 5 8 14 18 | 6 10 16 22 | 8 12 19 25 | 15 17 23 30 |

要求：

（1）设第六年第一季度的销售量为 10 吨，试预测第二季度的销售量；

（2）设第六年上半年的销售量为 27 吨，试预测第三季度的销售量；

（3）设第六年全年的计划销售量为 60 吨，试预测各季度的销售量。

预测计算过程如下：

**季节指数和季节变差的计算见表**

| 项目 | 一季度 | 二季度 | 三季度 | 四季度 | 全年合计 |
|---|---|---|---|---|---|
| 第一年 | — | — | 13 | 18 | 31 |
| 第二年 | 5 | 8 | 14 | 18 | 45 |
| 第三年 | 6 | 10 | 16 | 22 | 54 |
| 第四年 | 8 | 12 | 19 | 25 | 64 |
| 第五年 | 15 | 17 | — | — | 32 |
| 同季合计 | 34 | 47 | 62 | 83 | 226 |
| 同季平均数 | $34 \div 4 = 8.5$ | $47 \div 4 = 11.75$ | $62 \div 4 = 15.5$ | $83 \div 4 = 20.75$ | 年平均数 = 14.125 |
| 季节指数（%） | $8.5 \div 14.125 = 60.18$ | $11.75 \div 14.125 = 83.19$ | $15.5 \div 14.125 = 109.73$ | $20.75 \div 14.125 = 146.90$ | 400 |
| 季节变差 | $8.5 - 14.125 = -5.625$ | $11.75 - 14.125 = -2.375$ | $15.5 - 14.125 = 1.375$ | $20.75 - 14.125 = 6.625$ | 0 |

注意，计算季节指数时，若以月为周期，则 12 个月的季节指数之和应为 1200%；若以天为周期，则一周 7 天的季节指数之和应为 700%。如果计算时由于舍入误差，使季节指数之和不等于相应标准，则需用比例法将其调整为标准形态。同理，季节变差之和应等于 0，否则也应做调整。

解（1），先根据已知的一季度销售量和一季度的季节指数，求出第六年的季平均数；再根据第六年的季平均数和第二季度的季节指数，求出第二季度的预测值。

第六年的季平均数：10÷60.18%=16.62（吨）

第六年第二季度的销售量：16.62×83.19%=13.82（吨）

用季节变差预测第二季度的销售量，则可直接计算：

第六年第二季度的销售量：（10+5.625）-2.375=13.25（吨）

解（2），先根据上半年的已知数和一、二季度的季节指数，求出第六年的季平均数；再根据第六年的季平均数和第三季度的季节指数，求出第三季度的预测值：

第六年的季平均数：27÷（60.18%+83.19%）=18.83（吨）

第六年第三季度的销售量：18.83×109.73%=20.66（吨）

也可用季节变差直接计算：

第六年第三季度的销售量：1.375+（27+5.625+2.375）÷2=18.875（吨）

解（3），先求出第六年的季平均数，再根据第六年的季平均数和各季度的季节指数，求出各季度的预测值：

第六年的季平均数：60÷4=15（吨）

第六年第一季度的销售量：15×60.18%=9.027（吨）

第二季度的销售量：15×83.19%=12.4785（吨）

第三季度的销售量：15×109.73%=16.4595（吨）

第四季度的销售量：15×146.90%=22.035（吨）

可用季节变差直接计算：

第六年第一季度的销售量：15-5.625=9.375（吨）

第二季度的销售量：15-2.375=12.625（吨）

第三季度的销售量：15+1.375=16.375（吨）

第四季度的销售量：15+6.625=21.625（吨）

（2）含趋势变动的季节指数预测法。

**市场现象时间数列的变动，大部分都是季节变动与长期趋势变动交织在一起的。在研究其季节变动的同时，还必须考虑其长期趋势变动，把季节变动和长期趋势变动两种变动规律综合起来进行预测。**

对含有两种变动趋势的时间数列求季节指数，最简便的办法是先利用移动平均法计算出各期的趋势值，再将各期的实际值与对应期的趋势值相比较，计算出季节比率；接着把各年相同季节的季节比率加以平均，必要时再做一点修正，即求得季节指数。得到季节指数后，再根据趋势值的平均变动情况，求出预测期的趋势值，将其与对应期的季节指数相乘，就能得到所要预测的值。

**案例 9-6**

以上例为例，销售量是含增长趋势的季节变动时间数列，按移动平均法来计算季节指数的过程见表。

季节比率计算表

| 年度 | 季度 | 销售量 Y（吨） | 四个季度移动总数（吨） | 四个季度移动平均数（吨） | 趋势值 T（吨） | 趋势变动情况 | 季节比率 Y/T(%) |
|---|---|---|---|---|---|---|---|
| 第三年 | 一 | 6 | 48 | 12.00 | 12.25 | 0.5 | 48.98 |
|  | 二 | 10 | 50 | 12.50 | 13.00 | 0.75 | 76.92 |
|  | 三 | 16 | 54 | 13.50 | 13.75 | 0.75 | 116.36 |
|  | 四 | 22 | 56 | 14.00 | 14.25 | 0.50 | 154.39 |
| 第四年 | 一 | 8 | 58 | 14.50 | 14.875 | 0.625 | 53.78 |
|  | 二 | 12 | 61 | 15.25 | 15.625 | 0.75 | 76.80 |
|  | 三 | 19 | 64 | 16.00 | 16.875 | 1.25 | 112.59 |
|  | 四 | 25 | 71 | 17.75 | 18.375 | 1.0 | 136.05 |
| 第五年 | 一 | 15 | 76 | 19.00 | — | — | — |
|  | 二 | 17 | — | — | — | — | — |
| 平均 | — | — | — | — | — | 0.66 | — |

注意，由于移动跨越期是偶数，移动平均数对应的时间是中点，因此需要对相邻的两个移动平均数再进行一次移动平均，得出的趋势值才能正好与同期实际值一一对应。计算出趋势值和平均趋势变动情况后，即可推测出在长期变动趋势影响下各期的趋势值。如第四年第四季度的趋势值为 18.375，第五年第三季度与之相隔 3 期，平均趋势变动情况为 0.66，则第五年第三季度的趋势值为：$18.375+3\times0.66=20.355$。之后再与相应的季节指数相乘，便得到了该期的预测值。

季节指数计算表  （单位:%）

| 项目 | 一季度 | 二季度 | 三季度 | 四季度 | 全年合计 |
|---|---|---|---|---|---|
| 第一年 | — | — | — | — | — |
| 第二年 | 44.94 | 71.11 | 123.08 | 153.19 | — |
| 第三年 | 48.98 | 76.92 | 116.36 | 154.39 | — |
| 第四年 | 53.78 | 76.80 | 112.59 | 136.05 | — |
| 第五年 | — | — | — | — | — |
| 同季合计 | 147.70 | 224.83 | 352.03 | 443.63 |  |
| 同季平均数 | $147.7\div3=49.23$ | $224.83\div3=74.94$ | $352.03\div3=117.34$ | $443.63\div3=147.88$ | 389.39 |
| 修正系数 | $400\div389.39=1.02725$ | | | | |
| 修正后的季节指数 | $49.23\times1.02725=50.57$ | $74.94\times1.02725=76.98$ | $117.34\times1.02725=120.54$ | $147.88\times1.02725=151.91$ | 400 |

利用其他方法也能求出季节指数，限于篇幅，这里不再介绍。

根据上述已获得的资料，预测后续 6 个季度销售量的计算过程如下：

第五年第三季度预测值：$(18.375+3\times0.66)\times120.54\%=24.54$（吨）

第五年第四季度预测值：$(18.375+4\times0.66)\times151.91\%=31.92$（吨）

第六年第一季度预测值：$(18.375+5\times0.66)\times50.57\%=10.96$（吨）

第六年第二季度预测值：$(18.375+6\times0.66)\times76.98\%=17.19$（吨）

第六年第三季度预测值：(18.375+7×0.66)×120.54% = 27.72（吨）
第六年第四季度预测值：(18.375+8×0.66)×151.91% = 35.93（吨）

### 3. 指数平滑法

指数平滑法指根据历史资料的上期实际数和预测值，用指数加权的方法进行预测。其实质是一种以特殊的等比数列为权数的加权移动平均法，优点是只要有上期实际数和上期预测值，就可以算出下期预测值，还可以节省数据处理时间，方法简便。

根据平滑次数，指数平滑法可分为一次指数平滑法和多次指数平滑法。

一次指数平滑法以预测对象的本期实际值和本期预测值为基数，分别给两者以不同的权数，计算出指数平滑值，作为下期预测值。一次指数平滑法的预测公式为：

$$S_{t+1}^{(1)} = \alpha X_t + (1-\alpha) S_t^{(1)}$$

式中，$S_{t+1}^{(1)}$ 代表指数平滑值，即下期预测值；$X_t$ 代表本期的实际值；$S_t^{(1)}$ 代表本期预测值；$\alpha$（$0 \leq \alpha \leq 1$）是平滑系数。

多次指数平滑法是二次指数平滑法、三次指数平滑法及以上指数平滑法的统称。在市场预测中，主要应用二次指数平滑法。二次指数平滑法指的是对时间数列进行了一次指数平滑后再做一次指数平滑，求得二次指数平滑值，并利用一次指数平滑值与二次指数平滑值之间的滞后偏差演变规律，建立线性方程，用于预测的方法。二次指数平滑法的预测公式为：

$$S_t^{(2)} = \alpha S_t^{(1)} + (1-\alpha) S_{t-1}^{(2)}$$

式中，$S_t^{(2)}$ 代表 $t$ 时期的二次指数平滑值；$S_t^{(1)}$ 代表 $t$ 时期的一次指数平滑值；$S_{t-1}^{(2)}$ 代表 $t$ 前一时期的二次指数平滑值；$\alpha$（$0 \leq \alpha \leq 1$）是平滑系数。

二次指数平滑法欲建立的直线方程为：

$$\hat{X}_{t+T} = a_t + b_t T$$

式中，$\hat{X}_{t+T}$ 为第 ($t+T$) 期待预测值；$t$ 为一次与二次移动平均值的时间，通常为本期；$T$ 为本期到预测期的时期数；其中，参数 $a_t$ 和 $b_t$ 的计算公式为：

$$a_t = 2S_t^{(1)} - S_t^{(2)}$$

$$b_t = \frac{\alpha}{1-\alpha}(S_t^{(1)} - S_t^{(2)})$$

在用指数平滑法进行预测的时候，需要确定初始值和平滑系数。初始值一般可以用最早的观察值或最早的前几个观察值的平均数代替，平滑系数则需要通过测试得出。

**案例 9-7**

某公司根据最近12年的销售额，预测第13年的销售额情况，用一次指数平滑法进行预测。（$\alpha = 0.3$）

**一次指数平滑法预测值计算表**

| 年序数 $t$ | 实际销量（$X_t$） | 指数平滑值（$F_{t+1}$） | 预测误差（$X_t - F_t$） | 误差平方（$X_t - F_t$）$^2$ |
|---|---|---|---|---|
| 1 | 140.0 | 140.0 | — | — |
| 2 | 136.0 | 140.0 | -4 | 16 |

续表

| 年序数 $t$ | 实际销量($X_t$) | 指数平滑值($F_{t+1}$) | 预测误差($X_t-F_t$) | 误差平方($X_t-F_t$)$^2$ |
|---|---|---|---|---|
| 3 | 157.0 | 138.8 | 18.2 | 331.2 |
| 4 | 174.0 | 144.3 | 29.7 | 822.1 |
| 5 | 130.0 | 153.2 | -23.2 | 538.2 |
| 6 | 179.0 | 146.2 | 32.8 | 1075.8 |
| 7 | 180.0 | 156.0 | 24 | 576 |
| 8 | 154.0 | 163.2 | -9.2 | 84.6 |
| 9 | 170.0 | 160.4 | 9.6 | 92.2 |
| 10 | 185.0 | 163.3 | 21.7 | 470.9 |
| 11 | 170.0 | 169.8 | 0.2 | 0.04 |
| 12 | 168.0 | 169.9 | -1.9 | 3.6 |
| 13 | | 169.3 | | |

平滑系数的取值直接影响预测结果的精度。一般平滑系数按如下的原则选取：

① 对于斜坡趋势型的历史数据，一般可取较大的平滑系数 $0.6<\alpha<1$；

② 对于水平型历史数据，一般可取较小的平滑系数 $0<\alpha<0.3$；

③ 对于水平型和斜坡趋势型混合的历史数据，一般可取适中的平滑系数 $0.3\leq\alpha\leq0.6$。

### 4. 因果分析法

因果分析法也叫回归分析法，即分析市场变化的原因，找出原因与结果的联系，并据此预测市场未来的发展趋势。

在生产和流通领域中，我们经常会遇到一些同处于一个统一体中的变量。在这个统一体中，这些变量是相互联系、相互制约的，客观上存在着一定的关系。为了深入了解事物的本质，需要利用适当的数学表达式来表明这些变量之间的依存关系。

微积分是研究完全确定的函数关系。然而，在许多实际问题中，有时变量之间的关系比较复杂，导致人们无法得到精确的数学表达式；有时生产或实验过程中不可避免地存在着误差的影响，使变量之间的关系具有某种不确定性。因此，需要用统计方法，在大量的实践或观察中，寻找隐藏在上述随机性现象后面的统计规律。这类统计规律称为回归关系，有关回归关系的计算方法和理论统称为回归分析法。用回归分析法来分析一个或几个自变量（$Y$）的变动，推测另一个自变量（$X$）变动的方向和程度，就是回归预测。回归预测主要分为一元线性回归预测、多元线性回归预测、非线性回归预测等。本任务从多方面因素考虑，只讲解一元回归预测法。

一元线性回归预测是运用一个在事物变动的诸因素中主要的和起决定作用的自变量的变动，来推测另一个因变量的变动情况，并得出它们之间的关系式，从而进行市场预测的一种方法。因为这两个变量之间一般为线性关系，所以这种方法叫作线性回归预测法。根据它们相关的方向不同，又有正相关（顺相关）与负相关（逆相关）之分。例如，某地区居民人均年收入增加，某种耐用销售品的销售量也随之增加，其变动方向一致，称为正相关。如果根据商品流通费率的大小来预测商业利润的增减，流通费率增大利润率就会随之降低，其变动方向是反的，就称为负相关。

一元线性回归法的公式为：

$$Y = a + bX$$

式中，$Y$ 是因变量；$X$ 为自变量，即引起市场变化的某种影响因素；$a$、$b$ 为回归系数，其中 $a$ 是截距，$b$ 为斜率。

在市场预测中，回归分析通过历年数据确定回归系数 $a$、$b$ 之值。推算 $a$、$b$ 值的常用方法是最小二乘法。公式为：

$$a = \frac{1}{n}\sum_{i=1}^{n} Y_i - b\frac{1}{n}\sum_{i=1}^{n} X_i = \bar{Y} - b\bar{X}$$

$$b = \frac{n\sum X_i Y_i - (\sum_{i=1}^{n} X_i)(\sum_{i=1}^{n} Y_i)}{n\sum X_i^2 - (\sum_{i=1}^{n} X_i)^2}$$

### 案例 9-8

现在以 2011 年至 2015 年某地区居民人均年收入与某企业生产的某种耐用消费品的年销售量为例。

**某地区居民人均收入和某种耐用消费品年销售量表**

| 年份 | 人均年收入（万元）$x$ | $x^2$ | 年销售量（万件）$y$ | $x \times y$ | 年销售量理论值（万件） |
|---|---|---|---|---|---|
| 2011 | 3 | 9 | 8.0 | 24 | 8.24 |
| 2012 | 4 | 16 | 9.5 | 38 | 9.32 |
| 2013 | 5 | 25 | 10.6 | 53 | 10.40 |
| 2014 | 6 | 36 | 11.5 | 69 | 11.48 |
| 2015 | 7 | 49 | 12.4 | 86.8 | 12.56 |
| Σ | 25 | 135 | 52 | 270.8 | 52.00 |

根据上述公式，得：$b = 1.08$，$a = 5$

据此建立的预测模型为：

$$\hat{y} = 5 + 1.08x$$

当 2017 年居民人均年收入为 9 万元时，该企业的年销售量预测值为：

$$\hat{y} = 5 + 1.08 \times 9 = 14.72 \text{（万件）}$$

### 任务实施

市场预测的程序就是开展预测工作的步骤，它是提高预测工作的效率和质量的重要保证。完整的预测工作一般包含几个步骤，见图 9-1。

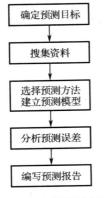

图 9-1 市场预测步骤

## 一、确定预测目标

预测的目标、对象、期限、精度、成本和技术力量等不同,预测所采用的方法、资料数据收集方式也有所不同。明确预测的具体目标,是为了抓住重点,避免盲目,提高预测工作的效率。例如,预测某种商品的需求量就是一个具体的预测目标。确定了这个目标之后,才能为搜集市场商情资料、选择预测方案、配备技术力量和编制预算指明方向。只有根据企业经营活动的需要,制订预测工作计划,编造预算,调配力量,组织实施,才能以较少的费用取得满意的预测结果。

## 二、搜集资料

资料是预测的依据,有了充分的资料,才能为市场预测提供可靠的数据。搜集有关资料是进行市场预测重要的基础工作。如果某些预测方法所需的资料无法搜集或搜集的成本过高,那么,即便有理想的预测方法也无法应用。广泛收集影响预测对象的一切资料,注意资料的真实性和可靠性,剔除偶然性因素造成的不正常情况,是建立定量预测模型的基础条件。

## 三、选择预测方法与建立预测模型

市场预测的方法很多,但并不是每个预测方法都适合用于所有被预测的问题。预测方法的选用是否得当,将直接影响预测的精确性和可靠性。根据预测的目的、费用、时间、设备和人员等条件选择合适的方法,是预测成功的关键。对同一个预测目标,一般应同时采用两种以上的预测方法,用以比较和鉴别预测结果的可信度。所建立的定量预测模型应该在满足预测要求的前提下尽量简单、方便和实用。

## 四、分析预测误差

预测是估计和推测,很难与实际情况百分之百吻合。预测模型又是简化了的数学模型,不可能包罗影响预测对象的所有因素,因此出现误差是在所难免的。产生误差的原因,一种可能是收集的资料有遗漏篡改或预测方法有缺陷;另一种可能是工作中的处理方法失当,或受工作人员的偏好影响等。因此,每次实施预测后,要利用数学模型计算的理论预测值,与过去同期实际观察值相比较，计算出预测误差，估计其可信度。同时，还要分析各种数学模型所产生误差的大小，以便对各种预测模型做出改进或取舍。误差分析往往同选择预测方法结合进行。

以上几个预测步骤是密切联系的，在顺序上有时也可交叉进行。市场调研人员应当根据预测的目的、要求和实际工作进程灵活掌握。

### 五、编写预测报告

预测报告是对预测工作的总结，也是向使用者做出的汇报。预测结果出来之后，要及时编写预测报告。报告的内容，除应列出预测结果外，一般还应包括资料的搜集与处理过程、选用的预测模型及对预测模型的检验、对预测结果的评价（包括修正预测结果的理由和修正的方法），以及其他需要说明的问题等。预测报告的表述应尽可能利用统计图表及数据，做到形象直观、准确可靠。

## 实践演练

1. 某市商业总公司欲对本公司下一年度的销售额进行预测。由三名有权威的管理人员组成预测小组，他们的预测结果如下表所示：

| 预测人员 | 最高销售额（万元） | 概率 | 最可能销售额（万元） | 概率 | 最低销售额（万元） | 概率 |
| --- | --- | --- | --- | --- | --- | --- |
| 管理人员 A | 7800 | 0.3 | 7300 | 0.6 | 6800 | 0.1 |
| 管理人员 B | 6700 | 0.2 | 6500 | 0.7 | 6200 | 0.1 |
| 管理人员 C | 6200 | 0.1 | 6000 | 0.7 | 5600 | 0.2 |

根据以上资料估算：

（1）各位管理人员的预测期望值；

（2）若给予管理人员 A，B，C 的权数分别为 7、6、5，试估算该公司下一年度销售预测值（保留两位小数）。

2. 某公司 2015 年上半年各月销售收入分别为：400 万元，450 万元，420 万元，390 万元，410 万元，480 万元。试用一次指数平滑法预测：

（1）取 $\alpha=0.3$ 时，预测 2015 年 7 月份的销售额；

（2）取 $\alpha=0.6$ 时，预测 2015 年 7 月份的销售额。

3. 根据下表资料，计算某产品销售的季节指数。

| 季度 | 销售量 | 月份 | 销售量 |
| --- | --- | --- | --- |
| 1 | 105 | 7 | 145 |
| 2 | 135 | 8 | 140 |
| 3 | 120 | 9 | 100 |
| 4 | 105 | 10 | 80 |
| 5 | 90 | 11 | 100 |
| 6 | 120 | 12 | 110 |

4. 某地区农民 10 年人均年纯收入和该地区相应年份的销售额的资料如下：

| 年序号 | 人均年纯收入（元） | 销售额（百万元） |
|---|---|---|
| 1 | 400 | 130 |
| 2 | 520 | 150 |
| 3 | 560 | 156 |
| 4 | 640 | 164 |
| 5 | 720 | 172 |
| 6 | 820 | 182 |
| 7 | 940 | 190 |
| 8 | 1040 | 202 |
| 9 | 1160 | 216 |
| 10 | 1200 | 226 |

要求：

（1）用最小平方方法求出该一元回归方程中的参数，建立预测模型；

（2）假设模型的各项检验均已通过，请用该模型预测当年纯收入为 1400 元的销售额（点预测）。

## 拓展阅读

### 专家预测法

专家预测法是一种直观的预测方法。它主要通过邀请专家，对预测的课题采用函询调查的方式传递信息和进行讨论，经过反复交换研究情况，最终得出比较一致的意见，供决策参考。

**一、确定课题**

预测的课题就是预测的对象。预测的课题必须是本单位或本系统意见众说纷纭、决策者拿不定主意而又对本行业发展有重要影响的问题。我国墙体材料如何发展，应发展哪些品种一直众说不一，为此我们确定了我国墙体材料发展预测这一课题。

**二、选择专家**

专家预测是专家对课题未来的发展所做出的判断。我们要经过对专家集体意见的汇集，找出事情的未来发展趋势。因而，选择专家是预测成败的关键。

墙体材料是多工种工程学科，其课题涉及面广。我们注重从与建材有关的科研、设计、生产、管理、施工、大专院校、情报及用户等有关方面选择专家，以便集思广益，有效地预见未来。

从广义上讲，所谓"专家"是指精通业务、有客观预见能力、有真才实学、有工作经验的人，无论有无名望都可以成为本行业专家的选择对象。

1. 选择专家的方法

（1）从报纸杂志上选择。

用此法选择的专家占此次预测专家总数的1%。

（2）专家之间互相推荐。

用此法选择的专家占专家总数的39%。

（3）组织推荐。

用此种方法选择的专家占专家总数的60%。

以上三种方法，应根据实际情况灵活运用。

2. 选择专家应注意的问题

（1）专家人数。通常选择10~15人，多的可增加到100人。我们认为，人数的多少要视预测课题大小和涉及面的宽窄而定。在选择专家时，一般应比预计的多一些，以应付意外情况（如专家出国考察、出差、开会、生病等）。

（2）专家代表面。选择的专家所涉及的面最好广泛些，以弥补我国现阶段专家知识面窄的缺陷。除技术专家外，还可以包括行政干部、社会工作者和普通群众。

（3）要用足够的时间和力量选择专家，要力争对专家有较全面的了解。在每轮作业期间，都应当抽出时间解释专家提出的问题，了解专家的意见，并把专家预测法的原理反复介绍给选定的专家。

3. 专家的组成及回函率

**专家的组成及回函率表**

| 专家所在部门 | | 科研 | 设计 | 生产 | 管理 | 施工 | 院校 | 合计 |
|---|---|---|---|---|---|---|---|---|
| 第一轮 | 邀请专家人数 | 54 | 19 | 25 | 35 | 17 | 7 | 157 |
| | 回函专家人数 | 38 | 8 | 17 | 31 | 12 | 4 | 110 |
| | 回函率,% | 70.4 | 42.1 | 68 | 88.6 | 70.6 | 57.1 | 70 |
| 第二轮 | 邀请专家人数 | 43 | 12 | 20 | 37 | 16 | 5 | 133 |
| | 回函专家人数 | 37 | 11 | 18 | 24 | 11 | 4 | 105 |
| | 回函率,% | 86 | 91.7 | 90 | 64.9 | 68.8 | 80 | 78.9 |
| 第三轮 | 邀请专家人数 | 39 | 11 | 17 | 24 | 11 | 4 | 106 |
| | 回函专家人数 | 35 | 10 | 13 | 14 | 6 | 3 | 81 |
| | 回函率,% | 89.7 | 90.9 | 76.5 | 58.3 | 54.5 | 75 | 76.4 |
| 第四轮 | 邀请专家人数 | 39 | 11 | 17 | 24 | 11 | 4 | 106 |
| | 回函专家人数 | 35 | 11 | 13 | 20 | 10 | 3 | 92 |
| | 回函率,% | 89.7 | 100 | 76.5 | 83.3 | 90.9 | 75 | 86.8 |

三、设计咨询表和逐轮咨询

咨询表设计的好坏直接关系到预测结果的质量。因此，预测人员应紧紧围绕着预测课题，从不同的侧面以表格的形式提出若干个有针对性的问题向专家咨询。表格应简明扼要，不带附加条件。一般来说，专家每轮的作业时间以2~4小时为宜（不包括专家独立思考时间）。预测人员要善于在咨询表上下功夫。

随着预测的深入，要不断地对咨询表进行调整。对已达到目的的咨询项目应结束咨询。但为了使预测深入地进行，可临时增加某些新的项目。一般来说，咨询超过两轮专家就会感到心烦。因此，预测人员要善于变换咨询表的形式，以引起专家的应答兴趣。

提供给专家的咨询表并没有统一的格式，应根据不同的测试课题，灵活设计出各种形式的咨询表。但是，不论提供什么形式的表，都要尽量为专家提供方便，并对表中的各项加以说明，使专家了解预测机构的意图。预测人员应认真推敲咨询表和有关说明，以保证其正确性。在我们的预测中，专家曾对咨询表产生过疑问，甚至有的专家过于注重疑问的地方，而忽略了咨询说明中的重要部分。因此，要再三提醒专家重视咨询表的说明，这对填好咨询表是有益的。

1. 第一轮咨询

由于我国墙体材料品种繁多，因此在发展哪些墙体材料和怎样发展方面存在很多分歧。为了让专家充分发表个人见解，预测机构不应给出任何框框，也不应提供任何参考信息，应采取大撒网的办法，只要求专家在咨询表里填写其个人认为未来在我国有发展前途的墙体材料。拟定咨询表（一）如下：

咨询表（一）

| 材料名称 | 何时着手科研 | 何时出阶段成果 | 何时投产 | 何时经济上可行 | 何时广泛应用 | 占总墙体材料百分比 | | | 理由论述 |
| --- | --- | --- | --- | --- | --- | --- | --- | --- | --- |
| | | | | | | 1985年 | 1990年 | 2000年 | |
| 一 | 二 | 三 | 四 | 五 | 六 | 七 | | | 八 |
| | | | | | | | | | |

汇集第一轮专家意见，共有106个墙体材料，分为9大类。其中较集中的意见是黏土类砖、加气混凝土及利用工业废渣生产的墙体材料等。

2. 第二轮咨询

为了开阔专家的眼界，使预测按照专家预测法的要求进行，我们在第二轮中向专家们提供了国内外墙体材料的发展概况，比较详细地介绍了专家预测法，并将第一轮的汇总结果反馈给专家，要求专家根据新的信息，做出新的判断，然后将咨询表（一）修改补充为咨询表（二）。

增设第十六项"专家自我评价"，是为了判别专家对发展该材料的发言权的大小，以便做加权处理。根据专家自我评价，给出相应的分数。

| 专家自我评价 | 很有研究 | 有研究 | 很熟悉 | 基本了解 | 初步了解 | 未作评价 |
| --- | --- | --- | --- | --- | --- | --- |
| 分数 | 1.0 | 0.95 | 0.90 | 0.85 | 0.80 | 0.70 |

第二轮汇总后共有9类，105种材料。按照专家自我评价进行加权处理后，有39种材料的专家意见比较集中。这说明专家对近、中期墙体材料的发展有比较一致的看法。这39种材料多数是传统材料，而其余的材料多数是新型的墙体材料。

3. 第三轮咨询

第三轮咨询的目的是进一步讨论第二轮汇总的专家意见比较集中的39种材料。因此必须将这39种材料的汇总结果全部反馈给专家，并限定每位专家在咨询表上填写时，最多不得超过8种材料。根据前两轮的调查情况，将咨询表（二）增删成咨询表（三）。

咨询表（二）

| 材料名称 | 何时着手科研 | 何时出阶段成果 | 何时投产 | 何时经济上可行 | 何时广泛应用 | 占城镇墙体材料百分比 | | | 占农村墙体材料百分比 | | | 用于外墙 | | 用于内墙 | | | 合理规格 | 用于何地区 | 做出四个判断 | 选择处于哪种阶段 | 理由论述 | 专家自我评价 |
|---|---|---|---|---|---|---|---|---|---|---|---|---|---|---|---|---|---|---|---|---|---|---|
| | | | | | | 1985年 | 1990年 | 2000年 | 1985年 | 1990年 | 2000年 | 承重墙 | 填充墙 | 承重墙 | 分户墙 | 填充墙 分室墙 | | | | | | |
| 一 | 二 | 三 | 四 | 五 | 六 | 七 | | | 八 | | | 九 | | 十 | | | 十一 | 十二 | 十三 | 十四 | 十五 | 十六 |
| | | | | | | | | | | | | | | | | | | | 正确 不正确 重要 不重要 迫切 不迫切 可能 不可能 | 新兴苗头 科研方向 应用研究 应改革 值得推广 | | 很有研究 有研究 很熟悉 基本了解 初步了解 |

咨询表（三）

| 类别 | 材料 | 何时经济上可行 | 何时广泛应用 | 占城镇墙体材料百分比 | | | 占农村墙体材料百分比 | | | 合理规格 | 用于何地区 | 做出四个判断 | 选择处于哪种阶段 |
|------|------|----------------|--------------|------|------|------|------|------|------|----------|------------|--------------|------------------|
| | | | | 2000年 | 2005年 | 2015年 | 2000年 | 2005年 | 2015年 | | | | |
| 一 | 二 | 三 | | 四 | | | 五 | | 六 | 七 | 八 正确、不正确、重要、不重要、迫切、不迫切、可能、不可能 | 九 新兴苗头、科研方向、应用研究、应用改革、值得推广 |
| 强度 十 | 容重 十一 | 保温 十二 | 隔热 十三 | 隔音 十四 | 防火 十五 | 耐久 十六 | 耐潮 十七 | 美观 十八 | 居住舒适感 十九 | 能耗 二十 | 经济效果 二十一 | 备注 二十二 | |

咨询表（三）增设了第十至二十一项，要求专家对每一项都给出分数，分数限定为1~20分。我们选定黏土砖为参照材料，每项为10分，其他材料比黏土砖优者，高于10分，比黏土砖劣者低于10分（不可比者除外）。

第三轮咨询的结果是，专家从39种墙体材料中选出27种，其中有19种专家意见相对集中。

4. 第四轮咨询

第四轮所要讨论的问题，是第二轮汇总中专家意见比较分散的部分。分散的意见不一定是不重要的意见，因为有时真理掌握在少数人手里。因此必须把全部分散意见的汇总情况反馈给专家，让专家根据新的信息，做出新的判断。

咨询表（四）的设计与咨询表（三）相同，限定每位专家在咨询表（四）中只填8种材料。

第四轮的汇总结果是，专家们从66种墙体材料中选出39种，其中有20种是专家意见相对集中的，这说明，对分散意见进行专门咨询，对发展我国墙体材料是必要的。

四、数据处理

每次汇总咨询表后都有大量的数据需要处理，如实现的时间、实现的百分比等。处理的目的主要是找出能够反映事情发展趋势的数据，即未来事情出现的概率。我们采用四分位值的办法处理。

五、信息反馈

信息反馈是推动专家调查法作业深入下去的不可缺少的一环。每位专家通过信息反馈都可以看见整个预测进展情况和其他专家的意见，这样有利于推动专家意见的集中和应答质量的提高。

我们认为，信息是专家提供的，不应对专家保密，故我们采取了完全反馈的方法（除被淘汰的外）。这种做法受到了专家们的欢迎和称赞，他们从中看到了全国的墙体材料发展情况，了解到了自己所不了解的东西。因此，信息反馈起到了交流情报的作用。

在国外的专家预测法作业中，专家之间不允许进行信息交换。我们认为，在我国，专家之间的学术观点不是保密的，专家之间对问题的讨论已成为平常之事。专家经过讨论之后再独立填咨询表也是被允许的。而几个专家都在一个单位，观点完全一致，填写一张咨询表的情况也是有的。我们把它作为一个群体点进行处理，这对预测结果并没有影响。

根据我国情况和我国专家的觉悟程度，专家署不署名完全听便。预测机构对于署名专家给予保密。

六、作业周期

作业周期是指进行一轮作业所需要的时间。正确地估计作业周期，对安排好整个预测进程有着积极的作用。国外一般把每轮作业周期定为一个月左右。我们认为作业周期主要由以下几个因素决定：

① 课题的大小；
② 专家人数的多少和专家与预测机构距离的长短；
③ 预测人员的业务熟练程度和能力大小；
④ 处理信息的手段。

我们的这次预测，每轮作业周期为两个月左右。在每轮作业期间我们都会及时提醒专家回函，这样就缩短了作业周期和提高了回函率。

### 七、专家预测法的应用评价

自20世纪60年代中期以来,在经济发达的国家,专家预测法在预测和长远规划工作方面发挥着重要作用,并被广泛地用于政治、军事、经济和科学技术等各个领域。许多专家学者为这种方法著书立说。国外大量的文献表明,越来越多决策者把它作为决策的分析工具。虽然人们对这种方法也有争议,但真正懂得专家预测法的人对它的批评是不多的。我们的实践证实,人们对它的批评主要针对的是专家预测法作业的设计,而不是方法本身。认真考虑这些意见,并在实践中不断对其进行改进,就会不断完善这种方法。

怎样看待专家预测法的准确性,是人们普遍关心的问题。我们认为,专家预测法所给出的仅仅是多数专家的某种意见和主张,除了实践之外,其精度是很难校核的。在作业过程中,调查者不可能为了获得某一个特定的答案而对它进行操纵,专家也不可能为之提供保证,因此它自始至终是不受约束的。然而,集中了多数专家无约束的智慧、经过反复讨论为决策提供的信息,总要比少数人坐在办公室里所做出的决定准确和可靠。就预测结果来说,只要能够反映未来事物的发展趋势,就可以说它是比较准确的。

专家预测法突破了传统的数量分析限制,为更合理地进行决策开阔了思路。它可以对未来发展中各种可能出现的前景做出概率估计,为决策者提供多方案选择的可能。当然,它只是一种预测方法,一种决策分析工具,而不是一种决策工具,更不能代替决策。在当今世界上的任何一个国家,最终做出决策的都是人,而不是技术,所以专家预测法的预测结果可能被采纳,也可能不被采纳。应该指出的是,决策者做出某种选择,主要出于决策者自己选定的战略思想和对方针政策的理解。然而,在意见纷纭、缺乏资料、无法建立数学模型,以及后果不能确定和无法验证的情况下,用其他预测方法很难获得以概率表示的明确答案,此时用专家预测法就较为适宜。

## 任务10 撰写调研报告

### 学习目标

**知识目标:**
1. 掌握市场调研报告的写作格式
2. 掌握市场调研报告的撰写程序
3. 把握撰写市场调研报告的侧重点
4. 理解调研报告在市场调研工作的作用

**技能目标:**
1. 明确市场调研的重点部分
2. 熟悉调研报告的写作特点
3. 掌握介绍调研报告的技巧
4. 具备对整个调研工作的理解能力和综合应用能力
5. 提升调研问题的归纳能力和分析能力

## 任务导入

大学生作为一个特殊的消费群体，有着不同于社会其他消费群体的消费心理和行为。近年来，大学生群体的消费水平及结构备受人们的关注。2006年，某内陆省份的一所职业技术学院就利用市场调研与分析课程的实训教学环节，组成了10名大学生的调研项目小组，在该校的万名在校大学生群体中，随机发放"大学生消费问题调查问卷"500份，对大学生的月消费水平、支出类别及金额、生活资金及来源、社会兼职及目的、家庭收入、自我评价等问题进行问卷访谈。之后，项目小组审核整理回收的调查问卷，得到了480份有效问卷，在编码录入后进行了数据分析。最后，项目小组需要将调查及分析结果撰写成一份调研分析报告并提交。

那么，项目小组成员面对这次调查活动获得的调查资料与数据分析的结果，应当如何撰写这份调查分析报告呢？

## 任务分析

如何提交和陈述调研结果，会对市场调研项目的成败造成重大的影响。调研团队通常需要准备一个书面的市场调研报告，并且往往需要做口头的陈述。比起调查资料来，这项工作的形式与质量，将对调研成果的领悟和决策者的决策活动产生更大的影响。因此，调研人员必须了解其特点，掌握撰写的方法，出色地完成市场调研报告的撰写。

任务10将沿着调研报告的撰写过程，向读者展示市场调研报告的主体内容，并阐述调研报告的撰写技术。本任务需要读者关注以下的问题：

◇一个好的市场调研报告的结构与特点；

◇撰写市场调研报告的技巧；

◇案例资料显示的调研报告写作思路及技巧。

在此基础上，学习本章内容之后，读者应当撰写一份课程学习过程中实施的市场调研项目报告，并制作PPT演示文稿，在小组范围内展示报告成果，进行小组讨论及答辩。

## 任务知识

### 一、市场调研报告的定义

市场调研报告是以一定类型的载体反映市场状况的有关信息并提出某些调研预测结论和建议的形式。

市场调研报告的类别和形式是多种多样的，但是任何种类和形式的调研报告都具有如下的基本特征：

（1）调研报告是市场调研活动的总结和说明，产生于市场调研分析之后，是市场调研过程的高度概括。

（2）调研报告反映的是市场现象中的主要矛盾和市场活动中的新问题。调研报告既反映了现有认识的广度和深度，又反映了对未知领域广度和深度的探索，其针对性也很强。

（3）调研报告是科学的。调研报告是以调研事实为依据的分析和总结。它如实反映了客观世界，是客观事物间内在联系的总结和反映。调研报告中运用的调研资料和数据是采用科学的方法获取的。

（4）调研报告对市场现象不是一般性的描述，而是经过科学的分析和总结，揭示出事物的本质。调研报告展示了市场现象发生、发展和变化的规律。

（5）调研报告涉及的知识面较宽，如哲学、政治经济学、社会学、逻辑学、数学和统计学等专业知识。它是调研者思想、立场、知识、能力和才华的综合体现。

## 二、市场调研报告的种类

市场调研报告依据不同标准可划分为多种类型。依据调研对象范围和关系的不同，可分为概况型调研报告和专题型调研报告；依据研究目的的不同，可分为理论型调研报告和实际型调研报告；依据调研性质的不同，可分为叙述型调研报告和分析型调研报告；依据表达形式的不同，可分为文字报告与口头报告。以下简要介绍四种报告类型。

### （一）概况型调研报告

概况型调研报告是围绕调研对象的基本状况而撰写的全貌表述。其主要用途是较详尽地记录调研结果，较系统地陈述调研资料，以弄清调研对象发生和发展的基本状况，使人们对调研对象有个全面的了解。

### （二）专题型调研报告

专题型调研报告是围绕某一专题而撰写的。这些专题可以是典型经验、新生事物、历史事件或存在问题等。专题调研名目繁多，范围较广，实用性很强。专题调研报告的主要用途是研究具体问题，及时反映情况，揭露事物某一方面矛盾，根据调研分析结果提出建议和对策。其特点是：主题鲜明、针对性强、材料具体、数据准确、说服力强。

### （三）理论型调研报告

如果调研分析的目的是为了提出、证明或补充某个经济理论观点，其报告就是理论研究型报告。其特点是注重理论研究和陈述，讲求分析问题的立场和方法。

### （四）实际型调研报告

这类调研报告的目的是为了完成某项工作，针对某社会现象和有影响的问题，或对某方案提出意见和建议而撰写的。除了具有专题型调研报告的特点外，它还具有结合实际、有分量、有新意等特点。报告依靠调研取得的全部资料和数据提出建议，做到言之有理，论之有据。

## 三、市场调研报告的组织结构

市场调研报告作为一种特殊的应用文，其特点是开门见山、准确简练。从一般结构上看，一篇完整的调研报告由标题、目录、摘要、正文和附录等几部分组成，详细结构如下。

### （一）标题

市场调研报告的标题是由调查与预测的目的、内容与范围来决定的。不同类型的报告标题所强调的内容和重点不同。

#### 1. 产品调查与预测

产品调查与预测的目的是了解产品的供需情况，制定产品策略。调查与预测内容包括该项产品的供需总量，消费者对产品质量、性能、价格、交货期及技术服务的意见，该产品处于寿命周期的哪个阶段，现有产品扩展市场的可能性，以及市场对于创新产品的需求情况。报告标题应突出产品名称，并且反映产品在某个方面的侧重点。

如："青岛啤酒国内市场的市场调查与预测"；

"2014年中国钢铁市场预测报告"；

"2013至2017年中国PE塑料颗粒市场发展前景预测报告"。

2. **消费者需求调查与预测**

消费者需求调查与预测的内容主要是某类产品的消费者需求总量、消费构成以及消费者的购买动机与购买行为等。例如，某一类产品的消费者属于哪种消费层次？年龄特点、收入水平、地区分布、购买动机等情况如何？消费量有多大？有哪些消费习惯？等。拟定这类调查与预测报告的标题，通常采用直接叙述的方式。

如："北京市居民消费结构的调查与预测"；

"海尔小家电产品顾客满意度研究"；

"移动电话市场规模的调查与预测"；

"上海日用小商品短缺情况的调查与预测报告"；

"关于某某市居民轿车消费状况与趋势的调研报告"。

3. **营销活动调查与预测**

营销活动调查与预测的目的在于为企业制定营销策略提供依据。营销活动调查与预测的内容包括企业产品的营销实绩与趋势分析，营销渠道、销售价格的分析与预测，营销活动的费用和效率的分析预测，广告等促销活动的经济效果分析，售后服务的方式及其效果分析，以及消费者对营销活动的意见调查等。拟定这类调查与预测报告的标题时要突出重点。

如："出口商品包装不容忽视"；

"某公司广告促销活动的效果分析"；

"市场导向对于企业营销绩效的影响研究"。

4. **市场环境调查与预测**

市场环境调查与预测的内容包括对市场有重大影响的政治环境、经济环境、科技环境和竞争环境的调查与预测，涉及国家的经济政策、投资政策、能源政策、经济发展速度以及能源和交通发展状况，新技术、新工艺、新材料的发展趋势及应用状况，竞争企业的生产能力、产品质量、生产成本、市场占有率及推销策略等。拟定这类调查与预测报告的标题时要突出环境因素。

如："进入WTO对中国零售业的影响"；

"国家的新能源政策对电力企业发展的影响"；

"网络环境下陕西省旅游业发展状况的分析与预测"。

（二）目录

当市场调研报告的页数较多时，应使用目录或索引形式列出主要纲目及页码，并编排在报告题目的后面。目录包含报告所分章节及其相应的起始页码。通常只编写两个层次的目录，较短的报告也可以只编写第一层次的目录。需要注意的是，报告中的表格和统计图都要在目录中列明，详见图10-1。

```
                          目  录
一、摘要……………………………………………………………………………1
二、调查概况………………………………………………………………………4
    1. 研究背景及目的……………………………………………………………4
    2. 研究内容……………………………………………………………………6
三、研究方法………………………………………………………………………8
四、消费者调查结果………………………………………………………………10
    1. ××××……………………………………………………………………11
    2. ××××……………………………………………………………………15
    3. ××××……………………………………………………………………20
五、零售商调查结果………………………………………………………………26
    1. ××××……………………………………………………………………26
    2. ××××……………………………………………………………………30
    3. ××××……………………………………………………………………33
六、结论及建议……………………………………………………………………37
七、消费者对零售商偏好分析图…………………………………………………45
八、消费者使用频率分析图………………………………………………………46
    附录一   消者调查问卷
    附录二   消费者问卷的原始统计数据
    附录三   零售商调查问卷
    附录四   零售商问卷的原始统计数据
```

图 10-1  目录的例子

（三）摘要

摘要是整个报告的精华，一般按照市场调查项目的顺序将问题展开，包括调研目的、调研对象和调研内容的简要介绍，处理问题的途径和所采用的方案设计、主要的发现等几个方面的内容。最后还要得出结论，提出建议。写摘要时应注意以下事项：

(1) 语言简洁，只提示主要内容，一般不超过3页；
(2) 内容精炼，分段落用小标题标示清楚；
(3) 应该引起阅读者的兴趣去进一步阅读报告的其余部分。

例如，《关于女性内衣市场的调查报告》的摘要部分是这样写的：

中国女性内衣市场是一个具有良好增长规模和前景的市场，是中国国内现阶段新的经济增长点。目前中国女性内衣市场上的品牌主要以合资、进口、国产为主。其中，国外品牌开始进入内地市场，并逐渐占领高端市场。合资产品占有中高档市场相当大的份额，成为各商场的中坚主打商品。国产低端品牌内衣主要靠价格促进销售，竞争异常激烈。在品牌战略、策略和产品设计创新方面，国内女性内衣制作企业与国外品牌和企业相比还有很大差距，国内的内衣销售渠道也存在进一步改善渠道结构的空间。面对女性内衣市场上需求的增长和国际内衣市场竞争的日益激烈，国内内衣制作企业必须在生产和营销两个方面下更多的工夫。

（四）正文

市场调查报告的正文部分所占篇幅最长，内容也最多。因此，在结构上必须精心安排。

正文部分一般需要包括本次调查的背景资料、市场调查中使用的调查方法和调查过程、数据分析方法、分析结论和本次调查的总结。

1. **背景资料介绍**

背景资料介绍也称作引言。在这一部分报告内容中，撰写者要对本次调查的由来或受委托展开调查的原因进行说明。引言的形式一般有以下几种：

（1）开门见山，揭示主题。

正文开始先交代调查与预测的目的或动机，揭示主题。

例如，"我公司受××商业集团的委托，对市中心五区消费者进行一项有关购物环境满意度的调查，了解消费者对商场购物环境的满意和不满意因素，为××商业集团改善购物环境提供决策依据"。

（2）结论先行，逐步论证。

先将结论写出来，然后再逐步论证。这种引言的特点是观点明确、一目了然。

例如，一项对唐装未来消费趋势的调查报告可以这样开头："近年来，穿着唐装成为一种仿古时尚。经过对消费者的抽样调查，我们认为唐装未来的销售潜力是巨大的，原因主要在于以下几个方面……"

（3）交代情况，逐层分析。

先交代背景情况，然后逐层分析，得出结论。

例如，"'天极网长城计算机杯'2005年度中国IP网络调查是由中国互联网协会网销营销工作委员会和天极网发起的第四届IP市场消费调查，是目前国内唯一的也是最大的侧重IP产品市场和消费者的综合性调查。本次调查采用了网上调研、平面问卷和行业分析三条线结合的方法。"

（4）提出问题，引入正题。

例如，"自2010年下半年以来，我国各地CPI均持续走高，食品价格更是居高不下。面对食品原材料价格的持续上涨，我国餐饮业面临很大的成本挑战，行业竞争也趋于白热化。如何在成本走高的整体环境下保持原有产品和服务不缩水？如何在激烈的竞争中立于不败之地？带着这些问题，我公司对××市餐饮企业进行了有关情况的调查。"

2. **调查和分析方法说明**

市场调查报告的正文部分需要说明市场调查和分析时使用的方法，并解释选择这些方法的理由，同时还要说明使用这些方法存在的缺陷，并进一步交代最后结果的可信度。这一部分需要说明的内容包括：

（1）调查地区。即调查活动是在哪个地区或区域进行的。

（2）样本情况。即样本是在什么样的对象中，用什么样的抽样方法选取出来的。

（3）访问完成情况。即调查之初拟订样本含量多少，实际获得有效结果的被调查者有多少。同时还要说明，对于丢失或数据有误的问卷，是如何采取补救措施的。

（4）数据采集。说明用什么方法来收集资料，是电话访问还是现场访问，是观察法还是实验法。

（5）数据处理方法。主要介绍用何种方法、何种工具对数据进行处理和统计分析。

3. **研究主题的具体分析说明**

这是调查与预测报告的核心部分，具体内容应视调查与预测的目的而定。比如：

若调查预测的是市场的一般供需状况，分析的内容就可能是：某种产品的市场总需求量和饱和点；有无替换产品存在或可供开拓；市场的销售发展趋势；产品市场地区划分和地区分布；本企业产品在同行业中的市场占有率；本企业产品在各地区市场上的占有情况；未被开发和占领的市场；不同地区可期望的销售量以及广告费用与销售力量的合理分配。

若进行产品调查，分析的内容可能就是下面这些：现有产品线的扩充或收缩；产品的设计；产品的功能与用途；产品的使用与操作安全；产品的牌号和商标设计；产品的外观与包装；产品系列与产品组合；产品的生命周期；产品的新用途探索；产品的售前售后服务；保持适当库容。

若进行的是产品价格调查，则分析的内容如下：影响价格变动的因素分析；产品需求弹性计算；不同价格政策对产品销售量的影响分析；产品的合理价格及新产品的定价策略；产品生命周期不同阶段的定价原则；类似产品的合理比价。

若进行广告效果调查，则分析的内容如下：产品寿命周期不同阶段的广告目标；合理的广告市场调查与预算；最能激发消费者购买动机的广告媒体；广告效果的测定。

若进行营销渠道调查，则分析的内容如下：各类中间商的选择与评价；各地区市场销售网点分析；销售成本分析；销售渠道的拓宽。

若进行市场竞争情况调查，则分析的内容往往包括：竞争对手的产品设计性能、包装和售后服务等情况；竞争对手的产品生产成本与定价策略；竞争对手的产品广告费用与广告策略；竞争对手的销售渠道；未来市场竞争情况。

总之，分析预测的结果是应用统计工具或定性分析技巧对数据或资料处理结果的一个归纳和总结。它要与前面的研究问题和研究方法相匹配，整合为一个逻辑严密的整体。此外，必要时还要对一些分析和预测的结果做出合理的解释。

**4. 结尾部分**

结尾部分是调查报告的结束语，也是对前文分析的进一步总结，用来帮助读者明确主旨、加深认识，启发读者的思考和联想。一般来说，市场调查报告的结尾包括如下四部分内容：

（1）概括全文。经过前文的具体分析后，概括总结本次调查和调研报告的主旨，深化报告主题。

（2）形成结论。前文的具体分析过程已得到一些结论，但都是分散的。结尾要将前文的零散结论进行综合说明。

（3）提出建议。建议的内容必须紧紧围绕本次市场调研的主题。如果本次调查是为了了解广告对某产品销售促进的效果，那么建议的内容就应该是选择哪种广告媒体、制作怎样的广告方案等。

（4）调研工作总结。这部分内容是总结市场调查全过程的得与失，即成功之处在哪里，有哪些经验值得积累，不足之处是什么，产生的原因是什么，调查结果的信度和效度如何，哪些结论可能随时间的改变而改变，等等。

（五）附录

市场调研报告的附录是对报告主体部分的补充，用以附加说明本次调查分析的相关问题。附录内容的多少由具体情况决定，可能包括各种表格、图表、图示或插图说明等，应该将其按顺序编号排列在报告正文之后。一般来说，附录中会包括如下一项或几项：

◇调查问卷副本、访问提纲、量表等；
◇调查对象的名单或名称表；
◇文献资料的出处；
◇某种特殊调查方法和分析方法的介绍；
◇已经在正文汇总的统计表和统计数字列表及其详细计算；
◇认为有价值却无法在正文中反映的调查资料。

表 10-1 列出了一份极为正规的调研报告所应包含的所有组成部分。这种极为正规的格式用于企业内部大型调研项目，或调研公司向客户提供的服务项目。对于一些不那么正规的报告，某些组成部分可以略去不写。根据项目的重要程度和委托方的实际需要，可以从最正规的格式到只要一份报告摘要的这一逐渐简化系列中选择一个适当的进行设计。

表 10-1  市场调研报告基本结构

| 扉页<br>1. 市场调研题目<br>2. 市场调研用户<br>3. 市场调研组织者<br>4. 市场调研日期<br>序言<br>1. 目录<br>2. 简介(项目背景,人员配备)<br>市场调研结论摘要<br>1. 调研主题简要陈述<br>2. 调研结论简要陈述<br>3. 调研方法简要陈述<br>4. 提出建议简要陈述 | 报告正文<br>1. 详细的背景介绍<br>2. 调研主体的详细说明<br>3. 调研方法的详细说明<br>4. 调研主题的详细论述过程<br>5. 调研图表解释<br>得出结论<br>1. 市场调研结论 1<br>2. 市场调研结论 2<br>提出建议<br>1. 市场营销建议 1<br>2. 市场营销建议 2<br>附录:种类附录资料 |
|---|---|

## 四、市场调研报告的写作技巧

### （一）市场调研报告的写作方法

**1. 良好的调研报告基本要求**

◇调研主题突出，结构合理；
◇文字流畅；
◇选材适当；
◇重点突出；
◇打印成正式文稿，字迹工整、清楚、方便阅读。

**2. 市场调研报告起草过程**

市场调研报告的起草顺序与其文体结构的顺序正好相反，即从准备有关的图表和附件入手，进而草拟报告正文，最后再撰写调研报告摘要，见图 10-2。

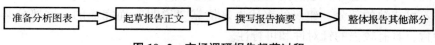

图 10-2  市场调研报告起草过程

在草拟调查报告正文之前，调查人员应对报告的文体结构、章节、段落有一个大概的写作思考框架。这需要反复的思考和构思才能形成。在起草时要有条理和系统性地集中阐明市场调研结论及其论据,注意突出重点,避免平铺直叙、面面俱到。报告初稿形成后应进行认真审查,仔细进行修改,使报告更加完整和丰满。

### 3. 图表的使用

撰写调查报告时要充分利用各种图表的功能。因为,图表不仅可以向阅读者提供一个简明系统的资料,而且可以使阅读者迅速地利用图表进行直观的对比和分析,一目了然地了解调查工作的成果。在说明市场现象某种数据关系及其变化趋势等问题时,与使用文字相比,使用图表可以收到更为明显的效果。

### 4. 调研报告撰写中容易出现的问题

(1) 调研主题不突出:偏离主题的文字或资料堆集。
(2) 文体结构安排不当:结构层次不清,线路混乱,没有写作提纲,平铺直叙。
(3) 论据不够充分:市场调研资料不足,或对市场调研过程的说明不充分。
(4) 定量分析不足或过量:数据不足或过多,图表不足或过多。
(5) 资料使用不当:对数据资料的理解或解释不当。

## (二) 市场调研报告的写作特点

### 1. 写作的表达方式

表达方式是在写作中运用语言反映客观事物的方法。调研报告的表达方式以说明为主。"说明"在调研报告中的主要作用是将研究对象及其存在的问题产生的原因、程度以及解决办法解释清楚,使读者了解、认识和信服。在报告中不论是陈述情况、介绍背景,还是总结经验、罗列问题、分析原因以及反映事物情节、特征和状况等,都要加以说明。即使提出建议和措施也要对其进行说明。因此,调研报告是一种特殊的说明文。

(1) 背景说明。

任何社会现象、经济现象都是在一定历史和环境条件下产生的,而且这种社会条件、环境是不可重复的。要正确客观地反映事物,就必须介绍其背景。背景说明可以反映事物产生和发展的时间、空间和条件,可以解释事物的内涵,加深和突出调研报告的基本观点。因此,背景说明是十分重要的,也是必不可少的。

(2) 情况说明。

事物在产生和发展的过程中,会呈现出各种不同的结构、状态、规模、速度、性质和特征等。调研报告的重要任务之一就是要说明这些情况。为了客观、准确,必须要对研究对象有深入细致的了解及清晰的说明。要注意的是,"说明"要讲求顺序。不论是采用由主及次、由浅入深,还是采用由远及近、由表及里的说明顺序,都必须按照事物的逻辑顺序加以说明,否则会显得杂乱无章,说而不明。

(3) 建议说明。

为了有助于领导进行科学决策,有助于社会各界对调研研究对象的关注和问题的解决,除了反映情况、分析问题外,还要提出解决问题的办法、措施和建议。所以,"建议说明"是调研报告不可或缺的部分。建议的表述也是依靠"说明"而完成的。这部分必须明确具体、切实中肯,具有较强的针对性和可行性。

### 2. 调研报告的语言

调研报告不是文学作品。它具有较强的实用性,因此它的语言应该严谨、简明和通俗。

（1）严谨。

语言严谨体现在选词造句精确、分寸感强，要求对事物进行准确、周密的描述和恰当的评价。因此，在调研报告中不能使用如"可能""也许""大概"等含糊的词语。还要注意在选择使用表示强度的副词或形容词时，要把握词语的程度差异。比如，"有所反应"与"有反应"，"较大反响"与"反应强烈"，"显著变化"与"很大变化"之间的差距。

为确保用词精确，书写时要少用形容词，最好是用数字来反映；用较强的概念时，要注意其本身的内涵和外延；同时还要区分相近、易于混淆的概念，例如，"发展速度"与"增长速度"，"番数"与"倍数"，"速度"与"效益"。

（2）简明。

在叙述事实情况时，必须使用简述的手法，把事实浓缩，力争以较少的文字清楚地表达较多的内容。要使语言简明，就要训练作者的思维。只有思维清晰、深刻，才能抓住事物的本质和关键，用最简练的语言概括和表述。

（3）通俗。

调研报告的语言应力求朴实严肃，通俗易懂。通俗易懂才能发挥其应有的作用。但通俗、严肃并非平淡无味。作者要加强各方面的修养和语言文字表达的训练，提高驾驭语言文字的能力，只有这样才能最终写出语言生动、通俗易懂的高水平调研报告。

**3. 调研报告中数字的运用**

较多地使用数字、图表是调研报告的主要特征。调研报告中的数字与数学中的数字不同。它不是抽象的数量表现，而是物的数量特征，用来解释事物之间的数量关系。因此，调研报告中的数字既要准确，又要讲究技巧，力求把数字用活，用得恰到好处。

（1）要防止数字文学化。

数字文学化表现为在调研报告中到处都是数字。在大量使用数字时，要注意使用方式。一般我们应该使用图表来说明数字。

（2）学会运用数字的技巧。

为了增加统计数字的表现力，使之更加鲜明生动、通俗易懂，还要对数字进行加工和换算。具体的方法有以下几种：

① 比较法。比较是研究事物的基本方法，也是数字加工的基本方法。比较法可分为纵向比较和横向比较。纵向比较可反映事物自身的发展变化；横向比较可反映事物间的差距。对比可形成强烈的反差，增强数字的鲜明性。

② 化小法。有时数字太大，不易理解和记忆。如果把大数字换算成小数字则便于记忆。如把某厂"年产电视机 518400 台"换算成"每分钟生产 1 台"效果更好，"153000000 公里（1 公里＝1 千米）"换算成"1.53 亿公里"更容易记忆。

③ 推算法。有时个体数量较小，不易引起人们的重视，但由此推算出的整体数量大得惊人。如对农民建房占用耕地情况的调研发现，12 个村 3 年之间每户平均占用耕地 2 分 2 厘（1 分＝66.6 平方米，1 厘＝6.6 平方米），而由此推算 3 年全县农村建房共占用耕地上万亩（1 亩＝666.6 平方米）。

④ 形象法。这种方法并不使用事物本身的具体数字，而是用人们熟悉的数字表示，以增强生动感。例如，"乐山大佛高 71 米，头长 14.7 米……"用形象法可表示为"佛像有 20 层楼高，耳朵有 4 个人高，每只脚背上可停放 5 辆解放牌卡车"。相比之下，后者更具有吸引力。

（3）使用的汉字与阿拉伯数字应统一。

总的原则是，可用阿拉伯数字的地方均应使用阿拉伯数字。公历、世纪、年代、年、月、日和时间应使用阿拉伯数字，星期几则一律用汉字，年份一般不用简写，计数与计量应使用阿拉伯数字，不具有统计意义的一位数可以使用汉字（如一个人，九本书等）；数字作为词素构成定型的词、词组、惯用语或具有修辞色彩的语句应当用汉字（如"十五"规划等）；邻近的两个数并列连用表示概数时应当用汉字（如三五天，十之八九等）。

## 五、例文学习

**例文一**

××市居民家庭饮食消费状况调查报告

为了深入了解本市居民家庭在酒类市场及餐饮类市场的消费情况，特进行此次调查。调查由本市某大学承担，调查时间是 2001 年 7—8 月，调查方式为问卷式访问调查，本次调查选取的样本总数是 2000 户。各项调查工作结束后，该大学将调查内容予以总结，其调查报告如下。

一、调查对象的基本情况

（一）样品类属情况

在有效样本户中，工人 320 户，占总数比例 18.2%；农民 130 户，占总数比例 7.4%；教师 200 户，占总数比例 11.4%；机关干部 190 户，占总数比例 10.8%；个体户 220 户，占总数比例 12.5%；经理 150 户，占总数比例 8.52%；科研人员 50 户，占总数比例 2.84%；待业户 90 户，占总数比例 5.1%；医生 20 户，占总数比例 1.14%；其他 260 户，占总数比例 14.77%。

（二）家庭收入情况

本次调查结果显示，从本市总的消费水平来看，相当一部分居民还达不到小康水平，大部分的人均收入在 1000 元左右。样本中只有约 2.3% 的消费者收入在 2000 元以上。因此，可以初步得出结论，本市总的消费水平较低，商家在定价的时候要特别慎重。

二、专门调查部分

（一）酒类产品的消费情况

1. 白酒比红酒消费量大

分析其原因，一是白酒除了顾客自己消费以外，用于送礼的较多，而红酒主要用于自己消费；二是商家做广告时也多数做白酒广告，红酒的广告很少，这直接导致白酒的市场大于红酒的市场。

2. 白酒消费多元化

（1）从买白酒的用途来看，约 52.84% 的消费者用于自己消费，约 27.84% 的消费者用于送礼，其余的是随机性很大的消费者。

消费者买来自己消费的白酒，其价格大部分在 20 元以下。其中 10 元以下的约占 26.7%，10~20 元的占 22.73%。从品牌来说，稻花香、洋河、汤沟酒相对看好，尤其是汤沟酒，约占 18.75%，这也许跟消费者的地方情结有关。从红酒的消费情况来看，大部分价格也都集中在 10~20 元。其中，10 元以下的占 10.23%，价格档次越高，购买力相对越小。从品牌来说，以花果山、张裕、山楂酒为主。

送礼者所购买的白酒价格大部分在80~150元（约28.4%），约有15.34%的消费者选择150元以上的白酒。这样，生产厂商的定价和包装策略就有了依据。定价要合理，又要有好的包装，只有这样才能增大销售量。

从品牌的选择来看，约有21.59%的消费者选择五粮液，10.795%的消费者选择茅台。另外，对红酒的调查显示，约有10.2%的消费者选择40~80元的红酒，约5.11%选择80元以上的红酒。

总之，从以上的消费情况来看，消费者的消费水平基本上决定了酒类市场的规模。

（2）购买因素比较明确。调查资料显示，消费者关注的因素依次为价格、品牌、质量、包装、广告、酒精度。这样就可以得出结论：生产厂商的合理定价是十分重要的，创名牌、求质量、巧包装、做好广告也很重要。

（3）顾客忠诚度调查表明，经常换品牌的消费者占样本总数的32.95%，偶尔换的占43.75%；对新品牌的酒持喜欢态度的占样本总数的32.39%，持无所谓态度的占52.27%，明确表示不喜欢的占3.4%。可以看出，一旦某个品牌在消费者心目中形成印象，是很难改变的。因此，厂商应在树立企业形象、争创名牌上狠下功夫，这对企业的发展十分重要。

（4）动因分析：主要在于消费者自己的选择，其次是广告宣传，然后是亲友介绍，最后才是营业员推荐。不难发现，怎样吸引消费者的注意力，对于企业来说十分关键。怎样做好广告宣传，如何在消费者中建立口碑，将直接影响酒类市场的规模。而对于商家来说，营业员的素质也应重视，因为其对酒类产品的销售有着一定的影响。

（二）饮食类产品的消费情况

本次调查主要针对一些饮食消费场所和消费者比较喜欢的饮食进行。调查表明，这类消费有以下几个重要特点：

（1）消费者认为最好的酒店不是最佳选择，而最常去的酒店往往又不是最好的酒店。消费者最常去的酒店大部分是中档的，这与本市居民的消费水平是相适应的，现将几个主要酒店比较如下：

泰福大酒店是大家最看好的，约有31.82%的消费者选择它；其次是望海楼和明珠大酒店，选择比例都是10.23%；然后是锦花宾馆。调查中我们发现，云天宾馆虽然比较好，但由于这个宾馆很特殊，只有举办大型会议时才能使用，或者只有贵宾、政府政要才可以进入，所以作为普通消费者的调查对象很少会选择云天宾馆。

（2）消费者大多选择在自己工作或住所的周围消费，有一定的区域性。虽然在酒店的选择上有很大的随机性，但也并非绝对如此，比如长城酒楼、淮扬酒楼就有一定的远距离消费者惠顾。

（3）消费者追求时尚消费，如对手抓龙虾、糖醋排骨、糖醋里脊、宫保鸡丁的消费比较多。特别是手抓龙虾，它在调查样本总数中约占26.14%，以绝对优势占领餐饮类市场。

（4）近年来，海鲜与火锅成为市民饮食市场的两个亮点，市场潜力很大，目前的消费量也很大。调查显示，表示喜欢海鲜的消费者占样本总数的60.8%，喜欢火锅的约占51.14%。在对季节的调查中，喜欢在夏季吃火锅的约为81.83%，喜欢在冬天吃火锅的约为36.93%。火锅不但在冬季有很大的市场，在夏季也有较大的市场潜力。目前，本市的火锅店和海鲜馆遍布街头，形成居民消费的一大景观和特色。

### 三、结论和建议

（一）结论

（1）本市的居民消费水平还不算高，属于中等消费水平，平均收入在 1000 元左右，相当一部分居民还没有达到小康水平。

（2）居民在酒类产品消费上主要是用于自己消费，并且以白酒居多，红酒的消费比较少；用于个人消费的酒品，无论是白酒还是红酒，其品牌都以家乡酒为主。

（3）消费者在买酒时多注重酒的价格、质量、包装和宣传，也有相当一部分消费者持无所谓的态度。消费者普遍对新牌子的酒认知度较高。

（4）对酒店的消费，主要集中在中档消费水平上，火锅和海鲜的消费潜力较大，并且已经有相当大的消费市场。

（二）建议

（1）商家在组织货品时要根据市场的变化制定相应的营销策略。

（2）针对消费者较多选择本地酒的情况，政府和商家应采取积极措施引导消费者的消费，实现城市消费的良性循环。

（3）海鲜和火锅消费的增长会导致城市管理的混乱，政府应加强管理力度，对市场进行科学引导，促进城市文明建设。

**例文二**

## ××大学学生消费情况调查报告

近年来，随着高校的扩招，在校的大学生数量逐渐增多，大学生作为一个特殊的消费群体也受到越来越多的关注。他们有着不同于社会其他消费群体的消费心理和行为，消费观念的超前和消费实力的滞后，都对他们的消费产生了很大影响。了解大学生的消费情况，清楚大学生的消费水平、消费支出项目，对于合理引导大学生理性消费十分必要。因此，我们决定在我校大学生中进行一次消费调研和分析，以了解我校大学生的消费情况。

一、问卷调查的情况

我们组成了一个 10 人调查小组，实施本次调查。设计的大学生消费情况调查问卷，包括大学生月消费额度、生活资金来源、家庭收入情况，用于饮食、通信、证书考试培训、恋爱交友等支出金额。在校园内，我们面向 1 万余名大学生，采取简单随机抽样的方法抽取 500 个样本单位，通过访谈获取 500 份调查问卷，经过审核整理，确认收回有效问卷 480 份。从抽中的样本看，在接受调查的同学中，毕业生占 27%，新生占 40%，其他年级学生占 33%，性别比例趋于均衡，且分布在不同的专业，样本具有代表性。

二、调查数据的统计和分析

（一）月消费水平

统计结果表明，我校大学生月消费额集中在 350～500 元和 500～800 元，低于 350 元和超过 800 元的相对较少，仅占 20%。样本平均值为 585 元，考虑到我校所处城市的物价水平相对于大城市较低，这一数据应当说是趋于合理的。另外，消费层次在一定程度上呈现两极分化的情况，年消费最高的达到 18500 元，年消费最低的只有 2500 元。家庭对学生的经济供给增多，大学生消费形成一种特殊的奢侈格局，主要表现在旅游、电脑、手机等方面的消费上。

(二) 饮食与衣着支出情况

调查的样本数据显示，饮食方面支出集中于 300~400 元，这说明饮食消费占据大学生月消费额的多数；大学生群体的消费支出主要用于正常的生活消费，应该说是符合这一群体的消费特征的。吃饭穿衣仍然是支出的主要方面，价格、质量、潮流是吸引大学生消费的主要因素。访谈时了解到，在购买商品时，大学生们首先考虑的因素是价格和质量，他们会尽量搜索那些价廉物美的商品。虽然不一定买名牌，但质量显然是他们非常关注的因素。

(三) 通信与交友支出情况

随机问卷得到的结果显示，拥有手机或小灵通的同学占到样本人数的 71%，大学校园手机的普及率较高。在拥有手机的群体中，月话费介于 50~100 元的占到 80% 以上，主要用于家人联系、同学与朋友的联络。而且，为了节约话费支出，多数同学尽可能采取短信联络方式。另外，访谈中还了解到，近一半的同学每月会有一定的网络支出费用，主要用于朋友间的 QQ 联络，少部分用于专业课程学习；也有个别同学迷恋网络，网络支出费用偏高；月消费额较高的同学的支出主要用于恋爱消费、朋友聚餐、购买衣物等。数据结果显示，现代大学生比较注重交友与人际关系，也十分注重生活的品质。

(四) 社会兼职打工情况

调查数据显示，随着在校时间的增长，有过社会兼职打工经历的人数所占比例逐步增加，60% 的三年级学生有过此方面的经历。同学们兼职的目的主要是增长社会经验，锻炼专业技能；打工的时间以寒暑假、五一、十一长假为主；工作岗位主要是学校提供的勤工助学岗位，个人在社会寻找的短期兼职，包括导购、网络服务、导游、保险推销、市场调研员、家教等。少部分同学由于家庭经济收入偏低，为增加个人收入，在学校兼职的同时，还在校外选择其他打工方式。由此看来，大学生参与社会实践的热情较高，社会阅历得以增加，这在增加大学生收入的同时，也促进了个人能力的提升，对就业帮助较大。

(五) 生活资金来源及家庭收入

调查数据显示，90% 以上的被调查者的资金主要由家庭提供，这种情况是当代中国大学生的普遍情况。由于教育制度、社会制度的制约，我国尚未建立类似西方国家那样的勤工助学机制，家庭贫困的大学生完全依靠个人的努力解决求学费用的愿望是难以实现的。由此看来，我国大学生的自理自立能力仍然需要进一步的提高。大学生应当有自主创业、自立自强的精神。

(六) 证书考核培训费用支出

访谈中发现，由于就业单位对学历、技能的要求，大学生在专升本考试、职业资格证书考试等方面的投入较大，许多同学会不惜重金参加一些培训班，报名参加一些资格证书考试，为自己的就业积累知识资本。他们在购买资料等消费项目上出手大方，家长对此项消费的投入支持力度也很高。需要说明的是，由于这项支出的不确定性，我们没有将其计入月消费支出额中。

三、调查结果的分析

(一) 消费结构存在不合理因素

第一，大学生的生活消费以生活资料、学习资料、学习用品的购买为主。在生活费用中，饮食费用是重中之重。但是，在被调查的同学中，多数不注意饮食的营养结构，有的很少喝牛奶，有的以素食为主，有的不吃蔬菜，有的只选择廉价的饭菜。

第二，存在攀比心理。调查中了解到，为了拥有一款手机或者换一款最流行的手机，有的同学情愿节衣缩食，甚至牺牲其他必要开支；男同学为了一双名牌运动鞋，女同学为了一套名牌化妆品或者一件名牌衣服，不惜通过向别人借钱来满足自己的欲望。也就是说，部分学生不懂得量入为出，而虚荣心的驱使又极易形成无休止的攀比心理。

第三，恋爱支出较多。部分谈恋爱的大学生每月大约多支出200元左右，有的高达800元（比如送名贵礼物给对方）。他们经常难以理性把握适度消费的原则，甚至存在有些女生的恋爱支出超过男生的情况。

第四，理财意识弱，储蓄观念淡薄。在调查中了解到，同学们对理财的认识较少，一个学期结束后，大部分同学的消费超出计划范围，有些同学甚至还需要向别人借回家的路费。略有剩余的同学也想着如何把剩余的钱花完，只有极个别同学有储蓄的意识。

(二) 不合理因素的成因分析

当前大学生在消费上出现无计划消费、消费结构不合理、攀比、奢侈浪费、恋爱支出过度等问题，既与社会大环境的负面影响有关，也与家庭、学校教育缺乏正确的引导有关。

第一，今天的大学生生活在"没有围墙"的校园里，全方位地与社会接触。当某些大学生受到享乐主义、拜金主义、奢侈浪费等不良社会风气的侵袭时，如果没有及时得到学校老师和父母的正确引导，容易形成心理趋同的倾向。当学生所在家庭可以在经济上满足较高的消费条件时，这些思想就会在他们的消费行为上充分体现。

第二，父母在日常生活消费方面的原则或立场对子女影响深刻。有些父母本身的消费观念就存在误区，又何以正确指导自己的孩子呢？

第三，学校教育环境对学生消费观念的培养起着重要作用。由于对大学生的消费心理和行为了解得不够全面和客观，学校在人生观、劳动观、金钱观、国情观等与消费观紧密相关的重要思想观念方面的专题教育不够，校风建设范畴中普遍缺少倡导大学生勤俭节约生活消费观的内容，没有很好地塑造和强化学生良好的消费意识和消费行为，没有培养学生良好的消费习惯。

四、结论与建议

(一) 增强大学生的独立意识，培养和加强其理财能力

现今的大学生要想在激烈竞争的社会中生存，就要有独立的理财能力。理财不是简单的收支平衡，独立不是个人盲目的冲动。学校可以通过举办一些理财课程或讲座（个人理财、股票投资、基金投资等），提高大学生的理财能力，引导大学生学会独立和理性思考，使他们具有正确认识金钱及金钱规律的能力。

(二) 引导大学生克服攀比心理，形成良好的消费风气

攀比心理的形成不可避免。学校应当通过一些社团活动、主题班会、思想政治工作，帮助大学生树立适应时代潮流的、正确的、科学的价值观，逐渐确立正确的人生准则，给自己理性的定位。要使大学生明白，他们的确要有竞争意识，但并不是所有的事物都必须去争，要在学业上竞争高低。生活上次于别人并不可耻，学业上次于别人才可耻。良好的消费习惯一旦得到培养和加强，就会对良好的校风塑造起促进作用，并形成校风助学风的良性循环。因此，应该把大学生良好消费心理和行为的培养作为校园文化建设的重要组成部分。还应在校园文化建设中设计有关大学生健康消费理念的活动专题，并且持之以恒，以大学生良好的消费心理和行为促进良好生活作风的形成，进而促进良好学风、校风的巩固与发展。

（三）家庭、社会、政府共同关注，形成良好的环境与机制

家庭作为大学生经济来源的主渠道，应当根据自身经济状况、合理的消费水平，为大学生提供适度的资金，避免铺张奢侈。大学生的生活离不开社会，社会各界应当关注大学生消费群体，利用舆论等引导大学生合理消费，避免片面诱导。大学生能否自立，也取决于国家的政策制度。政府应当继续推进改革，进一步改善用人机制、高校的奖助学金管理机制，为大学生提供一个自立自强的平台。

（四）学校加强管理与引导，形成理性消费的校园环境基础

高校是大学生生活学习的环境。校园文化、消费群体习惯等对年轻的大学生有着巨大的影响。高校应当重视大学生的消费问题，采取措施尽量引导学生避免奢侈浪费，不提倡学生穿名牌、用名牌的高消费行为。应采取措施为贫困学生提供尽可能多的勤工助学岗位，建立专门机构，负责向大学生介绍社会兼职工作，严格管理奖助学金的发放等。还应多渠道、全方位地构建文明的校园环境，形成理性消费的环境。

## 任务实施

在撰写市场调研报告的过程中，主要有两个工作需要完成。第一个工作是撰写市场调研报告，第二个工作是对市场调研结果进行合理的表达和沟通。前面只是对市场调研报告的知识层面进行了详细的阐述，那么，究竟如何撰写市场调研报告，撰写市场调研报告的程序又是怎样的呢？对于已知的市场调研结果，如何向委托人或其他人员充分地表达和进行信息沟通呢？

### 一、市场调研报告的撰写程序

撰写调研报告的目的是反映实际情况，为营销决策提供书面依据。所以调研报告必须是在对调研资料进行科学整理和分析的基础上撰写的。撰写调研报告即把调研分析的结果用文字表述出来。撰写程序一般有以下几个步骤：

（一）确定调研报告的主题

调研报告的主题是调研报告的核心。主题是否明确，是否有价值，对调研报告具有决定性的意义。确定主题包括选题和确定观点两个步骤。

选题是指发现、选择、分析和确定论题的过程。论题就是对分析对象和目的的概括。选题的途径一般包括领导布置、外单位委托或自选观察调研。

选题一般表现为调研报告的标题，也就是调查报告的题目。它必须准确地揭示调查报告的主题思想，做到题文相符、高度概括、具有较强的吸引力。

选题一般是通过扼要地突出本次市场调研全过程中最有特色的环节的方式，揭示本报告所要论述的内容。例如，某调研报告的题目确定为如下表述："大学生消费问题调研分析报告——某某学院在校生消费情况调查分析"。

观点是调研者对分析对象所持有的看法和评价。它是调研材料的客观性与调研者主观认识的统一体，是形成思路、组织材料的基本依据和出发点。要从实际调研的情况和数字出发，通过现象把握本质，具体分析，提炼观点，并立论新颖，用简单、明确、易懂的语言阐述。在形成观点的过程中应遵循以下原则：

1. **分析要深入**

要从实际调研的情况和数字出发,通过现象来把握本质。

2. **分析要具体**

分析不可以先入为主,只能从具体的现象、数字入手,在调研材料上做文章。

3. **立论要新颖**

观点是认识的逻辑概括,要用简单、明确、易懂的语言把自己的新认识阐述出来。

确定主题时应注意如下问题:调研报告的主题必须与调研主题相一致;要根据调研分析的结果确定观点并重新审定主题;调研报告的主题不宜过大。

(二)取舍资料

资料是形成调研报告主题和观点的基础,而观点是资料的统帅和代表,决定了资料的取舍。这是撰写调研报告必须遵循的主要原则。在取舍材料时应注意几点:获取充分、完整的资料,依据主题筛选资料,多次取舍。

(三)拟定提纲

在确定主题,取舍资料后,就有了一个调研报告轮廓。提纲是调研报告的骨架,拟定一份提纲可以理清思路。调研报告的写作提纲可分为条目提纲和观点提纲。条目提纲就是从层次上列出报告的章节。观点提纲就是列出各章节要表述的观点。一般先拟定提纲框架,把调研报告分为几大部分,然后在各部分中再充实,按次序或轻重、横向或纵向罗列而成较细的提纲。提纲越细,说明调研者的思路越清晰,也越便于对调研报告进行调整。例如,案例素材的调研报告提纲如下:

前言:概述调查的意义与目的。

第一部分:陈述问卷调查的情况。内容包括问卷涵盖的问题、样本的获取方法及样本数量、有效问卷等。

第二部分:调查数据的统计分析。说明数据处理的方法,分析数据的主要计算结果,涉及月消费水平分析、饮食与衣着支出情况分析、通信与交友支出分析、社会兼职打工情况分析等。

第三部分:调查结果分析。就调查数据结果,结合访谈资料,分析大学生消费不合理现象,并进行成因分析。

第四部分:结论与建议。就分析结果提出引导大学生理性消费的建议,从家庭、社会、政府、学校四方面进行论述。

(四)撰写报告

在拟定较细提纲的基础上,可以正式撰写调研报告。在撰写报告的过程中,除按调研报告的格式,以事实为依据组织内容的编写外,还要注意以下几点:

1. **要做到通俗易懂**

调研报告应摆事实,讲道理,其内容是市场经济中的现象,因此应讲清市场现象发展、变化的趋势和规律性。写报告是为了给决策者看的,所以要用他人看得懂的文字表述观点,切忌使用不当的华丽词语,或借用"大名词"显示学问甚至滥用图表。

2. **使用材料要准,分析问题要深刻**

通俗易懂与理论上深入分析并不矛盾,只是要求在深入分析问题时使用大众化语言。这样并不会降低调研报告的水平和质量。

#### 3. 注意要"活"

文字要生动活泼，形式要灵活多样，要针对不同需要采取不同的反映形式。如适当地使用图表，既可清楚反映问题，又可打破一味叙述论证的"呆板"形式。

### （五）修改报告

任何写作都不是一次性完成的，调研报告更是如此。它涉及语言文字的运用，更重要的是，事实依据要准确。因此调研报告必须反复修改，逐句审查，严把质量关。

## 二、市场调研报告的结果表达

市场调研结果沟通是指市场调研人员同委托者、使用者以及其他人员就市场调研结果进行信息交换的一种活动。其意义在于，市场调研报告的沟通是调研结果实际应用的前提条件，有利于委托者及使用者更好地接受有关信息，做出正确的营销决策，发挥调研结果的效用；有利于市场调研结果的进一步完善。

市场调研报告的呈递方式（沟通方式）主要有两类：书面呈交方式（主要以调研报告形式）和口头汇报方式。书面呈交方式前文已经介绍过，接下来介绍口头汇报的方法与内容。

相对而言，口头报告是一种直接沟通方式，它更能突出、强调市场调研的结论，使相关人员对市场调研的主题意义、论证过程有一个清晰的认识。

口头报告的优点有三：一是时间短，见效快，节省决策者的时间与精力；二是听取者对报告的印象深刻；三是口头汇报后可以直接进行沟通和交流，提出疑问，并做出解答等。事实上，对于某些重要的市场调研报告，口头报告是唯一的一种交流途径。它可以帮助调研组织者达到多重的目的。

口头报告前期需要准备以下材料：

#### 1. 汇报提要

为每位听众提供一份关于汇报流程和主要结论的汇报提要。提要应留出足够的空白，以利于听众做临时记录或评述。

#### 2. 视觉辅助

使用手提电脑、投影设备制作演示稿，内容包括摘要、调查方案、调查结果和建议的概要性内容。

#### 3. 执行总结

每位听众都应有一份执行总结的复印件，以便管理者在听取介绍前就能思考所要提出的问题。

#### 4. 调研报告的复印件

报告是调研结果的一种实物凭证。鉴于调研者在介绍中省略了报告中的许多细节，有必要为委托者及感兴趣者准备报告复印件，使其在听取介绍前就能思考所要提出的问题，并就感兴趣的环节进行仔细阅读等。

#### 5. 介绍的技巧

（1）注意对介绍现场的选择、布置。

（2）语言要生动，注意语调、语速等。

（3）注意表情和形体语言的使用。

最近几年，为有效沟通调研结果，市场调研人员纷纷使用演示软件。微软公司研发的 PowerPoint 软件在市场上居于支配地位，因为这种软件可让分析人员方便地进行下述工作：

（1）利用多种字体和字号创建项目图表，并且可以进行字体加粗、变斜体、添加下划线等操作。

（2）可以创建出不同类型的、可用于展示特定调研发现的图形（饼状图、柱形图、线形图等），而且只需点击鼠标就可以对这些图形进行修改和测试。

（3）在演示及切换幻灯片时可以有多种动画效果，还可以在幻灯片中插入声音、视频（项目组分析的现场录像）。

事实上，用图表展示信息比用文字显得更有效、更具说服力，而且调研委托方一般都指明报告应以图表为基础，要求尽量少地使用文字。

在案例素材"××大学学生消费情况调查报告"中，项目组成员制作了关于大学生消费问题调查的汇报演示文稿，文稿中插入了关于典型调查问卷、调查地点、访谈对象的一些图片，插入了消费水平及支出情况调查数据的统计表、条形图、饼形图，重点介绍了调查的结论与建议，并进行了信度论证。之后，调查小组成员携带准备好的资料参加专门的会议，项目组长做了专题的项目策划与实施汇报。

## 实践演练

1. 到市场上或者网络上找一份其他公司已经用过的调研报告，并分析其优劣。
2. 以大学生就业意向为例进行一次虚拟的调研报告的编写。
3. 对大学生日常生活情况进行简短的调研，并着手写一篇正规的市场调研报告，在班上进行调研结果展示和沟通。

## 拓展阅读

### 2010 年中国 B2C 垂直商品网络购物用户行为研究报告

日前，中国互联网络信息中心（CNNIC）发布了《中国 B2C 垂直商品网络购物用户行为研究报告》（以下简称《报告》）。《报告》显示，2010 年我国 B2C 网购用户数量达到 9936 万人，占整体网购用户的 61.9%。服装、图书和 3C 产品是用户在 B2C 购物网站上购买最多的商品。有 51.1% 的用户在 B2C 购物网站购买服装鞋帽，32.4% 的用户购买图书音像制品，22.2% 的用户购买 3C 产品。

用户在 B2C 购物网站人均年消费金额为 2049 元，占整体网购用户人均年网购金额的 62.9%。其中，用户在 B2C 网站购买家用电器的花费最多，人均年消费金额达到 3101 元；其次是 3C 产品，用户人均年消费 2605 元；母婴用品、服装和图书类商品人均年网购金额分别为 1328 元、779 元和 367 元。B2C 用户网购行为较整体网购用户更为频繁。2010 年，B2C 网购用户半年平均网购次数达到 12 次。

B2C 购物网站中，淘宝商城的用户渗透率最高。有 63.4% 的 B2C 网购用户使用淘宝商城；其次是当当网，用户渗透率为 20.8%；卓越网的用户渗透率为 11.9%；京东商城的用户渗透率为 10.5%。大部分 B2C 网购用户只在一个购物网站购买某一类商品，少数用户在两个以上购物网站购买同一品类商品。

《报告》显示,服装、图书、3C、家电和母婴产品是目前发展较突出的几类垂直B2C市场,从这几个垂直B2C商品门类用户属性特征上看差异较为明显:

(1) 从性别差异上看,3C和家电B2C网购用户中的男性群体较多,而图书类和母婴产品网购用户中女性居多。

(2) 从用户年龄分布上看,服装B2C网购用户最为年轻化,3C和图书B2C网购用户年轻化程度次之,母婴和家电网购用户中高龄群体相对较多。

(3) 从用户学历层次上看,服装B2C网购用户学历相对最低,用户学历层次相对最高的是图书网购用户。

(4) 从用户职业分布上看,学生用户在服装和图书B2C网购上相对较活跃,党政机关、事业单位用户对母婴用品购买更加偏爱,个体户和自由职业者在家电B2C网购上更活跃,企业用户在各垂直门类商品购买上都相对突出。

**服装B2C网购**

2010年,我国服装B2C网购用户规模为5077万人,占服装网购用户总数(11252万)的45.1%,占B2C网购用户的51.1%。用户在B2C网站购买服装的人均年消费金额为779元。B2C购物网站中,用户在淘宝商城上购买服装的比例最高,有35%的B2C网购用户在淘宝商城上购买服装;第二位的是凡客诚品,用户渗透率为4.1%。图书、3C产品和充值卡、游戏点卡等虚拟卡是服装B2C网购用户除服装外,购买比例最高的三类商品。

**图书B2C网购**

2010年,我国图书B2C网购用户规模为2206万人,占图书网购用户总数(5040万)的43.8%,占B2C网购用户的22.2%。用户在B2C网站购买图书音像制品的人均年消费金额为367元。B2C购物网站中,用户在当当网上购买图书的比例最高,有36.5%的B2C网购用户在当当网上购买图书音像制品。在卓越网、淘宝商城购买图书的用户比例分别为19.8%和11.6%。服装、3C和化妆品是图书B2C网购用户除图书外,购买比例最高的三类商品。

**3C类B2C网购**

2010年,3C类B2C网购用户规模为3219万人,占3C类网购用户总数(5072万)的63.5%,占B2C网购用户的32.4%。用户在B2C购物网站购买3C产品的人均年消费金额为2605元。B2C购物网站中,用户在淘宝商城上购买3C产品的比例最高,有21.6%的B2C网购用户在淘宝商城购买3C产品;第二位的是京东商城,为14.8%;第三位的是新蛋网,为2.5%;卓越网和当当网上购买3C产品的用户渗透率分别为2.3%和1.1%。服装和图书是3C类B2C网购用户除3C产品外购买比例最高的两类商品。

**家电B2C网购**

2010年,家电B2C网购用户规模为854万人,占家电网购用户总数(1798万)的47.5%,占B2C网购用户的8.6%。用户在B2C购物网站购买家用电器的人均年消费金额为3101元。B2C购物网站中,用户在淘宝商城上购买家电的比例最高,有19.8%的B2C网购用户在淘宝商城上购买家用电器;第二位的是京东商城,有14.5%的用户渗透率;卓越网和当当网的用户渗透率分别为5%和3%。服装、3C产品是家电B2C网购用户除家电产品外购买比例最高的两类商品。

**母婴 B2C 网购**

2010 年,母婴 B2C 网购用户规模为 308 万人,占母婴用品网购用户总数(979 万)的 31.5%,占 B2C 网购用户的 3.1%。用户在 B2C 购物网站购买母婴用品的人均年消费金额为 1328 元。B2C 购物网站中,用户在淘宝商城上购买母婴用品的比例最高,有 22.6% 的 B2C 网购用户在淘宝商城上购买母婴用品;第二位的是红孩子,有 4.3% 的用户渗透率。图书、3C 产品和充值卡是母婴 B2C 网购用户除母婴用品外,购买比例最高的三类商品。

# 参 考 文 献

［1］［美］Philip Kotle. 营销管理［M］. 梅汝和，梅清豪，周安柱，译. 北京：中国人民大学出版社，2001.
［2］王秀娥，夏冬. 市场调查与预测［M］. 北京：清华大学出版社，2012.
［3］庄贵军. 市场调查与预测（第二版）［M］. 北京：北京大学出版社，2014.
［4］李昊. 市场调查与预测［M］. 北京：中国人民大学出版社，2016.
［5］魏炳麒，陈晖. 市场调查与预测（第五版）［M］. 沈阳：东北财经大学出版社有限责任公司，2016.
［6］马连福. 市场调查与预测［M］. 北京：机械工业出版社，2016.
［7］王冲，李冬梅. 市场调查与预测［M］. 上海：复旦大学出版社，2013.
［8］范云峰. 营销调研策划［M］. 北京：机械工业出版社，2004.
［9］赵轶. 市场调查与预测［M］. 北京：清华大学出版社，2007.
［10］叶叔昌，邱红彬. 营销调研实训教程［M］. 武汉：华中科技大学出版社，2006.
［11］岑咏霆. 营销调研实训［M］. 北京：高等教育出版社，2003.
［12］杨汉东，邱红彬. 营销调研［M］. 武汉：武汉大学出版社，2004.
［13］徐飚. 市场调查学［M］. 北京：北京工业大学出版社，2005.
［14］王若军. 市场调查与预测［M］. 北京：北方交通大学出版社，2006.
［15］孙国辉. 市场调查与预测［M］. 北京：中国财政经济出版社，2000.
［16］刘德寰. 现代市场研究［M］. 北京：高等教育出版社，2005.
［18］秦宗槐. 市场调查与预测［M］. 北京：电子工业出版社，2007.
［19］田志龙. 市场研究：基本方法、应用与案例［M］. 武汉：华中科技大学出版社，2005.
［20］魏玉艺. 市场调查与分析［M］. 大连：东北财经大学出版社，2007.
［21］柳思维. 现代市场研究［M］. 北京：中国市场出版社，2007.
［22］全球品牌网 http://www.globrand.com.
［23］中国营销评论网 http://www.marketingcn.org.
［24］中华品牌管理网 http://www.cnbm.net.cn.
［25］企业管理资源网 http://www.m448.com.
［26］第一营销网 http://www.cmmo.cn.
［27］调研在线网 http://www.mrpad.com.
［28］阿里巴巴网站 http://china.alibaba.com.
［29］中国劳动咨询网 http://www.51labour.com.
［30］中国营销传播网 http://www.emkt.com.cn.
［31］北京智诚友邦信息咨询有限公司 http://www.up-point.com.
［32］中国行业研究网 http://www.chinairn.com.
［33］中国市场营销网 http://www.ecm.com.cn.
［34］北京新生代市场监测机构 http://www.sinomonitor.com.
［35］3SEE 市场研究信息网 http://www.3see.com.